beth allison barr

Tradução de Elis Regina Emerencio

a construção da feminilidade bíblica

como a submissão das mulheres se tornou a verdade do Evangelho

Copyright © 2021 Beth Allison Barr
Originalmente publicado em inglês com o título *The Making of Biblical Womanhood* pela Brazos Press, uma divisão da Baker Publishing Group, em Grand Rapids, Michigan, 49516, EUA.
Todos os direitos reservados.

Copyright da tradução © Vida Melhor Editora LTDA, 2022.
Todos os direitos reservados à Vida Melhor Editora LTDA.

As citações bíblicas são da *Almeida Revista e Corrigida* (ARC), a menos que seja especificada outra versão da Bíblia Sagrada.

Os pontos de vista desta obra são de responsabilidade de seus autores e colaboradores diretos, não refletindo necessariamente a posição da Thomas Nelson Brasil, da HarperCollins Christian Publishing ou de suas equipes editoriais.

Publisher	*Samuel Coto*
Editora	*Brunna Prado*
Estagiárias editoriais	*Camila Reis* e *Lais Chagas*
Preparação	*Clarissa Melo*
Revisão	*Jaqueline Lopes*
Diagramação	*Sonia Peticov*
Capa e projeto gráfico	*Gabê Almeida*

Dados Internacionais de Catalogação na Publicação (CIP)
(BENITEZ Catalogação Ass. Editorial, MS, Brasil)

B247c Barr, Beth Allison
1.ed. A construção da feminilidade bíblica: como a submissão das mulheres se tornou a verdade do Evangelho / Beth Allison Barr; tradução Elis Regina Emerêncio. — 1.ed. — Rio de Janeiro: Thomas Nelson Brasil, 2022.
288 p.; 13,5 x 20,8 cm.

Título original: *The making of biblical womanhood*: how the subjugation of women became gospel truth.
ISBN 978-65-56893-51-8

1. Bíblia — Ensino e estudo. 2. Doutrina cristã — Cristianismo. 3. Mulheres cristãs — Aspectos religiosos — Cristianismo. 4. Mulheres cristãs — Conduta de vida — Cristianismo. I. Emerêncio, Elis Regina. II.-Título.

03-2022/204   CDD: 220.8

Índice para catálogo sistemático

1. Mulheres cristãs : Aspectos religiosos : Cristianismo   220.8

Bibliotecária responsável: Aline Graziele Benitez CRB-1/3129

Thomas Nelson Brasil é uma marca licenciada à Vida Melhor Editora LTDA.
Todos os direitos reservados à Vida Melhor Editora LTDA.
Rua da Quitanda, 86, sala 218 — Centro
Rio de Janeiro — RJ — CEP 20091-005
Tel.: (21) 3175-1030
www.thomasnelson.com.br

*Pelas mulheres que ensinei.
Pelas mulheres que orientei.
Pelas mulheres e homens
evangélicos prontos
para aprender.
Isso é para vocês.*

*Mas, principalmente, isso
é para os meus filhos,
Elena e Stephen.
Que vocês possam ser
livres para ser tudo que
Deus quiser que sejam.*

sumário

8	AGRADECIMENTOS
12	INTRODUÇÃO
24	1. o início do patriarcado
56	2. e se a feminilidade bíblica não viesse de Paulo?
92	3. nossa memória seletiva do período medieval
124	4. o preço da reforma para as mulheres evangélicas
156	5. reescrevendo as mulheres na bíblia
182	6. santificação da subordinação
208	7. a construção da feminilidade bíblica na verdade do Evangelho
240	8. não está na hora de libertar as mulheres?
262	NOTAS

agradecimentos

AS PESSOAS na minha vida tornaram este livro possível. Sou muito grata aos meus editores e à equipe da Brazos Press. Katelyn Beaty acreditou neste projeto, me orientando quando eu mais precisava. Melisa Blok me mostrou onde eu deveria dizer mais e me ajudou a saber quando já tinha falado o suficiente. Este livro está infinitamente melhor por causa dessas duas. Foi uma maravilha trabalhar com a Brazos Press do começo até o final. Obrigada.

Eu não poderia concluir este projeto sem a ajuda dos meus colegas da Baylor. Larry Lyon, diretor da Baylor Graduate School, me deu espaço para escrever, embora eu fosse uma vice-reitora recém-nomeada. Barry Hankins, cátedra do departamento de História da Baylor, me deu liberdade para focar neste livro, apesar de outros projetos. Ele entendeu a importância e permaneceu ao meu lado. Obrigada, Barry. E, claro, minhas colegas do grupo de redação, Kara Poe Alexander, Leslie Hahner e Theresa Kennedy, que aperfeiçoaram as habilidades necessárias para eu escrever este livro. Durante dez anos, vocês escreveram comigo. Por dez anos me fizeram uma pessoa melhor. Leslie, obrigada pelo conceito de metamorfose.

Pelos últimos vinte anos, contei com a assistência de arquivistas em todo o Reino Unido. Pelos diversos manuscritos referenciados nestas páginas, sou especialmente grata pela assistência e paciência da equipe da sala de leitura da Biblioteca Britânica em Londres, da Weston Library em Oxford e da equipe de biblioteca e arquivos da Longleat House, em Warminster. Também sou grata ao Louisville Institute e a sua ajuda financeira para este projeto.

Foram meus amigos, Kim e Brandon, Karol e Mike, Jennifer e Chris, Donna e Todd, e meu colega da Baylor, David, que ficaram ao meu lado ao longo dos dias mais difíceis de 2016 e 2017. Vocês me ajudaram a melhorar e a ganhar uma perspectiva sem que eu ficasse amarga. A Conference on Faith and History me deu uma comunidade rica quando eu tinha perdido a comunidade da minha igreja. Foi um grande privilégio ter sido sua presidente. Embora eu não conheça a autora pessoalmente, o livro *Out of Sorts*, da Sarah Bessey, trouxe conforto para a minha alma no momento certo.

Este livro simplesmente não existiria sem a minha comunidade Anxious Bench. Christopher Gehrz, Kristin Kobes Du Mez, Philip Jenkins, David Swartz e Andrea Turpin me deram a confiança — profissional, pessoal e espiritual — que eu precisava para escrever os posts de blog que se tonaram este livro. John Turner, foi você que me deu a ideia para o título. Também sou muito grata à Patheos por me conceder, juntamente com seus outros autores, os direitos intelectuais dos meus artigos.

Este livro é para todos os meus alunos, mas em especial para Lynneth, Liz e Anna. Vocês estavam comigo naquela semana terrível de 2016. Vocês me deram a coragem que eu precisava para ser mais destemida do que nunca soube que poderia ser. E Tay, você começou essa jornada comigo. Estou tão feliz que posso te mostrar como ela terminou. Obrigada também à Katherine e Liz por toda a assistência editorial.

Este livro também é para a professora que me deu uma chance em 1997. Judith, você me ajudou a enxergar de um ponto de vista diferente e me deu as ferramentas para fazer algo a respeito. Espero ser para os meus alunos a mentora que você sempre foi para mim.

Por último, mas não menos importante, este livro é para a minha família, que caminhou cada passo ao meu lado. Para meus pais, Kathy e Crawford Allison, que sempre lutaram por mim. Sua fé e amor inabalável me deram forças. Para o meu marido, Jeb, que sempre lutou ao meu lado. Se mais pastores tivessem a fé e integridade do meu marido, a igreja seria um lugar muito diferente. E para meus filhos, Stephen e Elena: vocês são o motivo para eu continuar lutando por um mundo cristão melhor. Vocês me enchem de alegria a cada dia e renovam a minha esperança.

introdução

EU NUNCA QUIS ser uma ativista.

Meu mundo de batista do Sul de uma pequena cidade do Texas implorava por papeis divinamente ordenados das mulheres. Em tudo, desde sermões a lições da escola dominical, passando por conselhos de professoras bem intencionadas, as mulheres eram convocadas a papeis secundários na igreja e na família, com uma ênfase no casamento e nos filhos. Uma vez, lembro de ouvir uma mulher falar atrás do púlpito da nossa igreja. Ela era solteira, uma missionária e — um adulto me explicou — estava somente contando suas experiências. Essa racionalização apenas reforçou a estranheza dela. Uma mulher solteira atrás do púlpito era aberrante; mulheres casadas atrás de seus maridos era o normal.

James Dobson estava em todos os lugares, preenchendo as ondas sonoras com seu programa de rádio regular. Quando eu era adolescente, lembro de ler seu livro *Um amor para toda a vida*. Aprendi que a biologia predeterminava as minhas fraquezas físicas e instabilidade emocional, me moldando para o meu divinamente criado complemento masculino. Dobson escreveu para fortalecer casamentos, oferecendo ajuda às esposas, que eram separadas por suas diferenças naturais: "Me mostre um marido quieto e reservado e te mostrarei uma esposa frustrada", ele escreveu. "Ela quer saber o que ele pensa e o que aconteceu no trabalho, como enxerga os filhos e, especialmente, quais os sentimentos dele por ela. O marido, pelo contrário, acha que é melhor deixar algumas coisas não ditas. Essa é uma luta clássica".[1] Em apenas algumas frases, Dobson me mostrou como funciona um lar cristão normal — um pai voltando do trabalho para a casa administrada por sua esposa e filhos.

Passagens bíblicas selecionadas, sustentadas pelas observações na minha Bíblia de estudo, foram tecidas por meio de sermões, estudos da Bíblia e devocionais, criando uma imagem perfeita de apoio bíblico à subordinação feminina. As mulheres foram criadas para desejar seus maridos e deixá-los governar (Gênesis); as mulheres devem confiar em Deus e esperar pelo marido perfeito (Rute); a voz dos homens é pública, enquanto a voz das mulheres é privada (1 Coríntios; 1 Timóteo); quando as mulheres ficaram no comando foi pecaminoso (Eva) ou porque os homens falharam em suas funções (Débora). A posição da mulher era solidária e secundária, a menos que ela tivesse que temporariamente ficar na liderança porque os homens não podiam.

Estes eram o meu entendimento sobre a feminilidade bíblica: Deus criou as mulheres principalmente para serem esposas submissas, mães virtuosas e donas de casa alegres; Deus criou os homens para liderar em casa como maridos e pais, assim como na igreja como pastores, presbíteros e diáconos. Eu acreditava que essa hierarquia de gênero era divinamente ordenada. Elisabeth Elliot era famosa por escrever receitas de feminilidade. Mulheres se rendem, ajudam e respondem, enquanto os maridos sustentam, protegem e fazem. Uma mulher bíblica é uma mulher submissa.[2]

Esse foi o meu mundo por mais de quarenta anos.

INTRODUÇÃO

Até que, um dia, não foi mais.

Um dia, eu deixei a igreja porque não aguentava mais. Mais de três meses antes, em 19 de setembro de 2016 — no mesmo horário em que minha primeira aluna do doutorado estava defendendo a qualificação de sua tese — meu marido era demitido de seu emprego como pastor da juventude. Ele serviu nessa função por mais de vinte anos, catorze apenas nessa igreja. De repente, de maneira silenciosa e dolorosa, ele foi informado que deveria ir embora com um mês de indenização trabalhista. Alguns amigos, a quem seremos eternamente gratos, souberam o que tinha acontecido e lutaram por nós. Eles foram capazes de atrasar a demissão por três meses, tempo o suficiente para preparar os jovens e a transição de ministério. Eles também nos garantiram cinco meses a mais de indenização trabalhista. Eles nos deram espaço para respirar.

O dia que fui embora da igreja, quase três meses depois, em um domingo de dezembro, a enormidade do que estava acontecendo finalmente se tornou real.

Fiquei parada na frente de uma mesa que alguém tinha montado no saguão. Tinha uma foto da minha família com uma pequena caixa de um lado e uma declaração emoldurada do outro. Não lembro o que ela dizia — talvez algum versículo da Bíblia ou algo sobre a igreja ser grata ao nosso ministério. Havia canetas ao lado de um bloco de papel. As pessoas podiam escrever bilhetes de despedida e colocá-los dentro da caixa.

Sei que a maioria das pessoas que escreveram bilhetes para nós foi sincera. A maior parte delas lamentava de verdade que estivéssemos de partida, confusas com as circunstâncias. Algumas estavam chateadas e com raiva. Outras estavam abaladas pela falta de transparência da igreja. Algumas lamentavam com tristeza a perda de nossa amizade próxima. Pelas palavras dessas pessoas, sinceras em suas despedidas, sou grata.

Porém, não acho que o espírito por trás da caixa, o motivo pelo qual a mesa foi montada, era apenas para essas pessoas. Era sobre manter as aparências. A mesa montada de forma cuidadosa controlava a narrativa sobre o meu marido e minha partida. Ajudou a convencer que nossa partida era uma boa decisão tomada pelos pastores cuidando de seu rebanho. Afinal, disponibilizar uma maneira do povo se despedir era o que se fazia quando os pastores iam embora. Quando eles partiam para novos empregos, voltavam para a universidade ou se tornavam missionários.

No entanto, o que estava acontecendo conosco não era nada disso. Meu marido foi demitido depois de desafiar a liderança da igreja sobre a questão de mulheres no ministério.

As imagens povoam minha mente. A mensagem que recebi do meu marido no dia 19 de setembro: "A reunião não foi bem". A desolação e a confusão dos nossos trabalhadores da juventude, que foram expulsos do serviço ao ministério por conta de sua amizade conosco. Os rostos dos jovens naquela noite horrível, quando fomos obrigados a contar para eles que estávamos indo embora sem dizer toda a verdade. As sombras dos presbíteros montando guarda na sala, assistindo enquanto contávamos para os jovens que estávamos indo embora. As lágrimas angustiadas do meu filho quando ele compreendeu que nunca estaria no grupo da juventude de seu pai. O jardim escuro na Virginia por onde caminhei uma noite inteira, mal conseguindo conter a ansiedade enquanto que, por causa da minha função de organizadora de conferência, deixei meu marido sozinho no Texas para encarar uma das semanas mais difíceis da vida dele.

INTRODUÇÃO

Eu conseguia sentir as pontas de dor, raiva e indignação crescendo dentro de mim.

Assim, fui embora. Caminhei direto para fora das portas da igreja. Passei pelas pessoas paradas no saguão, inclusive aquelas que estavam falando comigo próximas à mesa. Passei por um dos presbíteros que tentou falar comigo. Saí pelas portas da igreja direto para o meu carro. Deixei para trás a narrativa, propagada pela minha igreja que era em sua maioria de classe média alta e branca, de que tudo estava bem e tudo ficaria bem porque Deus assim ordenou. Dirigi direto para casa.

Então abri o meu notebook e comecei a escrever.

As palavras simplesmente fluíam.

Diferentes pedaços da minha vida se juntando, entrando em foco.

Durante toda a minha vida adulta servi no ministério junto com o meu marido, permanecendo em igrejas complementaristas mesmo enquanto me tornava mais e mais cética de que essa "feminilidade bíblica", como nos foi ensinada, estivesse de acordo com o que a Bíblia ensina. Continuava dizendo para mim mesma que talvez as coisas mudassem — que eu, como uma mulher que era professora e tinha uma carreira, estava dando um exemplo positivo. Continuava dizendo a mim mesma que o complementarismo (a visão teológica de que as mulheres são divinamente criadas como ajudantes e que os homens são divinamente criados como líderes) não tinha sua raiz na misoginia. Continuava dizendo para mim mesma que nenhuma igreja era perfeita e que a melhor maneira de mudar o sistema era trabalhando dentro dele. Assim, permaneci no sistema e fiquei em silêncio.

Fiquei em silêncio quando uma mulher que trabalhava na igreja batista do Sul e frequentava o seminário junto com o meu marido recebeu um pagamento menor porque não era ordenada. Ironicamente, o motivo de ela não ser ordenada era porque a igreja era uma igreja batista do Sul.

Fiquei em silêncio quando uma mulher recém-casada cujo emprego sustentava a família largou o trabalho depois de participar de um retiro com mulheres da nossa igreja — um retiro que apresentou uma palestrante linha-dura do complementarismo que convenceu essa mulher de que o lugar dela era em casa. A decisão dela, de acordo com o que ouvi, causou uma tensão familiar, inclusive financeira. Ela parou de ir à igreja. Não tenho ideia do que aconteceu com ela.

Fiquei em silêncio quando, depois que nosso pastor fez um sermão sobre o papel dos gêneros, um casal deu um testemunho. A esposa encorajou as mulheres a concordar verbalmente com o que seus maridos sugerissem, mesmo que discordassem. Deus honraria a submissão delas.

Fiquei em silêncio quando não permitiram que eu desse aula na escola dominical da juventude porque a classe teria meninos adolescentes. Eu conduzia debates com permissão especial quando não havia mais ninguém disponível.

Fiquei em silêncio.

Eu não tinha percebido a dura verdade até aquele domingo, três meses depois que o pior tinha acontecido. Ao ficar em silêncio, me tornei parte do problema. Em vez de fazer a diferença, me tornei cúmplice do sistema que usava o nome de Jesus para oprimir e ferir mulheres.

E a verdade mais dura de todas era que eu carregava a maior reponsabilidade na nossa igreja porque sabia que a teologia do complementarismo estava errada.

Encarando aquela pequena mesa, percebi que a maioria das pessoas da nossa igreja conheciam apenas as visões teológicas que os líderes lhes contavam. Assim como eu ouvi apenas uma narrativa sobre a feminilidade bíblica na igreja, muitos evangélicos nas igrejas complementaristas conheciam apenas o que tinham lhes contado — o que lhes foi ensinado no seminário, o que leram nas notas de suas traduções da Bíblia, o que aprenderam na escola dominical sobre a história da igreja em livros de história escritos por pastores, não por historiadores.

Minha angústia naquela manhã foi resultado tanto da minha vergonha quanto da minha dor.

Veja bem, eu sabia que a teologia do complementarismo — feminilidade bíblica — estava errada. Eu sabia que era baseada em um punhado de versículos lidos fora de seu contexto histórico e usados como uma lente para interpretar o restante da Bíblia. O rabo abana o cachorro, como Ben Witherington comentou certa vez — o que significa que suposições e práticas culturais com relação à feminilidade são lidas no texto bíblico, em vez do texto bíblico ser lido no seu próprio contexto histórico e cultural.[3] Muitas evidências textuais e históricas contrariam o modelo complementarista da feminilidade bíblica e a teologia por trás disso. Às vezes fico espantada por essa ser uma batalha que ainda estamos lutando.

Como historiadora, também sei que as mulheres lutaram contra a opressão desde o início da civilização. Sei que a feminilidade bíblica, em vez de se parecer com a liberdade oferecida por Jesus e proclamada por Paulo, parece muito mais com os sistemas não cristãos de opressão feminina que ensino para meus alunos quando discutimos os mundos antigos da Mesopotâmia e da Grécia. Como cristãos somos convocados a sermos diferentes do mundo. Mesmo que, no nosso tratamento com as mulheres, com frequência sejamos parecidos com todo mundo. Ironicamente, a teologia do complementarismo clama que ela está defendendo uma interpretação que foi corrompida pela nossa ânsia humana pecaminosa para dominar os outros e construir hierarquias de poder e opressão. Não consigo pensar em nada menos cristão do que hierarquias como essas.

Enquanto eu olhava para a tela do meu notebook, pensando por que aquela mesa no saguão tinha me deixado tão chateada, percebi a dura verdade sobre o porquê de eu ter ficado tanto tempo em igrejas complementaristas.

Porque eu estava confortável.
Porque pensava mesmo que poderia fazer a diferença.
Porque temia que meu marido perdesse o emprego.
Porque temia atrapalhar a vida dos meus filhos.
Porque amava a vida do ministério da juventude.
Porque amava os meus amigos.

Então, pelo bem da juventude que eu servia, pelo bem da diferença que meu marido fazia em seu trabalho, pela segurança financeira, pelo bem dos nossos amigos que amávamos e com quem tínhamos rido e divido a vida juntos, e pelo nosso conforto, escolhi ficar e ficar em silêncio.

Eu tinha bons motivos, mas estava errada.

Tinha me tornado como aquelas pessoas que sabiam sobre o conselho que o ex-presidente do seminário Paige Patterson deu a uma suposta vítima de estupro, dizendo a ela para não denunciar o crime e perdoar seu estuprador. Em vez de denunciar, elas ficaram em silêncio e permitiram que ele continuasse no poder.[4] Tinha me tornado como aquelas pessoas na igreja de Rachael Denhollander que resistiram à defesa dela. Em vez de defendê-la quando ela alegou o acobertamento de abuso sexual pelas Sovereign Grace Churches, um grupo do ministério ao qual sua igreja era associada, sua família da igreja se voltou contra ela. Como ela disse em seu depoimento impactante: "Minha defesa de vítimas de violência sexual, algo que eu prezava, me custou minha igreja e nossos amigos mais próximos".[5] Me tornei como aqueles membros da igreja de Andy Savage que, em resposta a confissão dele de violência sexual quando era um pastor da juventude, deu a ele uma salva de palmas.[6] Tinha me tornado como os membros da igreja de Mark Driscoll que ouviam, a cada domingo, enquanto ele pregava misoginia e masculinidade tóxica de seu púlpito.[7] Tinha me tornado como muitos dos membros bem-intencionados da igreja que aconselharam mulheres a perdoar seus estupradores enquanto ensinavam simultaneamente sobre a culpa feminina nos estupros.[8] A culpa pelo abuso cai principalmente no abusador, mas aqueles que ficaram quietos e não fizeram nada dividem essa culpa também. Os cristãos silenciosos como eu permitiram que a misoginia e o abuso corressem soltos na igreja. Permitimos que esses ensinamentos que oprimem as mulheres e vão ao contrário do que Jesus fez e ensinou ficassem intactos.

Enquanto fazia um sermão sobre integridade, meu marido deu um exemplo de um filme de 1994 chamado *Quiz Show — A verdade dos bastidores*. O personagem principal, Charles Van Doren, se deixa corromper pela fama e sucesso. Ele trapaceia no *quiz show* semana após semana. Quando sua fraude é finalmente exposta e ele tem que confessar ao seu pai o que tinha feito, seu pai, um professor respeitado na Universidade Columbia, o confronta com essas palavras poderosas: "Seu nome é meu também!". Ao se deixar ser cúmplice de um sistema corrupto, Charles Van Doren não envergonhou apenas a si mesmo, mas também ao seu pai.

"Seu nome é meu também!"

Porque sou cristã, porque carrego o nome de Cristo, o nome dele é o meu nome. Cristãos como Paige Patterson são culpados por tudo que fizeram. Mas, por Patterson ter feito em nome de Jesus e porque os irmãos cristãos ficaram em silêncio, a culpa dele é nossa também. Eu sabia disso.

Naquela manhã, minhas lágrimas confessaram minha culpa perante Deus.

Tomei uma decisão na frente da tela do meu notebook. Não ia desistir da igreja porque minha esperança está em Jesus. Fui embora da igreja aquele dia, mas não estava saindo da igreja em si.

Eu não estava desistindo.

Isso significava que eu não podia mais manter o que sabia para mim mesma.

Este livro é a minha história.

Este livro é para as pessoas do meu mundo evangélico.[9] As mulheres e os homens que ainda conheço e amo. É por vocês que estou falando. É a vocês que estou pedindo que ouçam.

Ouçam não apenas minhas experiências, mas também as evidências que apresento como historiadora. Sou uma historiadora que acredita no nascimento, morte e ressurreição de Jesus. Uma historiadora que ainda se identifica com a tradição evangélica — como uma batista.

Confesso que foram as experiências na minha vida, minha exposição pessoal ao horror e ao trauma infringido pelos sistemas complementaristas em nome de Jesus, que me levaram até o limite. Não posso mais assistir em silêncio enquanto a hierarquia de gênero oprime e causa danos tanto às mulheres quanto aos homens em nome de Jesus. Porém, o que me levou até o limite não foi experiência, foram as evidências históricas. Foram as evidências históricas que me mostraram como a feminilidade bíblica foi construída — tijolo por tijolo, século por século.

Foi isso que mudou minha mente.

Talvez mude a sua também.

1. o início do patriarcado

EM MAIO DE 2019, Owen Strachan, ex-presidente do Council on Biblical Manhood and Womanhood [Conselho sobre Masculinidade e Feminilidade Bíblicas], escreveu um ensaio intitulado "Divine Order in a Chaotic Age: On Women Preaching" [Ordem divina em uma era caótica: sobre a pregação das mulheres]. Ele foi direto ao ponto, citando Gênesis 1:1: "No princípio, criou Deus os céus e a terra". O argumento de Strachan seguiu com confiança: Deus criou uma ordem divina na qual os maridos governam suas esposas, e essa ordem foi estabelecida no início da criação.

> O homem é criado primeiro no Velho Testamento e possui o que o Novo Testamento chamará de *liderança* sobre sua esposa. Adão é constituído o líder de sua casa. Ele recebe a autoridade, autoridade essa que é moldada à maneira de Cristo à medida que a história bíblica se desenrola... Com base na liderança doméstica de um homem, os homens são chamados a proporcionar liderança espiritual e proteção da igreja (1 Timóteo 2:9–15). Os presbíteros pregam, ensinam e pastoreiam o rebanho de Deus. Apenas os homens são chamados ao cargo de presbítero e apenas os homens que se destacam como chefes de suas esposas e filhos devem ser considerados

possíveis candidatos ao presbiterato (1 Timóteo 3:1–7; Tito 1:5–9).[1]

Os homens lideram. As mulheres seguem. Isso é o que a Bíblia nos diz.

Por um tempo, eu acreditei nisso também. Isso ecoou por toda parte durante minha adolescência e juventude. Ouvi isso participando de uma conferência de Bill Gothard, para a qual algumas pessoas da minha pequena igreja batista do Sul me convidaram. Ouvi isso dos meus líderes de estudo bíblico na faculdade. Ouvi isso dos apresentadores das estações de rádio cristãs. Ouvi isso das notas na minha bíblia de estudo. Ouvi isso em quase todas as cerimônias de casamento que participei, falado em alto e bom som enquanto cada pastor lia Efésios 5. A liderança masculina era um ruído familiar no ambiente da minha vida: as mulheres eram chamadas a apoiar seus maridos e os homens eram chamados a liderar suas esposas. Era a verdade inequívoca ordenada pela inerrante palavra de Deus.

Mas essa era uma história *muito familiar*.

Mesmo depois dos meus primeiros anos trabalhando como historiadora, os argumentos cristãos sobre a liderança masculina me incomodavam. Veja, os cristãos não foram os únicos a argumentar que a subordinação das mulheres é a ordem divina. Historicamente falando, os cristãos estão muito atrasados para o jogo do patriarcado. Podemos afirmar que os padrões de gênero de nossas vidas são diferentes daqueles assumidos na cultura dominante, mas a história narra algo diferente. Vou mostrar, a partir das fontes históricas mundiais que tenho ensinado por mais de duas décadas, o quanto o patriarcado cristão imita o patriarcado do mundo não cristão.

O que é o patriarcado?

Primeiro, vamos falar sobre o patriarcado.

Não muito tempo atrás, os evangélicos falavam muito sobre o patriarcado. Russell Moore, atualmente presidente da Ethics and Religious Liberty Commission of the Southern Baptist Convention [Comissão de Ética e Liberdade Religiosa da Convenção Batista do Sul], declarou *patriarcado* uma palavra melhor do que *complementarismo* para definir a hierarquia de gênero cristã conservadora. Ele disse a Mark Dever, pastor da Capitol Hill Baptist Church [Igreja Batista de Capital Hill] em Washington, DC, que, apesar de seu apoio ao complementarismo, ele odeia a palavra em si. "Prefiro a palavra 'patriarcado'", disse Moore.[2] Ele argumentou de maneira semelhante em um artigo de jornal anterior, alertando que o abandono evangélico da palavra *patriarcado* era se render à pressão secular dos pares. Para Moore, essa não era uma boa razão para desistir da palavra. Como ele escreve: "Devemos lembrar que 'evangélico' também é um termo negativo em muitos contextos. Devemos permitir que os próprios patriarcas e apóstolos, não os editores da *Playboy* ou da revista *Ms.*, definam a gramática de nossa fé".[3] Como a palavra *patriarcado* em si é bíblica, os cristãos bíblicos devem se orgulhar de usá-la.

Soube pela primeira vez da discussão evangélica sobre a palavra *patriarcado* em um post de blog de 2012 escrito por Rachel Held Evans, a conhecida autora de *A Year of Biblical Womanhood* [Um ano de feminilidade bíblica].[4] Ela observou que Owen Strachan também usava a palavra *patriarcado*. Claro que procurei a referência. Lembro de sorrir quando li as palavras de Strachan. A abordagem direta dele ofereceu um compromisso entre os evangélicos que preferem a palavra *patriarcado*, como Moore, e aqueles que preferem usar a palavra *complementar* (como Denny Burk, o atual presidente do Council on Biblical Manhood and Womanhood).[5] Strachan explica: "Os seguidores de Deus praticaram o que costumava ser chamado de patriarcado por milênios e agora é chamado de complementarismo".[6] Complementarismo é patriarcado. Owen Strachan está certo (pelo menos sobre isso).

Então, o que *é* o patriarcado? A historiadora Judith Bennett explica o *patriarcado* como tendo três significados principais:

1. Líderes eclesiásticos masculinos, como o patriarca (arcebispo de Constantinopla) na Igreja Ortodoxa grega.
2. Poder legal dos homens chefes de família (pais ou maridos).
3. Uma sociedade que promove a autoridade masculina e a submissão feminina.

É nesse terceiro significado que, como Bennett, nos concentraremos. Como Bennett escreve: "Quando feministas cantam em passeatas que o patriarcado tem que acabar, não estamos falando sobre as estruturas eclesiásticas da Igreja Ortodoxa grega ou sobre uma forma específica de dominação paterna dentro das famílias, mas sim sobre um sistema geral por meio do qual as mulheres foram e são subordinadas aos homens".[7] Portanto, esse terceiro significado de patriarcado engloba os dois primeiros. Tanto a tradição dos líderes masculinos da igreja quanto a autoridade dos homens chefes de família funcionam dentro de culturas que geralmente promovem a autoridade masculina e a submissão feminina.

O evangelicalismo estadunidense nos dá um exemplo. Um estudo de Barna de 2017, focado na percepção das mulheres e do poder na sociedade estadunidense, extraiu evidências de três pesquisas para comparar as atitudes em relação às mulheres em várias demografias — incluindo gênero, idade, preferência política e identidade religiosa (evangélica, protestante, católica e cristã praticante). O estudo descobriu que os evangélicos são o grupo "mais hesitante" em apoiar o trabalho das mulheres fora de casa: apenas 52% "está confortável com a possibilidade futura de mais mulheres do que homens na força de trabalho" (um percentual mais de 20 pontos abaixo da população geral estadunidense). Os evangélicos também expressam o maior desconforto com uma CEO do sexo feminino. O estudo também descobriu que os evangélicos são os menos confortáveis com mulheres atuando como pastoras (39%). Para os evangélicos, essas atitudes estão conectadas: limitar a autoridade espiritual das mulheres anda de mãos dadas com a limitação do poder econômico delas. Como o estudo coloca, esses resultados são "talvez devido a uma interpretação mais tradicional do papel das mulheres como cuidadoras primárias do lar".[8] Ensinamentos evangélicos que subordinam as mulheres dentro do lar e dentro dos muros da igreja influenciam nas atitudes relacionadas às mulheres no local de trabalho.[9] Ou, considerando a estrutura de Bennett, a autoridade eclesiástica masculina e a autoridade doméstica masculina existem dentro de práticas culturais mais amplas que subordinam as mulheres aos homens. O patriarcado não fica confinado a uma esfera.

Vamos considerar um exemplo ainda mais específico de como as atitudes patriarcais se manifestam na cultura evangélica. Vários anos atrás, quando meu marido servia como pastor da juventude, nossa igreja estava procurando um novo secretário. Ele sugeriu um amigo nosso para o cargo. O amigo realmente precisava de algum trabalho adicional e tinha a vantagem de já ser membro da igreja. Porém, o amigo era um homem. E meu marido estava o indicando para ser secretário da igreja. A resposta de um dos outros pastores foi significativa. "Será que esse homem", perguntou o pastor, "realmente gostaria de atender ao telefone?". Não havia problema em contratar uma mulher para atender ao telefone, mas o trabalho seria humilhante para um homem. Tão humilhante, aliás, que o pastor preferiu não o contratar, apesar da necessidade financeira do nosso amigo. O trabalho, adequado para uma mulher, estava abaixo da dignidade de um homem.

Esse exemplo de um homem sendo considerado acima do trabalho adequado para uma mulher se encaixa em um padrão social mais amplo em que o trabalho dos homens é mais valorizado do que o das mulheres. Na minha cidade natal, Waco, no Texas, há mais mulheres do que homens, e a quantidade de mulheres supera a quantidade de homens em duas das três instituições locais de ensino superior (mais mulheres frequentam a Universidade Baylor e a McLennan Community College, enquanto mais homens frequentam a Texas State Technical College). No entanto, as mulheres em Waco ganham em média US$ 20 mil a menos em renda anual do que os homens. A maior diferença salarial entre homens e mulheres está no nível gerencial e administrativo, em que os homens ganham quase US$ 120 mil por ano, enquanto as mulheres ganham apenas US$ 78 mil.[10] O trabalho das mulheres, literalmente, vale menos que o dos homens.

Esse padrão de desvalorização do trabalho das mulheres — seja o tipo de trabalho ou o valor monetário do trabalho — é um exemplo do patriarcado: um sistema geral que valoriza mais os homens e suas contribuições do que as mulheres e suas contribuições. Russell Moore sustenta que esse sistema geral não é o mesmo que a hierarquia complementarista de gênero. O patriarcado cristão não é "patriarcado pagão", como ele o chamou.[11] Moore adverte contra um "patriarcado predatório" que prejudica as mulheres, mas ele também continua a apoiar um sistema que promove a autoridade masculina e a submissão feminina. Ele argumenta que uma estrutura familiar ordenada, na qual as esposas se submetem apenas "aos seus próprios maridos" e os pais servem como um "sinal visível de responsabilidade", torna a vida melhor para todos.[12]

Ele está certo, então? O patriarcado cristão é diferente?

Patriarcado cristão é apenas patriarcado

"Mas você só trabalha meio período?"

"Quantas horas isso faz você ficar longe de casa durante a semana?"

"Ah, você amamenta? Achei que não fazia isso porque você trabalha."

"Seu marido não se importa que você ganhe mais dinheiro do que ele?"

Essas são apenas uma amostra das perguntas que me foram feitas nos últimos vinte anos. Sou a esposa de um pastor que continuou a trabalhar mesmo enquanto tinha filhos, o que deixou muitos em minha comunidade evangélica perplexos — incluindo alguns de meus estudantes universitários. Um aluno foi particularmente expressivo. Ele era teologicamente conservador e manifestou preocupação com minha escolha de continuar ensinando como esposa e mãe (em especial como esposa de um pastor). Ele me desafiou com tanta frequência em classe que comecei a reescrever o material da aula, tentando minimizar suas interrupções. Não tive sucesso. Certa vez, esse aluno sugeriu que eu revisasse meu material didático com meu marido antes de apresentá-lo na sala de aula. Isso me irritou tanto quanto me aborreceu. Me irritou que ele achasse apropriado sugerir que eu submetesse meus materiais de ensino à autoridade do meu marido. E me aborreceu porque a cada semestre eu me preocupava com a forma como minha vocação como professora entrava em conflito com as expectativas cristãs conservadoras sobre a submissão feminina.

Quando li a tentativa de Russell Moore de diferenciar "patriarcado cristão" de "patriarcado pagão", a experiência que tive com esse aluno me veio à mente. De acordo com Moore, o "patriarcado pagão" encoraja as mulheres a se submeterem a todos os homens, enquanto o "patriarcado cristão" diz respeito apenas às esposas que se submetem a seus maridos.[13] Moore suavizou sua posição sobre o patriarcado ao longo dos anos, enfatizando em seu livro de 2018 que, na criação, homens e mulheres "nunca recebem domínio um sobre o outro". No entanto, ele ainda se apega à liderança masculina. Enquanto escreve que "a Sagrada Escritura destrói a ideia de que as mulheres, em geral, devem ser submissas aos homens", ele explica a submissão da esposa como o cultivo de "uma atitude voluntária de reconhecimento em relação à liderança piedosa".[14] Embora a atitude geral dele permaneça inalterada: as mulheres não devem se submeter aos homens em geral (patriarcado pagão), mas as esposas devem se submeter a seus maridos (patriarcado cristão).

Boa tentativa, pensei. *Diga isso ao meu aluno conservador*. Como aquele aluno me considerava sob a autoridade do meu marido, estava menos disposto a aceitar minha autoridade sobre ele em uma sala de aula da universidade. Não importa o quanto Moore queira separar o "patriarcado pagão" do "patriarcado cristão", ele não consegue. Ambos os sistemas colocam o poder nas mãos dos homens e tiram o poder das mulheres. Ambos os sistemas ensinam aos homens que as mulheres estão abaixo deles. Ambos os sistemas ensinam às mulheres que suas vozes valem menos do que as vozes dos homens. Moore pode alegar que as mulheres só devem submissão "aos seus próprios maridos", não aos homens "em geral", mas mina essa afirmação excluindo as mulheres como pastoras e presbíteras.[15] Se os homens (simplesmente por causa de seu sexo) têm o potencial para pregar e exercer autoridade espiritual sobre uma congregação da igreja, mas as mulheres (simplesmente por causa de seu sexo) não o fazem, então isso dá aos homens "em geral" autoridade sobre as mulheres "em geral". Meu aluno conservador me considerava sob a autoridade do meu marido e meu pastor, e ele me tratou de acordo.

O patriarcado cristão não fica confinado dentro das paredes dos nossos lares. Não fica atrás de nossos púlpitos. Ele não pode ser retirado do paletó como um crachá, enquanto os homens evangélicos passam de negar a liderança das mulheres na igreja a aceitar a autoridade das mulheres no trabalho ou na sala de aula. O meu exemplo do secretário da igreja mostra como o patriarcado cristão se espalha em nossas atitudes e práticas cotidianas. Mesmo a interpretação mais estrita dos textos paulinos não oferece nenhuma justificativa teológica para que um homem não possa servir como secretário da igreja. O patriarcado simples e secular — que valoriza menos o trabalho das mulheres do que o dos homens — nos dá a resposta.

Se chamar patriarcado de qualquer outra coisa, ainda será patriarcado. Os complementaristas podem argumentar que as mulheres são iguais aos homens, assim como a emenda à "Fé e Mensagem Batista" da Convenção Batista do Sul de 1998: "O marido e a mulher são de igual valor diante de Deus, já que ambos são criados à imagem de Deus".[16] No entanto, a insistência de que "igual valor" se manifesta em papéis desiguais refuta isso.

O historiador Barry Hankins cita a "passagem-chave" da declaração controversa aprovada na reunião da Convenção Batista do Sul (CBS) em junho de 1998: "A esposa deve se submeter graciosamente à liderança de seu marido assim como a igreja deliberadamente se submete à liderança de Cristo. Ela, sendo imagem de Deus assim como seu marido e, portanto, igual a ele, tem a responsabilidade dada por Deus de respeitar seu marido e servir como ajudadora, administrando o lar e cuidando da próxima geração".[17] A afirmação é de que, com certeza, o trabalho das mulheres (desde o trabalho doméstico, passando por cuidar dos filhos e atender telefones) é valioso e digno. Porém, quando esse mesmo trabalho é considerado inadequado para um homem, revela a verdade: o trabalho das mulheres é menos importante que o dos homens. Além disso, assim como os homens são rebaixados por fazerem trabalhos de mulheres (que em geral vêm com menos autoridade e, consequentemente, salários mais baixos), as mulheres são impedidas de fazer trabalhos de homens (que acumulam mais autoridade e salários mais altos). Dessa forma, o patriarcado cristão modela o patriarcado da sociedade dominante. Nosso pastor valorizava menos o trabalho de uma mulher do que o trabalho de um homem, assim como a economia da minha cidade natal valoriza menos o trabalho das mulheres (quase US$ 20 mil a menos por ano) do que o trabalho dos homens. Russell Moore está certo em preferir o termo *patriarcado* porque, de maneira realista, é o termo certo a ser usado. Mas ele está errado em pensar que o modelo cristão é diferente.

De fato, em relação ao tratamento das mulheres ao longo da história, o presente se parece muito com o passado. O quão pouco a diferença salarial entre mulheres e homens mudou ao longo do tempo me assusta e me fascina como historiadora medieval. Judith Bennett descreve esta realidade surpreendente: "As mulheres que trabalham na Inglaterra hoje compartilham uma experiência com mulheres assalariadas há sete séculos: elas levam para casa apenas cerca de três quartos do salário recebido pelos homens. Na década de 1360, as mulheres ganhavam 71% dos salários dos homens; hoje, elas ganham cerca de 75%".[18] Essa continuidade histórica — o que Bennett chama de "equilíbrio patriarcal" — dá um apoio superficial à ideia de feminilidade bíblica. Quando examinadas cuidadosamente, no entanto, as origens históricas do patriarcado enfraquecem, em vez de reforçar, a noção evangélica de feminilidade bíblica. Uma hierarquia de gênero na qual as mulheres estão abaixo dos homens pode ser encontrada em quase todas as épocas e entre todos os grupos de pessoas. Quando a igreja nega às mulheres a capacidade de pregar, liderar, ensinar e às vezes até trabalhar fora de casa, a igreja continua uma longa tradição histórica de subordinação das mulheres.

Dessa forma, vamos voltar ao início da história — ou pelo menos o mais próximo possível — e ver o que meus alunos de história mundial aprendem sobre o patriarcado.

A continuidade histórica do patriarcado cristão

Em 1839, um jovem estudioso inglês estava distraído a caminho do Sri Lanka. Seu nome era Austen Henry Layard, e os montes de areia que atrapalharam sua jornada estavam localizados no coração da antiga Assíria (atual Iraque). O que ele descobriu eram os restos das grandes cidades assírias de Nimrud e Nínive. Lembra de Jonas? Nínive é a cidade que Deus ordenou que Jonas pregasse o arrependimento, uma ordem que Jonas teve certa resistência em cumprir porque os assírios eram pessoas terríveis. Eles esfolavam os inimigos vivos e lutavam contra leões capturados, tal como os gladiadores, por entretenimento. No entanto, apesar de baterem nos outros com peixes (não consigo resistir a uma referência à série "Os Vegetais"), também eram bastante sofisticados.

Enterrada nas profundezas das muralhas outrora ferozes da cidade, e agora zigurates em ruínas, havia uma extensa biblioteca antiga. Abrigava os fragmentos de barro de uma das histórias mais antigas da existência humana: a história do rei guerreiro Gilgámesh. O texto sobrevivente data da biblioteca do século VII do último grande rei do Império Assírio, Assurbanipal.[19] Mas a história em si era bem conhecida muito antes, com versões dela aparecendo no antigo Oriente Próximo.[20]

Gilgámesh é um deus, cortesia de sua mãe deusa, mas é amaldiçoado com a mortalidade, cortesia de seu pai terreno. Seu pai deixou-lhe o trono da grande cidade suméria de Úruk — o que significa que Gilgámesh é uma figura semi-histórica. O texto antigo nos diz que Gilgámesh governou como o quinto rei da Primeira Dinastia de Úruk por volta de 2750 a.C.

Acho *A epopeia de Gilgámesh* fascinante. Os personagens são profundamente falhos: um rei entediado que entra em guerra para aumentar sua reputação; um companheiro leal que aposta no mau comportamento de seu melhor amigo; uma mulher desprezada que tenta liberar uma praga de zumbis na terra porque está com muita raiva. Dadas suas reviravoltas dramáticas, estou surpresa que a história ainda não tenha se tornado um sucesso de bilheteria de Hollywood. É cheia de ação e drama — incluindo muito sexo e monstros sobrenaturais.

No entanto, não são os monstros sobrenaturais que me atraem nessa história. É a continuidade da experiência humana que a torna tão atraente. Mesmo quatro mil anos atrás, as pessoas agiam da mesma forma que hoje. Uma das minhas partes favoritas é Gilgámesh perder seu melhor amigo, Enkídu, para uma doença debilitante. Em um lamento surpreendentemente moderno, Gilgámesh exige que o mundo ecoe sua dor:

> "Lamente-te a campina como se tua mãe!
> Chorem-te o buxo, o cipreste, o cedro
> Em cujo meio rastejamos em fúria!
> Chorem-te o urso, a hiena, a pantera, o leopardo, o cervo, o chacal,
> O leão, o carneiro, o veado, a cabra, o rebanho e os animais da estepe!
> Chore-te o sagrado Ulaia em que altivos andávamos um com o outro!
> Chore-te o puro Eufrates
> Cuja água derramávamos dos odres."[21]

Podemos vê-lo curvado sobre o corpo de seu amigo. Podemos sentir sua dor, pois ecoa a nossa. Ainda amamos e sofremos da mesma forma que as pessoas faziam há mais de quatro mil anos. Ainda choramos de dor.

A crueza da dor humana percorre toda *A epopeia de Gilgámesh*.

A mesma coisa acontece com a realidade do patriarcado.

Da prostituta que civiliza o selvagem Enkídu, passando pela sábia taverneira e pelas virgens que Gilgámesh leva para sua cama, as mulheres desempenham papéis significativos ao longo das histórias, até mesmo movendo a trama em momentos-chave. Por exemplo, quando Gilgámesh está fora de controle, a prostituta Shámhat seduz Enkídu, convencendo-o a entrar em Úruk e desafiar o rei tirânico. Shámhat não faz isso por vontade própria. Ela é ordenada pelo caçador, que está cansado do selvagem Enkídu interromper suas armadilhas e proteger os animais, para ir até Enkídu e "deixá-lo ver que charme e força uma mulher tem".[22] Shámhat faz isso e mostra seu corpo a Enkídu (certa vez passei acidentalmente uma tradução muito precisa desse encontro e tive um momento constrangedor na sala de aula) e ficou com ele por sete noites — ensinando-o não apenas sobre sexo, mas também sobre civilização.

Esse episódio entre Shámhat e Enkídu muda toda a história. É por meio de Shámhat que Gilgámesh conhece Enkídu. Após uma batalha violenta, Gilgámesh percebe que não pode derrotar Enkídu e o aceita como seu igual. Os dois se tornam inseparáveis. Desse ponto em diante, em vez de aliviar seu tédio forçando os rapazes de seu reino a guerras sem fim e as moças (mesmo as casadas) em sua cama, Gilgámesh parte em uma série de aventuras que culminam na morte de Enkídu e a busca de Gilgámesh pela imortalidade. Em outras palavras, Shámhat é a catalisadora de todo o enredo.

Mulheres como Shámhat desempenham papéis críticos ao longo da história. No entanto, as mulheres nunca assumem a liderança — como enfatizou a estudiosa de religião Rivkah Harris.[23] Mesmo Shámhat está apenas fazendo o que uma figura de autoridade masculina (o caçador) lhe diz para fazer. As mulheres na narrativa de Gilgámesh funcionam principalmente como auxiliares. As histórias coletadas do épico, escritas por homens para e sobre homens, retratam as mulheres como "apoiadoras e subsidiárias".[24] As mulheres trabalham, falam e se movimentam ao longo da narrativa, mas o papel principal delas é atender a necessidades físicas dos homens e dar conselhos e conforto a eles. Shidúri, a taverneira, talvez seja o melhor exemplo disso. Ela não apenas oferece álcool e conforto a Gilgámesh quando ele está cansado de sua busca e oprimido pela dor da morte de Enkídu, mas também lhe dá alguns conselhos:

> "Tu, Gilgámesh, repleto esteja teu ventre,
> Dia e noite alegra-te tu,
> Cada dia estima a alegria,
> Dia e noite dança e diverte!
> Estejam tuas vestes limpas,
> A cabeça lavada, com água estejas banhado!
> Repara na criança que segura tua mão,
> Uma esposa alegre-se sempre em teu regaço:
> Esse o fado da humanidade."[25]

As mulheres eram guardiãs do lar. Mesmo no mundo caótico e perigoso da antiga Suméria, as mulheres forneciam o conforto da comida, do sexo e da vida familiar feliz.

Em certo sentido, *A epopeia de Gilgámesh* apoia a afirmação de Albert Mohler de que a história está do lado do complementarismo. Mohler, atual presidente do Southern Baptist Theological Seminary em Louisville, Kentucky, escreve que é uma "realidade histórica inegável que os homens predominaram em posições de liderança e que os papéis das mulheres foram amplamente definidos em torno do lar, dos filhos e da família". A evidência bíblica, continua Mohler, reforça essa continuidade histórica: "O padrão da história afirma o que a Bíblia revela de forma inquestionável — que Deus fez os seres humanos à sua imagem como homem e mulher... Entendemos que a Bíblia apresenta um belo retrato da complementaridade entre os sexos, com homens e mulheres encarregados de refletir a glória de Deus de maneira distinta".[26] Assim como as mulheres, há mais de 4 mil anos atrás, eram as guardiãs do lar e da família, as ajudantes domésticas dos homens, elas provavelmente continuariam assim hoje se não fosse pela influência disruptiva (e "antibíblica") do feminismo. Essa grande amplitude de continuidade histórica convence Mohler de que o complementarismo deve ser o desígnio de Deus.

O patriarcado existe em *A epopeia de Gilgámesh*, uma história sobre homens e mulheres no início da história, porque o patriarcado foi projetado por Deus — ou assim diz a narrativa patriarcal cristã. As mulheres devem orgulhosamente reivindicar seus papéis como coadjuvantes porque esse é o plano divino. As mulheres do passado eram como as do presente são e devem continuar sendo: subordinadas. Não é à toa que tantos complementaristas estão aborrecidos com as narrativas recentes da cultura pop, como os filmes da Marvel e a nova trilogia de "Star Wars", que colocou mulheres em papéis principais. Como Denny Burk disse: "Percebi que em 'Star Wars' (e em filmes de ação em geral) há um afastamento dos heróis/protagonistas masculinos. Mulheres guerreiras, protagonistas que salvam os homens, estão na ordem do dia (Rey, [Jyn Erso], Mulher Maravilha, Eleven etc.)".[27]

Para ele e outros, as mulheres guerreiras refletem uma pauta feminista que subverte a ordem de Deus.

Mas a própria continuidade do patriarcado deveria nos fazer repensar.

O patriarcado parece certo porque é a prática histórica do mundo. Na antiga Mesopotâmia, as mulheres eram tratadas como propriedade. Elas tinham menos oportunidades de educação, eram principalmente definidas por seus relacionamentos com os homens, legalmente destituídas de poder como esposas, sujeitas a violência física legalmente patrocinada e raramente falavam por si mesmas na narrativa histórica. Como Marten Stol conclui em seu estudo abrangente de 2016, intitulado *Women in the Ancient Near East* [Mulheres no Antigo Oriente Próximo]: "Na sociedade antiga, as mulheres se saíram muito pior do que os homens... Ao chegarmos ao fim, esperamos que nenhum de nossos leitores feche este livro sem soltar um suspiro de tristeza".[28]

Meus alunos modernos se opõem a como a lei babilônica permitia que maridos afogassem suas esposas por suposto adultério, mas também moram no estado do Texas, no qual as mulheres representam 94% das vítimas de homicídios seguidos de suicídio por parceiros domésticos — para não mencionar os Estados Unidos, onde quase 25% das mulheres sofreram violência física grave por parte de um parceiro íntimo.[29] Essa evidência mostra não apenas a continuidade do patriarcado desde a antiga Mesopotâmia até a América moderna, mas também a continuidade da sua obscuridade. Em vez de ser motivo de orgulho para os cristãos, a continuidade histórica de uma prática que fez com que as mulheres se saíssem muito pior do que os homens por milhares de anos não deveria causar preocupação? Os cristãos, chamados a serem diferentes do mundo, não deveriam tratar as mulheres de *maneira diferente*?

E se o patriarcado não for divinamente ordenado, mas for resultado do pecado humano? E se, em vez de ser divinamente criado, o patriarcado deslizou para a criação somente após a queda? E se a razão pela qual o fruto do patriarcado é tão corrupto, mesmo dentro da igreja cristã, é porque o patriarcado sempre foi um sistema corrompido?

Em vez de assumir que o patriarcado é instituído por Deus, devemos perguntar se o patriarcado é um produto de mãos humanas pecaminosas.

Invertendo a narrativa

Lembro da primeira vez que me ocorreu inverter a narrativa cristã sobre o patriarcado.

Eu tinha acabado de encerrar meu seminário noturno de estudos femininos na Universidade da Carolina do Norte, em Chapel Hill, e estava a caminho do Chili's, em Durham, onde meu marido trabalhava em turno duplo. Nós dois éramos estudantes de pós-graduação em tempo integral: eu, no programa de doutorado em História de Chapel Hill; ele, um estudante de Mestrado Integrado em Teologia no Southeastern Baptist Theological Seminary. Eu tinha uma bolsa em Chapel Hill (cerca de US$ 11 mil por ano), enquanto ele trabalhava como ministro da juventude por meio período em uma igreja batista local (ganhando cerca de US$ 100 por semana). Atender mesas significava que poderíamos pagar as contas. Isso também significava que ele poderia comprar refeições pela metade do preço. Em noites como esta, quando ele trabalhava em turno duplo, eu me sentava em uma mesa e saboreava a única comida de restaurante que podíamos pagar (sem mencionar os refis gratuitos de Coca-Cola Diet pela metade do preço). Éramos tão jovens, tão pobres e tão ocupados. Essas refeições baratas foram uma dádiva de Deus.

Mas, naquela noite, eu não estava pensando em jantar. Estava pensando na conversa no meu seminário de estudos femininos. Tínhamos passado o semestre lendo e discutindo a situação das mulheres. Do mundo antigo ao mundo moderno, a história contou uma narrativa contínua de patriarcado — de mulheres suprimidas, oprimidas, desvalorizadas e silenciadas.

Dessa vez, a história me tocou fundo. A conversa se voltou para os batistas do Sul e Paige Patterson, então presidente do Southeastern Baptist Theological Seminary. Pela mesma razão que Patterson se tornou um herói no mundo batista do Sul, tornou-se repugnante em meu seminário: suas opiniões sobre os papéis de gênero.

Patterson pregou que os homens foram divinamente criados para liderar e exercer autoridade; as mulheres, para seguir e se submeter. A influência de homens como Patterson (e, ironicamente, sua esposa) levou a SBC a reescrever sua declaração de fé, criando primeiro a resolução de 1984 que enfatiza a criação secundária das mulheres, seguida pela declaração de 1998 sobre as esposas se submeterem a seus maridos. A declaração de submissão rapidamente se tornou uma emenda, culminando na adição final (e naquela época indiscutível) à "Fé e Mensagem Batista de 2000" de que somente homens podem servir como pastores principais.[30]

Uma indignação perplexa emergiu no meu seminário — não apenas sobre as opiniões de Patterson, mas também sobre as milhares de mulheres que o apoiaram. Não ignoramos o fato de que foi a esposa de Patterson, Dorothy, que lutou tão resolutamente no plenário da convenção de

1998 para manter a fala sobre a submissão das mulheres. Ela argumentou contra a frase "marido e mulher devem submeter-se graciosamente um ao outro" porque implicava semelhança, até mesmo igualdade, entre marido e esposa. Insistia que havia uma hierarquia divina no relacionamento conjugal e que apenas as mulheres eram chamadas a se submeter "graciosamente" à liderança de seus maridos.[31] Não é irônico como uma mulher liderou o ofício de banir as mulheres da liderança?

Mas por que mulheres como Dorothy Patterson apoiavam com tanto destaque a submissão das mulheres não era a questão que me incomodava. Eu sabia por que muitas mulheres o apoiavam: acreditávamos que a liderança masculina era divinamente ordenada. Fui ensinada que Deus ordenou que as mulheres seguissem a liderança espiritual de seus maridos no lar e de pastores homens na igreja. Como o cristianismo deveria parecer diferente do mundo, fazia sentido que um seminário de pós-graduação em estudos femininos em uma universidade pública de pesquisa secular se opusesse a uma compreensão cristã dos papéis de gênero. Enquanto o mundo promovia o feminismo e borrava as fronteiras entre os papéis masculino e feminino (ou assim fui levada a acreditar), o cristianismo promovia uma hierarquia de gênero divinamente ordenada que trazia clareza e ordem à vida cotidiana. Entendi o argumento de Dorothy Patterson porque eu fazia parte do mundo de Dorothy Patterson.

Mas eu tinha preocupações mesmo assim. Os cristãos foram chamados a ser radicalmente diferentes na forma como defendemos a dignidade de todas as pessoas, incluindo as mulheres. Naquele semestre, percebi como os ideais de gênero cristãos historicamente não eram dignos de nota. Em vez de parecerem diferentes na forma como tratavam as mulheres, os cristãos se pareciam com todo mundo.

Kate Narveson ainda não havia escrito seu livro sobre a piedade moderna primitiva, então eu ainda não tinha lido sua bela descrição de pessoas incorporando a Sagrada Escritura em suas vidas cotidianas: "Frase da Sagrada Escritura", ela nomeou.[32] Nessa ocasião, eu pensei nela. Batista de berço, aprendi a ler e estudar a Bíblia ainda jovem, e as Escrituras sempre fluíram em minha vida. Fluiu pela minha cabeça naquela noite, enquanto meu coração clamava a Deus por respostas. Lembrei das palavras de Gênesis 3:16, parte da maldição da queda, quase como se estivessem gravadas no céu noturno: "com dor terás filhos; e o teu desejo será para o teu marido, e ele te dominará". Deus falou essas palavras a Eva no Jardim do Éden depois que ela pecou e pegou o fruto da árvore proibida. Como a *Vulgata Latina* (que estava se tornando uma das principais bíblias que usei como medievalista) expressa: "com sofrimento terás filhos; e tu estarás sob o poder de teu marido, e ele te dominará".[33]

E lá estava a explicação bíblica para o nascimento do patriarcado.

O primeiro pecado humano construiu a primeira hierarquia de poder humano.

Alice Mathews, teóloga e ex-reitora acadêmica do Gordon-Conwell Theological Seminary, explica muito bem a perspectiva bíblica do nascimento do patriarcado em seu livro *Gender Roles and the People of God* (Papéis de gênero e o povo de Deus). Vejamos o que ela diz:

> É em Gênesis 3:16 (Deus falando com a mulher) que vemos pela primeira vez a hierarquia nos relacionamentos humanos... A hierarquia não era a vontade de

Deus para o primeiro casal, mas foi imposta quando eles optaram por desrespeitar sua ordem e comer o fruto proibido... Adão agora estaria sujeito à sua fonte (o solo), assim como Eva estava agora sujeita à sua fonte (Adão). Esse foi o momento do nascimento do patriarcado. Como resultado de seu pecado, o homem agora era o senhor da mulher, e o chão agora era o senhor do homem, contrariamente à intenção original de Deus na criação.[34]

O patriarcado não era o que Deus queria, mas sim o resultado do pecado humano.

O que era novo para mim naquela noite era bastante antigo teologicamente falando. Todos já sabiam que o patriarcado era resultado da queda. Stanley Gundry, ex-presidente da Sociedade Teológica Evangélica, afirma isso com naturalidade em um ensaio de 2010. O patriarcado que continua a aparecer no texto bíblico é uma "mera acomodação à realidade dos tempos e da cultura, não é um reflexo do ideal divino para a humanidade".[35] É criado por pessoas, não ordenado por Deus.

Katharine Bushnell, uma missionária na China na virada do século XX, tinha uma visão semelhante. Ela alertou sobre o perigo do patriarcado para as mulheres. Em vez de "desejo", ela preferiu traduzir a palavra em Gênesis 3:16 como "voltar" ao traduzir o versículo: "Tu te voltas para o teu marido, e ele te dominará".[36] Antes da queda, tanto Adão quanto Eva submeteram-se à autoridade de Deus. Após a queda, por causa do pecado, as mulheres agora se voltariam primeiro para seus maridos e eles, no lugar de Deus, governariam sobre elas.

Adoro como a historiadora Kristin Kobes Du Mez descreve a interpretação de Bushnell como um "golpe teológico" que "derrubou os entendimentos vitorianos da feminilidade". Como Du Mez explica: "Para Bushnell, a autoridade masculina sobre as mulheres contradiz a vontade divina e perpetua a rebelião original do homem contra Deus". Assim, as mulheres "continuaram a cometer o pecado de Eva quando se submeteram aos homens, em vez de a Deus". O patriarcado, para Bushnell, não era apenas resultado da maldição, estava embutido na própria queda. A rebelião de Adão estava reivindicando a autoridade de Deus para si mesmo e a rebelião de Eva estava se submetendo a Adão no lugar de Deus.[37]

Eu não conhecia Alice Mathews quando era adolescente. Com certeza, eu não conhecia Katherine Bushnell. Entrei no grupo da juventude da igreja no final dos anos 1980 — no auge de autores e influenciadores evangélicos como James Dobson, Pat Robertson, Tim e Beverly LaHaye (fundador da Concerned Women for America), Elisabeth Elliot e os Pattersons. Coletivamente, os devocionais, estudos bíblicos, livros sobre casamento e conselhos para os pais influenciados por seus ensinamentos saturaram o mundo editorial cristão.[38] A mensagem para as mulheres era estranhamente uniforme: as mulheres cristãs se submetem à autoridade de seus maridos, cuidando do lar e da família, enquanto os homens lideram, protegem e provêm. Tomemos, por exemplo, o que Dobson escreveu em 1994 sobre por que os homens deveriam ser os únicos chefes de família: "Gostaria que fosse possível enfatizar o quão crítico esse entendimento masculino é para a estabilidade familiar... Uma das maiores ameaças à instituição da família hoje é o enfraquecimento desse papel de protetor e provedor. Essa é a contribuição para a qual os homens foram projetados... Se for tirado, seu compromisso com suas esposas e filhos fica comprometido".[39] Cerca de dez anos antes, Dobson havia aconselhado uma mulher — aterrorizada com o marido porque ele sempre batia nela, mas ainda queria permanecer no casamento — que o divórcio não era a solução e que ela deveria trabalhar para a reconciliação.[40]

Mulheres evangélicas como eu foram ensinadas que o projeto de Deus para o casamento eram esposas submissas (de preferência que ficassem em casa) e maridos líderes (de preferência provedor da família). Lembro de participar de um evento Disciple Now quando estava no ensino médio. O líder nos explicou que Deus projetou as mulheres especificamente para serem esposas e se dedicarem a seus maridos. Essa foi a primeira vez que me lembro de ouvir isso na igreja. Mas não seria a última, porque naquele ano foi publicado o que Du Mez chama de "um manifesto em defesa da diferença de gênero dada por Deus": *Recovering Biblical Manhood and Womanhood* (Recuperando a masculinidade e a feminilidade bíblicas), de John Piper e Wayne Grudem.[41] Enquanto Piper e Grudem admitem que a determinação em Gênesis 3:16, "ele te dominará", é resultado da queda, ainda argumentam que a liderança masculina foi ordenada por Deus *antes* da queda. Eles escrevem: "Mas o silêncio neste ponto sobre a realidade da liderança amorosa de Adão antes da queda dá a impressão de que o 'governo' caído e a liderança ordenada por Deus são agrupados e descartados. Mais uma vez, o impulso bíblico é ignorado: Paulo nunca apela para a maldição ou a queda como uma explicação para a responsabilidade do homem de liderar, ele sempre apela para os atos de Deus antes da queda".[42]

Alguns anos depois, Grudem publicou a primeira edição de seu popular *Systematic Theology: An Introduction to Biblical Doctrine* (Teologia sistemática: Uma introdução à doutrina bíblica). Ele ampliou o que havia sido apresentado em *Recovering Biblical Manhood and Womanhood*, argumentando que "a maldição trouxe uma distorção da liderança humilde e atenciosa de Adão e a submissão inteligente e voluntária de Eva àquela liderança que existia antes da queda".[43] Como dizem, o resto é história. O fato consumado apresentado às mulheres evangélicas foi que o desígnio de Deus para a liderança masculina e a submissão feminina era uma condição eterna e divina.

Uma vez que finalmente fiquei cara a cara com o horror e a disseminação do patriarcado histórico, percebi que, em vez de ser diferente do mundo, os cristãos eram como todos os outros no tratamento das mulheres. Quando Dobson sustentou o desejo de uma mulher espancada de permanecer com o marido, ele foi apenas mais uma voz em mais de quatro mil anos de história que concordou: o lugar das mulheres está sob o poder dos homens.

A verdade histórica sobre o patriarcado

De muitas maneiras, o debate entre igualitaristas (aqueles que defendem a igualdade bíblica entre homens e mulheres) e complementaristas (aqueles que defendem uma hierarquia de gênero bíblica que subordina as mulheres aos homens) está em um impasse.[44] Enquanto complementaristas como John Piper e Wayne Grudem proclamam que a liderança masculina existia antes da queda, igualitários como Alice Mathews e Philip B. Payne proclamam que ela só veio depois. Mas quando tive minha epifania sobre o início do patriarcado, não foi apenas o texto bíblico que me convenceu. Foi porque o texto bíblico se encaixa muito bem com a evidência histórica. Em outras palavras, o debate sobre a interpretação de Gênesis 3:16

não é apenas um caso de "disse que me disse". Evidências históricas sobre as origens do patriarcado podem levar a conversa adiante.

Vou mostrar o que quero dizer.

Em 1986, Gerda Lerner afirmou que o patriarcado é uma construção histórica — ligada ao "militarismo, hierarquia e racismo".[45] *A epopeia de Gilgámesh*, de acordo com Lerner, está no início não apenas da história, mas do próprio patriarcado. A história testemunha uma das primeiras emergências da sociedade humana complexa: a civilização. Assim que os humanos forjaram uma sociedade agrícola e começaram a construir comunidades estruturadas, também começaram a construir hierarquias de poder, designando algumas pessoas como mais dignas de governar do que outras.

Farei uma pausa por um momento. Este livro é a minha história — uma mulher branca cujas experiências como esposa de pastor e estudiosa me levaram a rejeitar os ensinamentos evangélicos sobre liderança masculina e submissão feminina. Estou lutando contra o patriarcado para as mulheres, mas elas não são as únicas prejudicadas pelo patriarcado. A estudiosa bíblica Clarice J. Martin nos lembra que, enquanto o patriarcado define os limites da vida das mulheres, também define "povos e raças subjugados como 'os outros' a serem dominados".[46] O patriarcado caminha lado a lado com o racismo estrutural e a opressão sistêmica, e tem feito isso de forma consistente ao longo da história.

Fico frustrada em ver como os cristãos se esforçam tanto para desvendar as narrativas interligadas da opressão patriarcal — afrouxando seu controle sobre um grupo enquanto o apertam sobre outro. Em seu artigo inovador, "The Haustafeln (Household Codes) in

Afro-American Biblical Interpretation", Martin faz uma pergunta provocativa: "Como os pregadores e teólogos negros podem usar uma hermenêutica livre enquanto pregam e teologizam sobre escravizados, mas uma hermenêutica literalista com referência às mulheres?".[47] Eu gostaria de fazer a mesma pergunta aos pregadores e teólogos brancos. Quando entendemos corretamente que as passagens bíblicas que discutem a escravidão devem ser enquadradas em seu contexto histórico e que, através das lentes desse contexto histórico, podemos ver melhor a escravidão como um sistema ímpio que se opõe ao evangelho de Cristo, como não podemos então aplicar os mesmos padrões aos textos bíblicos sobre as mulheres? Martin desafia os intérpretes afro-americanos da Bíblia a pararem de usar "uma hermenêutica hierárquica em relação às narrativas bíblicas sobre as mulheres".[48] Só então todos os negros podem ser verdadeiramente livres.

Ela está certa. Não é hora de os cristãos, comprometidos em seguir Jesus, reconhecerem o que historiadores como Gerda Lerner sabem há tanto tempo? Não é hora de pararmos de ignorar a realidade histórica de que o patriarcado é parte de um sistema de opressão entrelaçado que inclui o racismo?

Embora aspectos do estudo monumental de Lerner sobre o patriarcado tenham sido desafiados e modificados por historiadores subsequentes, seu argumento de que o patriarcado surgiu com o início da civilização não foi. Merry Wiesner-Hanks, um importante estudioso moderno em gênero e história, escreve: "Embora as linhas de causalidade não sejam claras, o desenvolvimento da agricultura foi acompanhado por uma crescente subordinação das mulheres em muitas partes do mundo". Tanto o trabalho masculino quanto o poder masculino começaram a ser associados à propriedade e ao trabalho agrícola que o acompanhava. Isso levou os meninos a serem favorecidos em relação às meninas para herança e as mulheres a se tornarem cada vez mais dependentes dos homens, que eram proprietários de propriedades ou trabalhadores agrícolas. Wiesner-Hanks continua: "Ao longo de gerações, o acesso das mulheres aos recursos diminuiu e tornou-se cada vez mais difícil para elas sobreviver sem o apoio masculino".[49] As mulheres tornaram-se cada vez mais dependentes dos homens à medida que as comunidades agrícolas se tornaram o coração da civilização humana. É impressionante para mim, como estudiosa e cristã, que quando Deus disse a Eva que ela estaria sob o poder de seu marido, Deus simultaneamente disse a Adão que o trabalho agrícola seria necessário para a sobrevivência humana. O patriarcado, de acordo com a Bíblia e o registro histórico, surgiu junto com o surgimento das comunidades agrícolas.

Em vez de o patriarcado ser ordenado por Deus, a história sugere que tem uma origem humana: a própria civilização. Em *A epopeia de Gilgámesh*, na antiga Suméria, e outros textos, como o *Ramayana*, na Índia antiga, há evidências das primeiras civilizações que revelam o desenvolvimento de hierarquias de gênero que privilegiavam homens (especialmente de certas classes) e mulheres subordinadas. O patriarcado é uma estrutura de poder criada e mantida, literalmente, pelo trabalho humano.

Contra esse pano de fundo, a Bíblia é nada menos que revolucionária.

Embora o patriarcado certamente exista na narrativa bíblica, Mathews nos encoraja a lembrar que há uma diferença entre "o que é descritivo e o que é prescritivo na Bíblia".[50] Ecos do patriarcado humano desfilam por todo o Novo Testamento — da liderança exclusiva de judeus do sexo masculino, às duras leis de adultério aplicadas às mulheres e até mesmo às epístolas de Paulo. A igreja primitiva estava tentando entender seu lugar tanto no mundo judaico quanto no romano, e muitos desses mundos se infiltraram nas histórias da igreja.

Ao mesmo tempo, vemos um número surpreendente de passagens subvertendo os papéis tradicionais de gênero e enfatizando as mulheres como líderes — da mulher samaritana no poço dando de beber a Jesus, a Maria de Betânia aprendendo aos pés de Jesus como uma discípula, até Marta declarando sua fé em Jesus (o que contraria a falta de fé exibida pela maioria dos discípulos). Eu ri recentemente das reflexões do estudioso bíblico Febbie C. Dickerson sobre Tabita, uma mulher identificada como discípula em Atos 9. "Eu me pergunto", diz Dickerson, "o que aconteceria se os pregadores aprendessem grego e assim reconhecessem que a identificação de Tabita como 'uma certa discípula' provavelmente indica que ela é uma das muitas discípulas".[51] As mulheres bíblicas são mais do que imaginamos. Elas não caberão no molde que o complementarismo decretou para elas.

Beth Moore reconhece isso em sua resposta a Owen Strachan em um fio no Twitter sobre mulheres no ministério: "O que eu peço é que abordem todo o texto de Mateus 1 a Apocalipse 22 em todos os assuntos relacionados às mulheres. Para lidar com as palavras de Paulo em 1 Timóteo e 1 Coríntios 14 como autoritárias, inspiradas por Deus! — junto com outras palavras que Paulo escreveu, igualmente inspiradas — e dar sentido às muitas mulheres com quem ele serviu. Acima de tudo, devemos buscar as atitudes do próprio Cristo Jesus em relação às mulheres".[52] Moore, que passou a vida imersa na Bíblia, percebe uma desconexão entre a construção da feminilidade bíblica e a vida real das mulheres no texto sagrado.

O patriarcado existe na Bíblia porque ela foi escrita em um mundo patriarcal. Historicamente falando, não há nada de surpreendente em histórias e passagens bíblicas repletas de atitudes e ações patriarcais. O que é surpreendente é quantas passagens e histórias bíblicas minam, em vez de apoiar, o patriarcado. Em 1984, até mesmo John Piper admitiu que não consegue descobrir o que fazer com Débora e Hulda.[53] As passagens mais difíceis de explicar da Bíblia, historicamente falando, são aquelas como Gálatas 3:26–28: "Porque todos sois filhos de Deus pela fé em Cristo Jesus; porque todos quantos fostes batizados em Cristo já vos revestistes de Cristo. Nisto não há judeu nem grego; não há servo nem livre; não há macho nem fêmea; porque todos vós sois um em Cristo Jesus". Isso é que é radical. É o que torna o cristianismo tão diferente do resto da história humana. É o que liberta homens e mulheres.

Não é irônico (para não dizer cansativo) que passemos tanto tempo lutando para fazer o cristianismo parecer com o mundo ao nosso redor em vez de lutar para fazê-lo parecer com Jesus Cristo? Não deveria ser o contrário? Sarah Bessey, escritora cristã progressista, ativista e autora best-seller de *Jesus Feminist* (Jesus feminista), está absolutamente certa de que o patriarcado não é "o sonho de Deus para a humanidade".[54] O mundo de Gálatas 3 não se parece mais com o mundo de Jesus? O patriarcado pode fazer parte da história cristã, mas não o torna cristão. Apenas nos mostra as raízes históricas (e muito humanas) da feminilidade bíblica.

2. e se a feminilidade bíblica não viesse de Paulo?

"EU ODEIO PAULO!"

Não consigo contar o número de vezes que ouvi isso das minhas alunas, a maioria delas mulheres jovens marcadas pela forma como Paulo foi usado contra elas, pois foram ensinadas a ficar em silêncio (1 Coríntios 14), a se submeter a seus maridos (Efésios 5), a não ensinar ou exercer autoridade sobre os homens (1 Timóteo 2) e a ser trabalhadoras do lar (Tito 2). Elas foram ensinadas que Deus designou as mulheres a seguirem a liderança masculina (1 Coríntios 11), focando na família e no lar (Colossenses 3; 1 Pedro 3), e que as ocupações que não sejam a família devem ser secundárias para as mulheres, principalmente em caso de necessidade ou depois de os filhos saírem de casa.

Alguns anos atrás, uma aluna veio ao meu escritório de maneira ostensiva para discutir um trabalho de classe, mas logo ficou claro que queria realmente discutir a sua vocação. Ela me perguntou: "Deus te chamou para ser professora assim como fez para ser mãe e esposa de um pastor? Foi difícil? Você se sentiu culpada por trabalhar fora de casa? Seu marido te apoiou? O que as pessoas da igreja pensaram?". Ela compartilhou as frustrações de ser uma mulher cristã focada na carreira com uma formação conservadora que estava tentando conciliar as expectavas da igreja e da família com o seu chamado vocacional. Uma conversa recente com o pai a tinha deixado nervosa. Ela estava ansiosa com seu curso universitário e pediu um conselho para ele. Seu pai tentou suavizar os medos dela, sugerindo que o curso dela não importava muito, já que ela se casaria e não trabalharia de qualquer forma. Chocada, ela retrucou: "Pai, você está mesmo me mandando para quatro anos de faculdade para que eu nunca use o meu diploma?".

A atitude do pai sobre mulheres trabalhando fora de casa não é anormal. Como vimos, um estudo de Barna de 2017 descobriu que, enquanto estadunidenses no geral estão ficando mais confortáveis com mulheres nos papéis de liderança e mais compreensivos em relação aos obstáculos significativos que as mulheres enfrentam no local de trabalho, os cristãos evangélicos ficaram para trás.[1] Talvez a lacuna mais surpreendente nas atitudes evangélicas tenha a ver com as mulheres em papéis específicos de liderança. Em 2016, comentei que a atitude de Wayne Grudem em relação às mulheres — que elas nunca deveriam ter autoridade sobre os homens — fez com que fosse impossível que apoiasse uma candidata à presidência.[2] O estudo de Barna sugere que eu estava certa sobre isso. Os líderes evangélicos brancos como Grudem, que apoiaram a candidatura de Donald Trump à presidência, correspondem ao mais baixo nível de conforto com uma presidenta. Para pelo menos alguns eleitores evangélicos e republicanos (27% a 35%), o problema com Hillary Clinton não era apenas que ela era democrata, mas também que era mulher (27% dos eleitores evangélicos e 35% dos leitores republicanos disseram que estavam desconfortáveis com uma presidenta).[3] Três anos depois não fiquei surpresa em ver a candidatura de Elizabeth Warren à presidência cair na mesma divisão de gênero.

As ideias importam. Essas crenças evangélicas — por que argumentam pela imutabilidade da submissão feminina — estão enraizadas na forma em que interpretam Paulo. O Council on Biblical Manhood and Womanhood pode começar com Gênesis 2 em sua visão geral do complementarismo, mas a leitura dessa narrativa da criação deriva de 1 Coríntios 11 e 1 Timóteo 2.[4] Paulo enquadra todos os aspectos dos ensinamentos complementaristas. Os evangélicos leem os textos paulinos como designações permanentes e divinamente ordenadas das distinções dos papéis entre os sexos. Os homens exercem uma autoridade que as mulheres não podem.

Os homens lideram, as mulheres seguem. É o que Paulo nos diz.

Ainda se pergunta por que minhas alunas odeiam Paulo?

Mas e se estivermos lendo Paulo errado? No início de nossos anos de ministério da juventude, eu e meu marido levamos um grupo de crianças para uma conferência evangélica durante o final de semana. Um dos oradores revelou sua arma secreta evangélica — a pergunta "E se você estiver errado?". Não lembro muito dessa conferência, mas essa questão ficou na minha cabeça. Descobri que ela é útil no meu trabalho como historiadora — e se eu estiver errada sobre as minhas conclusões? Estou disposta a reconsiderar a evidência? Descobri que é útil para mim como professora, principalmente quando meus alunos apresentam ideias diferentes. A pergunta "E se eu estiver errada?" me ajuda a ouvir melhor os outros. Me mantém humilde. Me faz uma acadêmica melhor.

Então esta é minha pergunta para os evangélicos complementaristas: e se vocês estiverem errados? E se os evangélicos estão compreendendo Paulo por meio das lentes da cultura moderna em vez do jeito que Paulo queria ser entendido? A igreja evangélica teme que o reconhecimento das mulheres na liderança signifique se curvar perante a pressão cultural dos pares. Mas e se a igreja estiver se curvando perante a pressão cultural dos pares ao negar essa liderança às mulheres? E se, em vez de uma leitura "clara e natural", nossa interpretação de Paulo — e a subsequente exclusão das mulheres de papéis de liderança — resultar em sucumbir às atitudes e aos padrões de pensamentos ao nosso redor? Os cristãos no passado usaram Paulo para excluir as mulheres da liderança, mas isso não significa que a subordinação das mulheres é bíblica. Somente significa que os cristãos de hoje repetem o mesmo erro dos cristãos do passado: modelar nosso tratamento das mulheres de acordo com o mundo que nos cerca em vez do mundo que Jesus nos mostra que é possível.

Assim, quando minhas alunas exclamam que "odeiam Paulo", eu respondo: não é Paulo que elas odeiam, mas sim que as epístolas de Paulo tenham se tornado fundamentais para a compreensão dos papéis bíblicos de gênero que oprimem as mulheres. Beverly Roberts Gaventa, uma importante pesquisadora de Paulo, lamenta que os evangélicos tenham gastado tanto tempo "analisando as linhas das epístolas de Paulo para proposições teológicas e orientações éticas que devem ser replicadas literalmente" que não entendemos o maior propósito de Paulo. Reduzimos o chamado dele à unidade ao patrulhamento de fronteiras para uniformidade, trocamos o "caráter radical" do corpo de Cristo pela rígida hierarquia de gênero e poder. Em vez de "pensar junto *com* Paulo", como Gaventa pede, os evangélicos tornaram Paulo uma arma para nossas guerras culturais.[5] O pesquisador do Novo Testamento Boykin Sanders proclama que é hora de entender Paulo corretamente quando se trata das mulheres. Em negrito, debaixo do título "Nem homem, nem mulher", argumenta: "A lição para a igreja negra aqui é que a discriminação de gênero no trabalho da igreja é inaceitável". Paulo nos mostra que a discriminação de gênero é "um retorno aos modos do mundo" e que somos chamados ao "novo mundo da verdade do Cristo crucificado".[6]

A verdade — a realidade evangélica — é que focamos demais em adaptar Paulo para ser como nós e esquecemos de nos adaptarmos ao que Paulo está nos chamando a ser: um em Cristo.[7] Em vez de escolher a melhor parte e abraçar o novo mundo da verdade do Cristo crucificado, nós escolhemos continuar fazendo o que os humanos sempre fizeram: construir nossa própria torre de hierarquia e poder.

Porque podemos ler Paulo de maneira diferente

Um padre medieval escreveu o meu sermão de casamento favorito. Ele não é muito conhecido, embora Dorothy L. Sayers tenha ganhado meu coração ao citá-lo em seu clássico mistério de assassinato *The Nine Tailors* [Os nove alfaiates], um dos meus favoritos. O nome dele era John Mirk e ele vivia em West England, durante o final do século XIV, começo do século XV. A coletânea de sermões dele, *Festial*, ficou popular na Inglaterra — tão popular, na verdade, que a primeira coletânea de homílias protestantes oficial foi escrita em 1547, em parte, para contrariar a influência de Mirk. Temos evidências de que os sermões de *Festial* foram impressos até as vésperas da Reforma Protestante e que, apesar de ser da doutrina católica, *Festial* continuou a ser pregado por todo o reinado da Rainha Elizabeth I.[8]

Veja como este sermão de *Festial* descreve o relacionamento matrimonial entre marido e mulher: "Assim, por ordem de Deus, um homem deve tomar uma esposa de mesma idade, condição e nascimento". O texto continua: "Por isso, o homem deixará pai e mãe e se aproximará dela como uma parte de si mesmo, e ela o amará, e ele a ela, verdadeiramente juntos, e serão dois em uma só carne".[9] Em vez de hierarquia, o sermão enfatiza como o homem e a mulher devem amar "verdadeiramente juntos" e se tornar "uma só carne". Quando o padre abençoa a aliança da mulher, ele declara que "representa Deus, que não tem começo nem fim, e o coloca no dedo dela, que tem uma veia que corre até o coração, mostrando que ela deve amar a Deus sobre todas as coisas e depois o marido".[10] A aliança proclama que a fidelidade da esposa pertence primeiro a Deus e depois ao marido. Embora o sermão esteja repleto de passagens da Sagrada Escritura, citando muitas vezes Gênesis 1–3, bem como Mateus 22 e João 2, não cita Paulo. Ele não contém nenhuma referência a Efésios, Colossenses, Tito ou mesmo 1 Pedro — os livros do Novo Testamento que sabidamente contêm o chamado para que as esposas se submetam a seus maridos. Essas passagens do Novo Testamento, conhecidas como "códigos domésticos" (Efésios 5:21–6:9; Colossenses 3:18–4:1; 1 Pedro 2:18–3:7; Tito 2:1–10), dominam discussões modernas sobre os papéis de gênero e lançaram as bases para a mudança na emenda à "Fé e Mensagem Batista", de 1998, de que as esposas deveriam "se submeter graciosamente" à autoridade de seus maridos.[11] Porém, o sermão medieval de Mirk "coloca pouquíssima ênfase na sujeição como base para viver bem no casamento", observa a historiadora Christine Peters.[12] Mirk não declara que a esposa deve obedecer ao marido. Na verdade, seu sermão enfatiza que o que colocou Eva em apuros foi amar demais o marido e, portanto, a aliança de casamento não é um símbolo da esposa pertencente ao marido — é um lembrete para as esposas *colocarem Deus em primeiro lugar*.[13]

Na minha pesquisa, descobri que os sermões da Inglaterra do final da Idade Média raramente pregavam as passagens paulinas às quais minhas alunas eram contrárias. Isso é diferente, de uma maneira chocante, dos sermões do mundo evangélico moderno — e bastante surpreendente, dado que o mundo medieval era tão propenso ao patriarcado quanto o mundo antigo e o nosso mundo moderno (mais sobre isso no próximo capítulo).[14] Também é, de maneira chocante, diferente do que nos foi ensinado sobre os escritos de Paulo em relação às mulheres — que eles têm sido usados ao longo da história cristã em um fio contínuo e ininterrupto para defender o desígnio de Deus para os homens liderarem e as mulheres seguirem.

Isso simplesmente não é verdade. Vejamos, por exemplo, o catolicismo. Os evangélicos parecem pensar que, porque a tradição católica não ordena mulheres, a tradição católica também deve usar Paulo para apoiar a liderança masculina no casamento. Não dessa forma, ou pelo menos não de forma persistente. O pesquisador de religião Daniel Cere explica: "Nunca houve uma tradição de ensino doutrinário formal endossando a subordinação [conjugal] dentro da tradição católica".[15] O historiador medieval Alcuin Blamires descreve "paradoxos irritantes" (tanto práticos quanto bíblicos) que assombravam os ensinamentos católicos medievais sobre gênero, autoridade e o corpo de Cristo.[16] Por exemplo, porque os maridos pecavam, provaram ser líderes ruins para suas esposas — obscurecendo para os pregadores medievais o "resultado" da autoridade masculina. Como argumentou um texto do início do século XV, uma esposa não deve seguir cegamente seu marido porque — assim como o sermão matrimonial de Mirk declarou — ela devia lealdade primeiro a Jesus como seu "marido principal". Para as mulheres medievais, Jesus como chefe poderia superar a autoridade marital, podendo as mulheres, inclusive, assumir a liderança. Pedro Abelardo, um famoso escolástico do século XII, discute a história bíblica de uma mulher ungindo Jesus com óleo (Mateus 26:6–13; Marcos 14:3–9; Lucas 7:37–50). Abelardo escreve que, quando "a mulher, e não o homem, está ligada à liderança de Cristo", ela "de fato o institui *como* 'Cristo'". Ao permitir que uma mulher o ungisse com óleo, Jesus contraria a liderança masculina — permitindo que uma mulher faça o que somente os homens podiam fazer até aquele momento: ungir o rei. Blamires descreve o argumento de Abelardo como "um deslocamento impressionante do gênero convencional do corpo como feminino e da cabeça como masculino". A unção de Jesus pela mulher é uma "ação de nomeação" para Abelardo, escreve Blamires. "É esta mulher que unge o santo dos santos para ser Cristo."[17]

Eu poderia dizer muito mais, mas este é o ponto: apesar da obsessão evangélica pela liderança masculina, os cristãos do passado e do presente possuem menos confiança nela. A postura do Papa João Paulo II em sua carta apostólica de 1988 serve como um bom exemplo. Ele sugere que usar os escritos de Paulo em Efésios 5 para justificar a liderança masculina e a subordinação feminina no casamento seria o equivalente a usar essas passagens para justificar a escravidão.[18]

Porque o propósito de Paulo não era enfatizar a submissão das esposas

Então, vamos falar sobre a submissão das esposas, uma ideia que os evangélicos extraem dos códigos domésticos do Novo Testamento. Como vimos, o contexto histórico sugere que a submissão da esposa *não era o objetivo* dos escritos de Paulo, inclusive nos códigos domésticos. Em vez de inclui-los para ditar como os cristãos devem seguir a hierarquia de gênero do Império Romano, e se Paulo estivesse ensinando os cristãos a viver de maneira diferente dentro de seu contexto romano? Em vez de "textos de terror" do Novo Testamento para as mulheres, e se os códigos domésticos puderem ser lidos como narrativas de resistência ao patriarcado romano?[19]

Levados ao pé da letra (uma "interpretação simples e literal"), os códigos domésticos parecem santificar a estrutura patriarcal romana: a autoridade do *pater familias* (marido/pai) sobre as mulheres, filhos e escravos. O texto de Colossenses 3:18–22 mostra bem isso: "Vós, mulheres, estai sujeitas a vosso próprio marido, como convém no Senhor. Vós, maridos, amai a vossa mulher e não vos irriteis contra ela. Vós, filhos, obedecei em tudo a vossos pais, porque isto é agradável ao Senhor. Vós, pais, não irriteis a vossos filhos, para que não percam o ânimo. Vós, servos, obedecei em tudo a vosso senhor segundo a carne, não servindo só na aparência, como para agradar aos homens, mas em simplicidade de coração, temendo a Deus". Caso você não saiba muito sobre o patriarcado romano, a tutela masculina era a lei romana. As esposas legalmente tinham que se submeter à autoridade de seus maridos e as mulheres solteiras tinham que se submeter à autoridade de seus pais ou parentes masculinos mais próximos. As mulheres não podiam possuir propriedades ou administrar negócios por direito próprio e não podiam realizar transações legais ou financeiras sem um homem agindo em seu nome. A partir dessa perspectiva histórica, não é surpreendente encontrar discussões sobre esposas em textos romanos do século I (o Novo Testamento) refletindo a realidade da vida das esposas no mundo romano desse primeiro século. A inclusão de Paulo de uma declaração para que as mulheres sejam submissas a seus maridos é exatamente o que o mundo romano esperava.[20]

Nós simplesmente não entendemos isso como evangélicos modernos.

Paulo não estava dizendo aos primeiros cristãos para se parecerem com todo mundo, estava dizendo a eles que, como cristãos, tinham que ser diferentes. Rachel Held Evans explica os códigos domésticos cristãos como um "remix de Jesus" do patriarcado romano.[21] A erudição sugere que o termo *remix* fornece uma boa descrição. As pesquisadoras do Novo Testamento Carolyn Osiek e Margaret MacDonald, por exemplo, argumentam que os ensinamentos éticos embutidos no código doméstico dos efésios são tão "opostos" ao mundo greco-romano que, em vez de um sinal de acomodação, "o código doméstico é apresentado como aquele que, em última análise, separa os crentes".[22] Quando lidos corretamente, os códigos domésticos não apenas libertam as mulheres, como escreve Shi-Min Lu, mas também libertam todos os membros da família dos "elementos opressores" do mundo romano.[23] Paulo não estava impondo o patriarcado romano aos cristãos, estava usando um remix de Jesus para dizer aos cristãos como o evangelho os libertou.

Dessa forma, vamos dar uma olhada no remix de Jesus de duas passagens semelhantes do código doméstico em Paulo.

COLOSSENSES 3:18–19

"Vós, mulheres, estai sujeitas a vosso próprio marido, como convém no Senhor. Vós, maridos, amai a vossa mulher e não vos irriteis contra ela."

EFÉSIOS 5:21–22, 25, 28, 33

"Sujeitando-vos uns aos outros no temor de Deus. Vós, mulheres, sujeitai-vos a vosso marido, como ao Senhor [...]. Vós, maridos, amai vossa mulher, como também Cristo amou a igreja e a si mesmo se entregou por ela [...]. Assim devem os maridos amar a sua própria mulher como a seu próprio corpo. Quem ama a sua mulher ama-se a si mesmo. [...] Assim também vós, cada um em particular, ame a sua própria mulher como a si mesmo, e a mulher reverencie o marido."

Como cristãos modernos, ouvimos imediatamente a autoridade masculina. *Vós, mulheres, sujeitai-vos a vosso marido*. No entanto, como cristãos do primeiro século, a audiência original de Paulo teria ouvido imediatamente o oposto. *Vós, maridos, amai a vossa mulher e não vos irriteis contra ela. Maridos, amai a vossa mulher assim como Cristo amou a igreja e se entregou por ela.* O foco dos códigos domésticos cristãos não é o mesmo hoje que era no mundo romano.

Falemos sobre o filósofo Aristóteles do século IV. Aristóteles escreveu em *Política* o que se tornaria um dos textos de código doméstico mais influentes da cultura ocidental. Veja o que ele disse:

> Reconhecemos três partes na administração da família: a autoridade do senhor [...] a do pai e a do esposo. Esta última autoridade se impõe sobre a mulher e os filhos,

porém aquela e estes considerados como livres. E não se exerce de um modo único. Para a mulher é um poder político ou civil, e para os filhos um poder real. Naturalmente o homem é mais destinado a mandar que a mulher (excluído, é claro, as exceções contra a natureza) [...] A relação de superioridade existe constantemente da espécie macho para a espécie fêmea. [...] No homem, a coragem serve para mandar; na mulher, para executar o que um outro prescreve. [...] É preciso pensar igualmente em tudo. Disse o poeta de uma mulher: "Um silêncio modesto ajunta seus atrativos"; mas não é a mesma coisa quando se trata de um homem.[24]

Vê as diferenças? Aristóteles está escrevendo especificamente para os homens sobre como devem governar e por que têm o direito de governar. Ele não inclui inferiores na conversa. A governança doméstica é o domínio do homem romano — como mestre, pai e marido. A conversa é direcionada apenas aos homens.

De maneira oposta, os códigos domésticos cristãos se dirigem a todas as pessoas na igreja doméstica — homens, mulheres, crianças e escravos. Todos estão incluídos na conversa. A teóloga Lucy Peppiatt escreve que essa é a "chave" para a subversão cristã do patriarcado romano. Como os códigos domésticos cristãos são dirigidos a todos os membros da família romana, em vez de presumir a tutela do chefe masculino, eles "contêm em si a derrubada das posições aceitas concedidas a homens, mulheres, escravos e crianças e as expectativas colocadas neles.[25] Em vez de conferir autoridade a um homem que fala e age por aqueles dentro de sua casa, os códigos domésticos cristãos oferecem a cada membro da comunidade compartilhada — unidos por sua fé em Cristo — o direito de ouvir e agir por si mesmos. Isso é radicalmente diferente da estrutura patriarcal romana. A estrutura cristã da igreja doméstica *resiste* ao mundo patriarcal do Império Romano.

Porque o propósito de Paulo não era enfatizar a autoridade masculina

Como os códigos domésticos cristãos enquadram a autoridade masculina também pode ser lido como uma narrativa de resistência ao patriarcado romano. Aristóteles escreveu para justificar a autoridade masculina. Ele enfatizou a desigualdade permanente entre homens e mulheres: a natureza do homem é comandar, enquanto a natureza da mulher é obedecer. Os códigos domésticos cristãos fazem algo diferente. Em Colossenses 3, Paulo inicia sua discussão sobre a família com um chamado *primeiro para as esposas* — não para o homem que supostamente está no comando (como Aristóteles faz). Tanto Peppiatt quanto Scot McKnight destacam a falta de ênfase de Paulo no poder e autoridade do marido. Em vez disso, Paulo enfatiza que as esposas devem ser sujeitas *como adequadas ao Senhor* (não porque são inferiores) e que os maridos devem amar suas esposas, e não tratá-las com severidade. "Em vez de fundamentar a instrução para a esposa na autoridade, poder, liderança ou status de seu marido em uma hierarquia", escreve McKnight, "o fundamento é radicalmente diferente: é fundamentado no modo de vida do Senhor".[26] Jesus, e não o *Pater familias* romano, é o responsável pelo lar cristão.[27]

Da mesma forma, Efésios 5 pode ser lido como uma narrativa de resistência ao patriarcado romano. Muitos estudiosos argumentam que Paulo subordina toda a sua discussão dos códigos domésticos no versículo 21:

"sujeitando-vos uns aos outros no temor de Deus". Quando este versículo é lido no início dos códigos domésticos de Efésios, tudo muda. Sim, as esposas devem se submeter, mas os maridos também. Em vez de enfatizar a inferioridade delas, Efésios 5 ressalta a igualdade das mulheres — elas são chamadas a se submeterem no versículo 22, assim como seus maridos são chamados a se submeterem no versículo 21. Em vez de fazer dos cristãos apenas mais uma parte do povo romano (com ênfase na submissão feminina), a submissão mútua no versículo 21 "é característica de um modo de vida que separa os crentes do mundo incrédulo".[28] Por conta de suas implicações radicais, o versículo 21 deve ser distanciado do versículo 22 nas traduções bíblicas que desejam defender visões complementaristas. A Versão Padrão Inglesa (English Standard Version — ESV) inclui o versículo 21 no final da seção que os tradutores intitularam "Walk in Love" [Andai em amor]. Isso separa o versículo 21 do início da próxima seção, intitulada "Wives and Husbands" [Esposas e maridos], que começa com o versículo 22: "Vós, mulheres, sujeitai-vos a vosso marido, como ao Senhor". Dessa forma, a ESV escolhe destacar a submissão feminina no versículo 22, separando-o literalmente da subversão de Paulo ao patriarcado romano no versículo 21.

O que os tradutores da ESV fizeram em Efésios 5 me lembra uma crítica feita pelo arqueólogo Ian Morris com relação aos homens atenienses na Grécia clássica. Não é por acaso, escreve Morris, que os arqueólogos encontram pouca evidência material de mulheres na antiga Atenas. "Mulheres e escravos permanecem invisíveis", mas isso não é por causa de "problemas metodológicos" ou má atribuição de evidências por estudiosos. A "cultura cidadã masculina extraordinariamente difundida" da cidade-estado grega não apenas subjugou as mulheres, mas controlou tão bem os espaços em que elas viviam que resta pouca evidência delas. As mulheres permanecem invisíveis porque "os cidadãos atenienses do sexo masculino queriam que fosse assim".[29] A submissão das mulheres é destacada na tradução ESV de Efésios 5, e o chamado para que os maridos sejam submissos é minimizado — não porque Paulo quis dizer assim, mas porque os tradutores complementaristas da ESV queriam assim.

Efésios 5:21 não é a única subversão radical do patriarcado romano no capítulo. Paulo também exige que os homens amem suas esposas como amam seus próprios corpos. Você sabia que no mundo greco-romano os corpos femininos eram considerados homens imperfeitos e deformados? Em *Geração dos animais*, Aristóteles escreve que "a fêmea é como se fosse um macho deformado" e que "porque as fêmeas são mais fracas e mais frias em sua natureza [...] devemos considerar o estado feminino como uma deformidade".[30] As mulheres eram literalmente monstruosas. Claro, Aristóteles admitiu que a deformidade feminina era uma ocorrência "normal" e útil. No século II a.C., Galeno também proclamou as mulheres como homens imperfeitos que não tinham calor para expelir seus órgãos sexuais.[31] Mas, como Aristóteles, ele admitiu que era bom que existissem homens deformados porque, de outra forma, a procriação seria impossível.

De maneira contrária, Paulo não reflete nada desse desdém pelo corpo feminino. Ele proclama que os corpos masculinos não são mais valiosos ou dignos do que os corpos femininos. As mulheres, como os homens, podem ser "santas e sem mácula", e os homens devem amar o corpo feminino assim como amam seu próprio corpo masculino (Efésios 5:27–29). Digo aos meus alunos com que facilidade um estudo de Paulo derruba a afirmação de John Piper de que o cristianismo tem uma "sensação masculina".[32] Sete vezes ao longo de suas cartas, como descobriu Beverly Roberts Gaventa, Paulo usa imagens maternais para descrever seu relacionamento contínuo com as congregações da igreja que ele ajudou a fundar. "Estatisticamente, isso significa que Paulo usa imagens maternas com mais frequência do que imagens paternas, uma característica que impressiona, especialmente quando consideramos sua virtual ausência na maioria das discussões das cartas paulinas".[33] Paulo descreve a si mesmo — um apóstolo do sexo masculino — como uma mãe grávida, dando à luz e até mesmo amamentando.

Paulo não apenas considera o corpo feminino valioso, mas ele está disposto a "entregar a autoridade de um patriarca em favor de um papel que o envergonhará, a vergonha de um homem identificado como mulher".[34] Que bela e radical é a mensagem de Paulo! Não consigo nem imaginar como suas palavras teriam sido bem-vindas para as mulheres nas igrejas do primeiro século. O que tornava os corpos femininos fracos no mundo romano os tornava fortes nos escritos de Paulo. Ao assumir a aparência literária de uma mulher, Paulo incorporou a afirmação radical de suas próprias palavras em Gálatas 3:28 de que, em Cristo, "não há macho nem fêmea".

Os cristãos medievais captaram as imagens maternais de Paulo de uma maneira que os cristãos modernos não fizeram. Gaventa observa como poucos estudiosos modernos prestaram atenção às surpreendentes imagens maternas de Paulo.[35] Por outro lado, a historiadora Caroline Walker Bynum ficou tão impressionada com a frequência das imagens maternais usadas pelo clero masculino no século XII que escreveu o estudo inovador

Jesus as Mother: Studies in the Spirituality of the High Middle Ages [Jesus como mãe: Estudos sobre a espiritualidade da Alta Idade Média]. "A pergunta que eu gostaria de fazer", ela escreve, "é por que o uso de imagens maternais explícitas e elaboradas para descrever Deus e Cristo, que geralmente são descritos como homens, é tão popular entre os monges cistercienses do século XII".[36] Ela identifica Anselmo de Cantuária, um monge beneditino que é bastante patriarcal em suas atitudes em relação às mulheres, como um dos primeiros clérigos medievais a captar as imagens maternais de Paulo. Claramente ecoando os escritos de Paulo em 1 Tessalonicenses 2:7 e Gálatas 4:19, Anselmo escreve: "Você [Paulo] está entre os cristãos como uma mãe que não apenas cuida de seus filhos, mas também os dá à luz pela segunda vez pela solicitude de seu amor maravilhoso."[37] Só porque os evangélicos modernos ignoram o uso radical de imagens maternas de Paulo não significa que não estejam lá. Significa apenas que, mais uma vez, entendemos Paulo errado.

Porque o propósito de Paulo não era a hierarquia romana de gênero

Mais uma evidência que me convence de que os códigos domésticos devem ser lidos como narrativas de resistência ao patriarcado romano é como os primeiros cristãos eram percebidos pelo mundo romano: como "desviantes do gênero". Osiek e MacDonald nos lembram que Plínio, o Jovem, depois de discutir a tortura de duas mulheres cristãs a quem chamou de diaconisas, descreveu o cristianismo como uma "superstição depravada e excessiva".[38] De acordo com elas: "Ao chamar a atenção para algum tipo de liderança feminina no grupo — com exclusão de referências a líderes masculinos — Plínio estava insinuando que os ideais de masculinidade estavam sendo comprometidos. As mulheres estavam no controle".[39] E isso, em termos romanos, era vergonhoso. Não só os primeiros cristãos colocaram as mulheres em papéis de liderança; reuniam-se em pé de igualdade — homens, mulheres, crianças e escravos — na privacidade do lar, um espaço tradicionalmente feminino. O cristianismo era depravado e imoral porque era visto como algo que minava os ideais da masculinidade romana. Plínio repugnava o cristianismo porque *não* seguia os códigos domésticos romanos, e não porque os seguia.

Para muitos cristãos modernos, os códigos domésticos são o que nos diferencia do mundo. Enquanto o feminismo assola caoticamente ao nosso redor, como muitos acreditam, a igreja evangélica permanece como uma árvore bem cuidada plantada à beira de correntes de água — firme e serena com uma hierarquia de galhos. De fato, é assim que John Piper e Wayne Grudem o enquadram em *Recovering Biblical Manhood and Womanhood*. Como eles escrevem na introdução: "Queremos ajudar os cristãos a recuperar uma visão nobre da masculinidade e feminilidade como Deus as criou para ser. [...] Esperamos que essa nova visão — uma visão de 'complementaridade' bíblica — corrija os erros anteriores e evite os erros opostos que vêm da confusão feminista das distinções sexuais dadas por Deus".[40] Exceto que ver a hierarquia de gênero romana como uma "nova visão" não é como o mundo de Paulo no primeiro século a teria visto. A estrutura patriarcal romana ecoada pelos códigos domésticos de Paulo *não* era a "nova visão". Reconhecer o poder do *pater familias* era o que o mundo romano já fazia. O patriarcado não era algo que tornava os cristãos diferentes, mas sim os tornava iguais.

Os códigos domésticos do Novo Testamento contam uma história de como a igreja primitiva estava tentando viver dentro de um mundo não cristão e cada vez mais hostil. Precisavam se encaixar, mas também precisavam defender o evangelho de Cristo. Tinham que defender a estrutura do patriarcado romano tanto quanto pudessem, mas também tinham que defender o valor e a dignidade de cada ser humano feito à imagem de Deus. Paulo deu a eles os planos para remixar o patriarcado romano. Em vez de ser direcionado aos homens como autoridade primária, os códigos domésticos cristãos incluem todos na conversa. Em vez de justificar a autoridade masculina por causa da inferioridade feminina, os códigos domésticos cristãos afirmam que as mulheres têm valor igual ao dos homens. Em vez de se concentrar na submissão da esposa (era o que todo mundo fazia), os códigos domésticos cristãos exigem que o marido faça exatamente o oposto do que a lei romana permitia: sacrificar sua vida pela esposa em vez de exercer poder sobre a vida dela. Isso, escreve Peppiatt, é a "revolução cristã".[41] É isso que torna os cristãos *diferentes* do mundo ao nosso redor.

Poderíamos ter entendido Paulo de forma contrária? E se seu foco nunca foi a liderança masculina e a submissão feminina? E se a visão dele era maior do que imaginamos? E se, em vez de replicar uma antiga hierarquia de gênero, Paulo estivesse nos mostrando como o evangelho cristão liberta até mesmo a família romana?

Porque Paulo não disse às mulheres para ficarem em silêncio

Alguns anos atrás, meu marido estava fora da cidade em um retiro com muitos de nossos jovens do ensino médio. O homem que normalmente ensinava na escola dominical para jovens, que incluía todas as crianças que não participaram do retiro naquele fim de semana, ficou doente. Eu era a única opção. Estava tudo bem para mim. Eu amo ensinar e, nesse momento, estava no auge. Toda semana eu dava não apenas seis aulas na graduação em Baylor, mas também dava aula para as meninas do ensino médio na noite de quarta-feira, bem como para os alunos de pós-graduação, estudantes de graduação e jovens com quem me reunia para orientar. Ensinar, mesmo de última hora, era uma segunda natureza.

Porém, os líderes da nossa igreja deixaram claro que as mulheres não podem ensinar os homens, ponto final. E eles definiram que a masculinidade começava aos 13 anos. Então, eu tive que ligar para o pastor. Tive que explicar a situação e pedir uma autorização especial para poder substituir um professor do sexo masculino em uma sala de aula cheia de meninos e meninas adolescentes. Depois de uma longa pausa, ele me disse que tudo bem, desde que simplesmente repassasse as perguntas do sermão da semana anterior e agisse como uma facilitadora, não como uma professora. Precisei me esforçar muito para simplesmente dizer obrigada e desligar o telefone.

Tenho certeza que uma parte disso era orgulho. Lá estava eu, uma professora com doutorado em um curso em uma importante universidade de pesquisa (minha área secundária é estudos religiosos), sendo informada de que não poderia ensinar na escola dominical do ensino médio. Sim, feriu meu orgulho. Mas essa não foi a única razão pela qual estava chateada. Foi também porque acreditava que o pastor estava errado. Eu não podia ensinar por causa de sua crença de que Paulo disse às mulheres para ficarem em silêncio e não exercerem autoridade sobre os homens. E se Paulo nunca disse isso? Assim como com os códigos domésticos, e se simplesmente entendemos Paulo de maneira errada porque nos esquecemos de seu contexto romano? E se confundimos as contestações de Paulo acerca do mundo pagão ao seu redor com as próprias palavras de Paulo?

Como sou historiadora, sei que há mais nas cartas de Paulo do que suas palavras revelam. Paulo estava escrevendo para igrejas sobre as quais tinha conhecimento íntimo. Ele as conhecia. "Essas questões não surgem do nada", Gaventa nos lembra sobre 1 Coríntios.[42] Paulo conhecia as lutas, as pessoas, os encrenqueiros. Não precisamos de um mergulho histórico profundo para entender o básico da mensagem de Paulo. Podemos dizer que a competição surgiu dentro da congregação coríntia sobre o valor de diferentes dons espirituais (como um exemplo). Podemos não conhecer detalhes em primeira mão — como quem se tornou orgulhoso e quem estava defendendo a profecia sobre o falar em línguas —, mas sabemos como Paulo os repreendeu: todos os seus dons vêm do mesmo Espírito Santo, todos os seus dons funcionam dentro do mesmo corpo e nenhum de seus dons funcionam de forma independente. Ouvimos claramente a mensagem de Paulo: no corpo de Cristo, somos todos igualmente importantes. A distância de mais de dois mil anos não obscurece seu significado.

E, no entanto, quando ignoramos o contexto histórico das cartas, podemos embaralhar seu significado e transformar seus pequenos montes em montanhas. Primeiro, Coríntios 14:33–36 fornece um excelente exemplo: "As mulheres estejam caladas nas igrejas, porque lhes não é permitido falar; mas estejam sujeitas, como também ordena a lei. E, se querem aprender alguma coisa, interroguem em casa a seus próprios maridos; porque é indecente que as mulheres falem na igreja. Porventura, saiu dentre vós a palavra de Deus? Ou veio ela somente para vós?". Paulo declara que as mulheres devem ser silenciosas, subordinadas e dependentes da autoridade espiritual de seus maridos. Certo? Essa passagem se tornou muito maior para os evangélicos modernos, enfatizada mais do que acho que Paulo pretendia que fosse. Tornou-se um versículo fundamental para ensinamentos complementaristas. Vejamos como uma melhor compreensão da história romana pode mudar a forma como a interpretamos.

Em 215 a.C., uma Roma derrotada e sem dinheiro aprovou uma nova lei. O contexto foi sua maior derrota militar de todos os tempos. Em 2 de agosto do ano anterior, o general cartaginês Aníbal havia destruído o exército romano em Canas, durante a Segunda Guerra Púnica. Fontes nos dizem que entre 50 mil e 60 mil soldados romanos morreram naquele dia, mais do que algumas das batalhas mais sangrentas da Segunda Guerra Mundial. Como Lívio, historiador romano do século I, lamentou: "Certamente não há outra nação que não tenha sucumbido sob tamanho peso de calamidade".[43] Exceto que Roma não era como as outras nações (esse era o ponto de vista de Lívio). Roma não sucumbiu. Eles cortaram gastos, formaram um novo exército e continuaram. Roma simbolizava a coragem.[44]

Meus alunos sabem que não gosto de história militar. Então, quando eu começo a contar uma história como essa, sabem que as mulheres logo entrarão em cena. De fato, elas entram. O corte de gastos de Roma levou a uma repressão a um grupo crescente de mulheres ricas e independentes — as esposas e filhas que lucraram com a redução repentina de guardiões do sexo masculino. Roma fez isso provavelmente por duas razões (ainda discutidas pelos historiadores). Uma razão foi certamente o esforço de guerra. Roma precisava do dinheiro de todos.

Então aprovaram a Lei Oppian. As mulheres não podiam mais se vestir com roupas luxuosas, andar de carruagem (em Roma), exceto em ocasiões especiais, ou possuir mais de meia onça de ouro. Algumas até tiveram que entregar suas heranças de guerra ao estado. Essas mulheres foram encorajadas a gastar mais dinheiro com Roma e menos consigo mesmas.

A segunda razão pela qual Roma provavelmente aprovou a Lei Oppian foi limitar as demonstrações públicas de riqueza das mulheres. Roma estava de luto após a Batalha de Canas. Não era hora de fazer festas e usar roupas extravagantes. Era hora de fechar as escotilhas e lutar até a morte (basicamente o que fizeram). Sobretudo, não era o momento para as mulheres terem mais dinheiro do que os homens. Roma era uma sociedade patriarcal, como já vimos, e as matronas romanas — mulheres casadas com segurança sob a tutela de seus maridos — simbolizavam o sucesso da sociedade romana. Mulheres independentemente ricas, livres da liderança masculina, não.

A propósito, Roma venceu.

Mas, quando a crise acabou, a lei que restringia a riqueza das mulheres continuou, enquanto as leis que restringiam a riqueza dos homens, não. Em 195 a.C., as mulheres em Roma estavam fartas. Protestaram, bloqueando as ruas e até as vias de acesso ao Fórum, exigindo que a lei fosse revogada.

Um cônsul, Catão, o Velho, se opôs à revogação da lei. Veja o que ele disse, e lembre-se de que Lívio provavelmente está registrando seu discurso durante o reinado do César Augusto (de 30 a.C. a 17 d.C., aproximadamente):

> Em casa, nossa liberdade é conquistada pela fúria feminina; aqui, no Fórum, ela é ferida e maltratada, e por não

termos contido as indivíduas, tememos a sorte. [...] Na verdade, corei quando, há pouco, caminhei no meio de um bando de mulheres. [...] Eu deveria ter dito: "Que tipo de comportamento é esse? Correr em público, bloquear ruas e falar com os maridos de outras mulheres! Vocês não poderiam ter perguntado a seus próprios maridos a mesma coisa em casa? Vocês são mais charmosas em público com os maridos dos outros do que em casa com seus próprios maridos? E, no entanto, não é adequado nem em casa [...] para vocês se preocuparem com quais leis são aprovadas ou revogadas aqui." Nossos ancestrais não queriam que as mulheres conduzissem nenhum negócio — nem mesmo privado — sem um tutor; queriam que estivessem sob a autoridade dos pais, irmãos ou maridos. Nós (os deuses nos ajudem!) mesmo agora as deixamos roubar o governo e se intrometer no Fórum e em nossas assembleias. O que estão fazendo agora nas ruas e encruzilhadas, se não estão persuadindo os tribunos a votar pela revogação? [...] Se elas forem vitoriosas agora, o que não tentarão? Assim que começarem a ser suas iguais, elas se tornarão suas superiores.[45]

Lívio registrou esse discurso de Catão em *History of Rome* [História de Roma]. Plínio, o Jovem, escrevendo no final do século I, retrata Lívio como uma celebridade. Lívio era um escritor popular e seu livro *History of Rome* teria sido bem conhecido.

Dessa forma, como historiadora, não me surpreende que ecos de Lívio tenham ido parar no Novo Testamento. Veja novamente 1 Coríntios 14:34–35: "As mulheres estejam caladas nas igrejas, porque lhes não é permitido falar; mas estejam sujeitas, como também ordena a lei. E, se querem aprender alguma coisa, interroguem em casa a seus próprios maridos; porque é indecente que as mulheres falem na igreja". Não, não é palavra por palavra. Mas está perto. Um eco definido. Em outras palavras, as palavras de Paulo são extraídas de seu contexto romano.

O discurso de Catão não é o único texto romano a transmitir esse sentimento sobre as mulheres. O estudioso do Novo Testamento Charles Talbert nos lembra que Juvenal (início do século II d.C.), na *Sátira VI*, também condena as mulheres que correm por aí invadindo o governo masculino em vez de ficar em casa.[46] O mundo romano via as mulheres como subordinadas aos homens. O mundo romano declarou que os homens deveriam transmitir informações às suas esposas em casa, em vez de as mulheres saírem em público. O mundo romano dizia às mulheres para ficarem em silêncio em fóruns públicos.

Paulo era um cidadão romano educado. Estaria familiarizado com as práticas retóricas contemporâneas que corrigiam a compreensão defeituosa citando a compreensão defeituosa e depois a refutando. Paulo faz isso em 1 Coríntios 6 e 7 com suas citações "todas as coisas me são lícitas", "os manjares são para o ventre, e o ventre, para os manjares" e "bom seria que o homem não tocasse em mulher".[47] Nesses casos, Paulo está citando as visões defeituosas do mundo gentio, como "todas as coisas me são lícitas". Paulo então as "modifica fortemente".[48] Ele estaria familiarizado com as visões contemporâneas sobre as mulheres, incluindo a de Lívio, de que as mulheres deveriam ficar caladas em público e obter informações de seus maridos em casa. Não é possível, como Peppiatt argumentou, que Paulo esteja fazendo a mesma coisa em 1 Coríntios 11 e 14 que ele faz em 1 Coríntios 6 e 7?[49] Refutando más práticas citando essas más práticas e depois as corrigindo? Como Peppiatt escreve: "As proibições impostas às mulheres na Carta aos Coríntios são exemplos de como os coríntios estavam tratando as mulheres, de acordo com suas próprias expectativas e valores culturais, contra os ensinamentos de Paulo".⁵⁰

E se Paulo estivesse tão preocupado que os cristãos em Corinto estivessem impondo suas próprias restrições culturais às mulheres a ponto de chamá-las para isso? Ele citou a má prática, que os homens de Corinto estavam tentando arrastar do mundo romano para o mundo cristão, e então a rebateu. A Versão Padrão Revisada (Revised Standard Version — RSV) da Bíblia dá suporte à ideia de que era o que Paulo estava fazendo. Paulo primeiro estabelece as restrições culturais: "Porque Deus não é Deus de confusão, senão de paz, como em todas as igrejas dos santos. As mulheres estejam caladas nas igrejas, porque lhes não é permitido falar; mas estejam sujeitas, como também ordena a lei. E, se querem aprender alguma coisa, interroguem em casa a seus próprios maridos; porque é indecente que as mulheres falem na igreja" (1 Coríntios 14:33–35). E então Paulo intervém: "Porventura, saiu dentre vós a palavra de Deus? Ou veio ela somente para vós? Se alguém cuida ser profeta ou espiritual, reconheça que as coisas que vos escrevo são mandamentos do Senhor. Mas, se alguém ignora isso, que ignore. Portanto, irmãos, procurai, com zelo, profetizar e não proibais falar línguas. Mas faça-se tudo decentemente e com ordem" (1 Coríntios 14:36–40).

Costumo fazer isso como um exercício na sala de aula. Um aluno lê sua própria tradução, geralmente a ESV ou NIV. Então eu leio a RSV, pronunciando as palavras de maneira cuidadosa. Quando proclamo "Porventura, saiu dentre vós a palavra de Deus? Ou veio ela somente para vós?", geralmente consigo ouvir a reação de surpresa deles, a expressão de choque coletiva. Certa vez, uma aluna exclamou em voz alta: "Dra. Barr! Isso muda tudo!". "Sim", disse a ela, "muda, sim".

Quando 1 Coríntios 14:34–35 é lido como uma citação que representa uma prática coríntia (que D.W. Odell-Scott defendeu em 1983, Charles Talbert defendeu em 1987 e Peppiatt defendeu novamente mais recentemente),[51] o propósito de Paulo parece claro: distinguir o que os coríntios estavam fazendo ("mulheres calem-se") e esclarecer que os cristãos não deveriam seguir a prática coríntia ("Porventura"). Embora eu não possa garantir que é o que Paulo estava fazendo, faz muito sentido (histórico). Primeiro, Coríntios já inclui várias citações não paulinas e a redação dos versículos 34–35 é claramente próxima das fontes romanas. Como Marg Mowczko observa: "A visão de que 14:34–35 é uma citação não paulina é uma das poucas que oferece uma explicação plausível para a mudança de tom chocante que os versículos 34–35 trazem para o texto, bem como a subsequente mudança abrupta de tópico, tom e gênero no versículo 36".[52] Se Paulo está de fato citando a visão de mundo romana para contrabalançar a visão de mundo cristã, então seu significado é exatamente o oposto do que as mulheres evangélicas foram ensinadas.

Será que, em vez de dizer às mulheres para ficarem em silêncio como o mundo romano fazia, Paulo estava realmente dizendo aos homens que, no mundo de Jesus, as mulheres podiam falar? Poderíamos ter entendido de maneira incorreta o objetivo de Paulo (de novo)? Em vez de atender sua repreensão e liberar as mulheres para falar, estamos perpetuando as práticas patriarcais que Paulo estava condenando?

Como historiadora, acho difícil ignorar como as palavras de Paulo são semelhantes ao mundo greco-romano em que ele viveu. No entanto, mesmo que eu esteja errada e Paulo esteja apenas se baseando em fontes romanas em vez de citá-las intencionalmente para fins de refutação, eu ainda argumentaria que as diretrizes que Paulo deu às mulheres coríntias são limitadas ao seu contexto histórico.[53] Por quê? Porque a consistência é uma virtude interpretativa. Paulo não está fazendo um decreto geral para que as mulheres fiquem em silêncio, ele permite que as mulheres falem ao longo de suas cartas (1 Coríntios 11:1–6 é um exemplo). Paulo não está limitando a liderança das mulheres, ele nos diz com suas próprias mãos que as mulheres lideram na igreja primitiva e que apoia seus ministérios (discutirei Romanos 16 na próxima seção). Manter uma hierarquia rígida de gênero não é o seu objetivo. Como Beverly Roberts Gaventa nos lembra anteriormente em 1 Coríntios (12:1–7), o "chamado ao serviço de Paulo não é restrito a linhas de gênero, de modo que argumentos sobre complementaridade não encontram fundamento aqui".[54] Ao insistir que Paulo disse para as mulheres ficarem em silêncio, os evangélicos se voltaram novamente à cultura patriarcal. Em vez de abandonar Aristóteles (como Rachel Held Evans uma vez nos encorajou a fazer),[55] abandonamos a liberdade em Cristo que Paulo estava tentando tanto nos dar.

Porque as mulheres bíblicas de Paulo não seguem a feminilidade bíblica

Foram as mulheres de Paulo em Romanos 16 que finalmente mudaram minha opinião.

Ainda me lembro do domingo em que tive um estalo. Fiquei chateada depois do sermão. Tão chateada que estava lavando louça. A água corrente acalmou minha mente enquanto eu esfregava os pratos do almoço. Meu marido sabia que algo estava errado (o fato de lavar os pratos, em vez de usar a lava-louças, me entregou). Ele entrou na cozinha e não disse nada. Finalmente, eu falei: "Eu não acredito em liderança masculina". Ele se inclinou sobre o balcão. Eu não conseguia olhar para ele. Mais um tempo se passou, e então ele perguntou: "Você não acredita que os homens são chamados para serem os líderes espirituais do lar?". Eu balancei minha cabeça em negativa: "Não". Ele ficou lá por mais um minuto e então disse apenas "ok" e foi embora. Eu sabia que ele não concordava comigo na época — foi criado em uma igreja complementarista e frequentou um seminário complementarista. No entanto, ele estava disposto a ouvir e considerar uma perspectiva teológica diferente. Sou eternamente grata pela confiança que ele demonstrou em mim naquele dia.

Na verdade, não foi apenas o sermão que me levou ao limite, embora eu me lembre de que era sobre liderança masculina. O que me levou ao limite foi uma palestra recente que tinha dado na minha aula de história das mulheres. Estávamos falando sobre as mulheres na igreja primitiva, à medida que avançávamos cronologicamente do mundo antigo para o mundo medieval. Por capricho, pedi a um dos alunos que abrisse sua Bíblia e lesse Romanos 16 em voz alta (em uma universidade cristã sempre posso contar com pelo menos um aluno com uma Bíblia em mãos). Pedi à classe que ouvisse e escrevesse cada nome feminino que ouvissem.

Foi um momento de ensino poderoso — para os alunos e para mim. Eu sabia que as mulheres enchiam esses versos, mas eu nunca tinha ouvido seus nomes serem lidos em voz alta, um após o outro.

Febe, a diaconisa que espalhou a carta de Paulo e a leu em voz alta para sua igreja doméstica.

Prisca (Priscila), cujo nome é mencionado antes do nome do marido (algo bastante relevante no mundo romano) como trabalhadora de Paulo.

Maria, uma trabalhadora árdua pelo evangelho na Ásia.

Júnia, proeminente entre os apóstolos.

Trifena e Trifosa, trabalhadoras de Paulo no Senhor.

A amada Pérside, que também trabalhou muito para o Senhor.

A mãe de Rufo, Júlia, e a irmã de Nereu.

Dez mulheres reconhecidas por Paulo.

Sete mulheres são reconhecidas por seu ministério: Febe, Priscila, Maria, Júnia, Trifena, Trifosa e Pérside. Uma mulher, Febe, é identificada como diaconisa. Kevin Madigan e Carolyn Osiek escrevem que Febe "é a única diaconisa de uma igreja do século I cujo nome conhecemos".[56]

Vocês sabiam, perguntei aos meus alunos, que mais mulheres do que homens são identificadas por seu ministério em Romanos 16? Ficamos lá, olhando para os nomes daquelas mulheres. "Por quê?", uma aluna interveio de repente, tão envolvida na palestra que nem levantou a mão. "Por que não notei isso antes?" "Provavelmente porque a tradução da Bíblia em inglês que você usa obscurece a atividade das mulheres", eu disse a ela, iniciando outra explicação.

Eu me escutei lecionando naquele dia. Ouvi a mim mesma apresentando evidências de como as traduções da Bíblia em inglês obscurecem a liderança das mulheres na igreja primitiva. Ouvi a mim mesma enquanto falava com a classe por meio de diferentes traduções de Romanos 16.

Vejamos, por exemplo, a Bíblia de Estudo Ryrie, publicada pela Moody Press, em 1986. Meu avô tinha essa Bíblia e eu tenho um exemplar dela na minha estante. Em vez de reconhecer Febe como diaconisa, traduz seu papel como "serva". Veja a nota de estudo: "A palavra aqui traduzida como 'serva' é muitas vezes traduzida como 'diácono/diaconisa', o que leva alguns a acreditar que Febe era uma diaconisa. No entanto, é mais provável que a palavra seja usada aqui em um sentido não oficial de ajudante".[57] "Perceberam isso?", perguntei aos meus alunos. Nenhuma evidência é dada de por que o papel de Febe deve ser traduzido como "serva" em vez de "diaconisa". Nenhuma evidência é dada para explicar por que a palavra é mais provavelmente usada em "um sentido não oficial de ajudante". Podemos adivinhar o motivo da escolha da tradução: é porque Febe era uma mulher e, portanto, supõe-se que ela não poderia ter sido diaconisa. Se a frase "um diácono da igreja em Cencreia" tivesse seguido um nome masculino, duvido seriamente que o significado de "diácono" jamais teria sido questionado.

Enquanto palestrava, pensava na minha própria igreja. Sobre como as mulheres raramente apareciam no palco além de cantar ou tocar um instrumento. Pensei em como as mulheres dirigiam nosso ministério infantil e os homens dirigiam nosso ministério adulto. Pensei na vez em que me pediram para dar uma aula na escola dominical para adultos e o pastor veio dar uma olhada no meu material. Como eu estava apenas ensinando sobre história da igreja, ele permitiu. Se eu estivesse discutindo o texto bíblico, porém, teria sido uma história diferente.

Lembro de me sentir uma hipócrita diante da minha sala de aula da faculdade.

Lá estava eu, conduzindo meus alunos por meio de evidências históricas convincentes de que o problema com as mulheres na liderança não era Paulo; o problema era como nós entendemos mal e obscurecemos Paulo. Lá estava eu, mostrando aos meus alunos como as mulheres realmente lideravam e ensinavam na igreja primitiva, até mesmo como diaconisas e apóstolas. Júnia, mostrei a eles, foi aceita como apóstola até quase os tempos modernos, quando seu nome começou a ser traduzido como nome masculino: Júnias. O estudioso do Novo Testamento Eldon Jay Epp compilou duas tabelas examinando o Novo Testamento grego desde Erasmo até o século XX.[58] Juntos, os gráficos mostram que o nome grego *Júnia* foi quase universalmente traduzido em sua forma feminina até o século XX, quando o nome de repente começou a ser traduzido como o masculino *Júnias*. Por quê? Gaventa explica: "Epp deixa claro de maneira dolorosa e enlouquecedora que um fator importante no tratamento de Romanos 16:7 no século XX foi a suposição de que uma mulher não poderia ter sido uma apóstola".[59] *Júnia* tornou-se *Júnias* porque os cristãos modernos assumiram que apenas um homem poderia ser um apóstolo. Como historiadora, eu sabia por que as mulheres nas cartas de Paulo não correspondiam às chamadas limitações que os líderes contemporâneos da igreja impõem às mulheres. Eu sabia que era porque lemos Paulo errado. Paulo não é inconsistente em sua abordagem às mulheres; nós o tornamos inconsistente pela forma como o interpretamos. Como Romanos 16 deixa claro, a realidade é que as mulheres bíblicas contradizem as ideias modernas da feminilidade bíblica.

Eu sabia de tudo isso. Ainda assim, permiti que os líderes de minha igreja não fossem contestados em sua afirmação de que as mulheres não podiam ensinar meninos com mais de 13 anos de idade em nossa igreja. Eu ainda permaneci em silêncio.

Continuei minha palestra. "A realidade histórica é a mesma para Febe", disse a meus alunos. Paulo a chama de diaconisa. Ninguém contesta o texto — eles só podem contestar o significado do texto. Febe foi reconhecida como mulher e diaconisa pelos pais da igreja primitiva. Orígenes, por exemplo, escreveu no início do século III que o título de Febe demonstra "pela autoridade apostólica que as mulheres também são nomeadas no ministério da igreja, cargo em que Febe foi colocada na igreja que fica em Cencreia. Paulo com grande exaltação e elogios até enumera seus feitos esplêndidos".[60] Embora possamos certamente questionar o que Orígenes quis dizer com o "ministério da igreja", é claro que Orígenes aceitou o papel designado de Febe. Um século depois, João Crisóstomo, o pregador da "boca de ouro", escreveu sobre como era uma grande honra para Febe ser mencionada "antes de todas as outras", chamada de "irmã" e distinguida como "diaconisa". "Tanto homens como mulheres", conclui Crisóstomo, devem "imitar" Febe como uma "santa".[61] Em sua homilia sobre 1 Timóteo 3:11, Crisóstomo deixa claro que entende que as mulheres devem servir como diaconisas assim como os homens. Como ele escreve: "Da mesma forma, as mulheres devem ser modestas, não caluniadoras, sóbrias, fiéis em tudo. Alguns dizem que [Paulo] está falando sobre mulheres em geral. Mas isso não pode ser. Por que ele iria querer inserir no meio do que está dizendo algo sobre as mulheres? Mas ele está falando daquelas mulheres que ocupam o posto de diaconisa. 'Os diáconos devem ser maridos de uma mulher'. Isso também é apropriado para diaconisas, pois é necessário, bom e correto, especialmente na igreja".[62]

Se essa compreensão franca da liderança feminina por um presbítero e diácono do século IV te surpreende, as historiadoras da igreja Madigan e Osiek nos lembram que não deveria: "Nas igrejas de João em Antioquia e Constantinopla", elas escrevem, "diaconisas era algo bem conhecido".[63] Descrever Febe como diaconisa não foi surpreendente para Crisóstomo porque alguns de seus bons amigos do século IV eram diaconisas. De fato, Madigan e Osiek descobriram 107 referências (inscrições e literárias) à mulheres diaconisas na igreja primitiva.

Claro, eu disse aos meus alunos, nem todos na igreja primitiva apoiavam as mulheres na liderança. O cargo de presbítero testemunha em voz alta como os preconceitos patriarcais do mundo antigo já haviam se infiltrado no cristianismo. Lembra como Aristóteles considerava o corpo feminino monstruoso e deformado? Os líderes eclesiásticos importaram essas ideias em suas decisões do conselho, declarando já no século V que os corpos femininos eram impróprios para a liderança. Como Madigan e Osiek escrevem: "A pureza do culto torna-se associada aos machos, a impureza às fêmeas. Este foi o maior argumento contra as mulheres presbíteras".[64] No século VI, enquanto a igreja estava se movendo pela paisagem europeia e substituindo as antigas sedes seculares do poder romano pelos cargos sagrados de bispo e padre, as mulheres também estavam em movimento, de volta ao seu lugar anterior sob a autoridade dos homens.

"Dra. Barr, por que eles não nos ensinam isso na igreja?"

Olhei para o aluno, com dor no coração. "A maioria das pessoas simplesmente não sabe", eu disse. Os livros didáticos do seminário normalmente são escritos por pastores — não por historiadores (e, sobretudo, não por historiadoras). A maioria das pessoas que frequenta igrejas complementaristas não percebe que a tradução ESV de Júnia como "bem conhecida pelos apóstolos" em vez de "proeminente entre os apóstolos" foi um movimento deliberado para manter as mulheres fora da liderança (Romanos 16:7). As pessoas acreditam que as mulheres foram banidas da liderança na igreja primitiva, assim como são banidas da liderança na igreja moderna. A igreja ensina o que acredita ser verdade.

Essas foram as coisas que eu disse em voz alta.

O que eu não disse — e o que fez as lágrimas rolarem pelo meu rosto enquanto eu estava na frente da minha pia naquele dia — foi que eu sabia a verdade. Eu sabia a verdade e mesmo assim fiquei em silêncio na minha igreja.

Fiquei em silêncio porque tinha medo de que meu marido perdesse o emprego. Eu tinha medo de perder nossos amigos. Eu tinha medo de perder nosso ministério.

O complementarismo recompensa as mulheres que seguem as regras. Ao ficar em silêncio, ajudei a garantir que meu marido continuasse um líder. Ficando em silêncio, eu poderia exercer alguma influência. Ficando em silêncio, mantive a amizade e a confiança das mulheres ao meu redor. Ficando em silêncio, mantive uma vida confortável.

Exceto que eu sabia a verdade sobre as mulheres de Paulo. Eu conhecia a realidade de que as mulheres que são exaltadas na Bíblia — como Febe, Priscila e Júnia — desafiam os limites da feminilidade bíblica moderna. Como historiadora, eu sabia que as mulheres eram mantidas fora dos papéis de liderança em minha própria congregação porque o patriarcado romano havia se infiltrado na igreja primitiva. Em vez de abandonar a Roma pagã e abraçar Jesus, fizemos o oposto — abandonando a liberdade de Cristo e abraçando a opressão do mundo antigo.

Fechei a torneira da pia e empilhei os pratos.

Era hora de eu parar de ficar em silêncio.

3. nossa memória seletiva do período medieval

EU ESTAVA CORTANDO A GRAMA quando meu marido entrou no quintal. Não conseguia ouvir o que ele falava por conta do barulho do cortador, mas conseguia ver seu rosto. Eu sabia que era ruim. Soltei o cortador de grama e ele começou a falar.

"Os presbíteros acabaram de fazer uma reunião", disse ele, segurando o telefone na minha direção. "Eles me ligaram para dizer que não vão reconsiderar a posição deles sobre as mulheres".

Me aproximei dele, a grama recém-cortada cobrindo meus tornozelos e sapatos. Esperava más notícias, pela expressão em seu rosto, mas não esperava isso. Decidimos falar e pedimos aos presbíteros que permitissem que mulheres dessem aula na escola dominical do ensino médio. Estávamos otimistas, sabendo que pelo menos dois dos quatro presbíteros nos apoiavam. Eu me permiti ter esperança.

O que se provou ser uma esperança vã.

Não lembro o que respondi. Nem tenho certeza se consegui dizer algo. Mas meu marido me entendeu. "Se forçarmos isso", disse ele, "vou perder meu emprego". O silêncio ao nosso redor ficou mais alto.

Será que realmente queremos seguir por esse caminho?

Podia ouvir meus filhos dentro de casa. Naquele momento, com apenas 6 e 12 anos de idade, eles eram alegremente ignorantes. Essa igreja era a casa deles. Estava cheia dos amigos deles. Era tudo o que eles conheciam.

Será que realmente queremos seguir por esse caminho?

Por quase vinte anos, eu e meu marido estávamos casados e servindo juntos no ministério, a maior parte desse tempo na igreja mesma. Era nossa casa também. Estava cheia dos nossos melhores amigos. As mulheres e homens que oraram conosco enquanto eu terminava minha dissertação e fazia entrevistas de emprego, que celebraram conosco o nascimento do nosso filho, nos apoiaram enquanto esperávamos cinco longos anos pelo nascimento da nossa filha, riram conosco de piadas internas sobre máquinas de margarita e cartões-presente vazios da Starbucks.

Realmente queríamos fazer isso?

Enfim, balancei a cabeça, deixando-o saber que eu entendia. Depois limpei o suor do rosto e voltei a cortar a grama. O ruído familiar do cortador focou meus pensamentos acelerados. Tentei me concentrar apenas na grama à minha frente.

Mas é claro que eu não conseguia.

Estava com raiva. Estava cansada. Estava com medo.

E, por alguma estranha razão, tudo em que eu conseguia pensar era em Margery Kempe.

Por que Margery Kempe é importante

Eu e meu marido estávamos prestes a tomar uma decisão muito difícil e tudo em que eu conseguia pensar era em uma mulher do século XV (qualquer um dos meus alunos lendo esta frase com certeza vai rir).

Não conseguia tirá-la da minha cabeça por duas razões. Primeiro, eu estava dando um seminário de pós-graduação sobre sermões medievais naquele semestre e tinha acabado de reler seu livro como preparação. Com certeza explica por que ela estava na minha mente.

Porém, a segunda razão era que Kempe estava ajudando a responder minha pergunta mais urgente: *Eu realmente queria desafiar os ensinamentos complementaristas com relação às mulheres na nossa igreja?*

Ela certamente não era o único fator que eu estava considerando (longe disso). Mas por ser uma historiadora medieval e por conhecer a história de Margery Kempe, sabia que minha resposta a essa pergunta era sim, queria tentar.

Um dia, em 1417, Margery Kempe foi presa na cidade medieval inglesa de York. Seu estilo extravagante de adoração, que incluía interromper os cultos com choro e soluços, juntamente com sua tendência a debater teologia com o clero e até mesmo pregar para a população local, significava que era tida muitas vezes como uma pessoa suspeita. Desta vez, ela se viu diante da segunda figura eclesiástica mais importante da Inglaterra medieval, o arcebispo de York. O arcebispo sabia que Margery estava viajando pela região sem o marido, sabia que ela estava atuando como uma professora religiosa sem nenhum treinamento e sabia que ela estava interrompendo as celebrações da igreja local com sua adoração em êxtase.

As palavras dele para ela foram duras e claras: "Ouvi dizer que você é uma mulher muito má".[1]

Nesse momento da história, a sabedoria popular da igreja medieval nos dizia que as mulheres medievais estavam sujeitas à autoridade masculina. A sabedoria popular nos diz que porque as mulheres não podem ser padres, elas não podem pregar. Ela nos diz que as mulheres sempre foram subordinadas aos homens em suas vidas — maridos, pais, irmãos. A sabedoria popular do cristianismo medieval nos diz que Margery era uma aberração. Ela também era uma candidata muito provável a ser queimada na fogueira como herege.

No entanto, a sabedoria popular nem sempre é verdadeira. Quando o arcebispo de York confrontou essa mulher de meia-idade, ela se manteve firme em uma sala cheia de autoridade masculina. Quando o arcebispo a chamou de "mulher muito má", ela revidou, respondendo diretamente: "Senhor, também ouvi dizer que o senhor é um homem mau. E se for tão mau quanto as pessoas dizem, nunca chegará ao Céu, a menos que se corrija enquanto estiver aqui".[2]

Você viu o que ela disse?

Margery Kempe disse à segunda figura eclesiástica mais importante da Inglaterra medieval que ele não iria para o Céu a menos que se arrependesse.

Ela também usou a Palavra de Deus para defender seu direito como mulher de ensinar sobre Deus. Ela pregou a partir da Bíblia para uma sala cheia de sacerdotes do sexo masculino — incluindo o arcebispo de York — defendendo seu direito de fazê-lo como mulher. Citando Lucas 11, ela explicou: "Pois Deus Todo-Poderoso não proíbe, senhor, que falemos dele. E também o Evangelho menciona que, quando a mulher ouviu nosso Senhor pregar, ela se aproximou dele e disse em alta voz: 'Bem-aventurado o ventre que te trouxe e os peitos em que mamaste'. Então nosso Senhor respondeu: 'Antes, bem-aventurados os que ouvem a palavra de Deus e a guardam'. E, portanto, senhor, acho que o Evangelho me dá permissão para falar de Deus".[3]

Quando Margery parou de falar, um padre, horrorizado com a condenação dela ao arcebispo, correu para pegar seu exemplar das epístolas paulinas. Ele leu em voz alta uma das passagens: "Mulheres estejam caladas", — 1 Coríntios 14 ou 1 Timóteo 2 — proclamando que "não permito, porém, que a mulher ensine".[4]

Não funcionou.

"Eu não prego, senhor," ela disse. "Eu não subo em nenhum púlpito. Uso apenas conversação e boas palavras, e isso farei enquanto viver".[5] Para essa mulher medieval, as palavras de Paulo não se aplicam. Ela poderia ensinar a Palavra de Deus, mesmo como uma mulher comum, porque, argumentou, Jesus a endossou.

Temos que admirar a coragem dela. Margery Kempe não apenas discutiu com o arcebispo de York, ela também lhe ensinou verdades teológicas. Defendeu seu direito de falar a Palavra de Deus e acusou o arcebispo de ser um homem mau, contando a história de um urso grosseiro que come belas flores de pera e as defeca publicamente na cara de um padre. Quando confrontada com as passagens da Sagrada Escritura que exigiam seu silêncio como mulher, Margery explicou como essas passagens não se aplicavam a ela. Quando o arcebispo exigiu que ela saísse imediatamente, discutiu com ele até que aceitasse seus termos. Finalmente, frustrado, ele pagou cinco xelins a um homem para escoltá-la para fora da sala. Os amigos dela a encontraram na cidade, em júbilo, como diz o texto, porque Deus "tinha dado a ela — inculta como ela era — a inteligência e a sabedoria para responder, sem vergonha ou culpa, a tantos homens instruídos, graças a Deus".[6] De fato, o arcebispo admitiu que a havia examinado e não encontrou falhas em sua fé. Ele até escreveu uma carta endossando que ela não era uma herege e deu a ela para que continuasse suas viagens.

Alguns estudiosos argumentam que a posição de Margery Kempe como uma mulher abastada e com um pai politicamente importante a protegeu (John Brunham foi prefeito de Bishop's Lynn, sua cidade natal, e membro do Parlamento). A classe supera o sexo, e Margery se safa com mais do que deveria em seu tempo. Isso é absolutamente correto. A maneira como Margery consegue um casamento casto nos dá um bom exemplo (no Capítulo 11 de seu livro). De acordo com a igreja medieval, maridos e esposas devem a "dívida conjugal" (sexo).[7] Um não pode negar o sexo ao outro. Margery, em busca de uma vida santa (e talvez também motivada por suas catorze gestações anteriores), quer se livrar da dívida conjugal. Seu marido negocia com ela, pedindo em parte que pague as dívidas financeiras dele. Margery tem mais dinheiro do que ele, dinheiro que ela mesma controla (o que muitas vezes surpreende muitos dos meus alunos). Seu marido, John, a chama de "esposa ruim" quando ela admite que preferiria que fosse decapitado por um assassino do que dormir com ele novamente, mas de maneira relutante ele concorda com um casamento casto.[8] Em sua perspicaz discussão sobre esse encontro, Isabel Davis observa que a disposição de Margery de pagar as dívidas de John mostra "o tipo de autonomia que Margery pode comprar com suas finanças independentes".[9] Sem dúvida, o dinheiro e a posição de Margery suavizaram seu caminho não convencional.

Entretanto, Margery Kempe foi libertada pelo arcebispo de York por causa de mais do que apenas sua situação financeira. Ela também foi ajudada pelo fato de que, quando ela o enfrentou, não ficou sozinha. Estava com ela uma grande multidão de testemunhas femininas, não apenas lembradas, mas reverenciadas pelo mundo cristão medieval.

Ao contrário dos evangélicos modernos, os cristãos medievais se lembravam das líderes femininas de seu passado. Igrejas medievais, sermões e literatura devocional transbordavam de mulheres valentes desde os primeiros anos do cristianismo. Mulheres que desafiaram a autoridade masculina, reivindicando seu direito de pregar e ensinar, convertendo centenas, até milhares, ao cristianismo. Mulheres que receberam ordenação como diaconisas e fizeram votos como abadessas — talvez pelo menos uma mulher ordenada como bispo. Mulheres que realizaram milagres e ensinaram publicamente os apóstolos, e até mesmo uma mulher que ganhou uma discussão com Jesus (Mateus 15:21–28). Essa multidão de testemunhas ficou ao lado de Margery Kempe enquanto ela encarava o arcebispo, imbuindo-a tanto da força quanto da familiaridade do passado.

Em um ponto do *The Book of Margery Kempe* [Livro de Margery Kempe], Deus promete a Kempe que as poderosas líderes femininas do cristianismo primitivo estariam com ela e a escoltariam para o céu quando morresse. "Prometo-te", disse-lhe Deus, "que chegarei ao teu fim, quando morreres, com minha abençoada mãe, e meus santos anjos e doze apóstolos, Santa Catarina, Santa Margarida e Santa Maria Madalena, e muitos outros santos que estão no céu [...] Você não deve temer o diabo do inferno, pois ele não tem poder sobre você".[10]

Como Margery Kempe, Christine de Pizan — uma escritora profissional que viveu na França do final do século XIV e foi empregada da corte francesa — também se lembrava das fortes líderes femininas da história cristã. Além de usar essas mulheres para defender seu direito individual de falar, Christine usou essas mulheres para autorizar o discurso feminino de forma mais ampla. Como ela escreveu:

> Se a linguagem das mulheres fosse tão censurável e de tão pouca autoridade como alguns homens argumentam,

nosso Senhor Jesus Cristo nunca se dignaria desejar que um mistério tão digno como a sua graciosa ressurreição fosse anunciado pela primeira vez por uma mulher, assim como ele ordenou aos bem-aventurados Madalena, a quem ele apareceu pela primeira vez na Páscoa, para relatar e anunciá-lo aos seus apóstolos e a Pedro. Bendito Deus, sejas louvado, que, entre as outras infinitas dádivas e favores que concedeste ao sexo feminino, desejaste que a mulher levasse tão nobre e digna notícia.[11]

Em uma reviravolta feminina na autoridade apostólica, a autorização de Jesus a Maria Madalena "concedeu ao sexo feminino" o direito não apenas de falar, mas de falar com autoridade.

Quando Margery Kempe lembrou ao arcebispo sobre a conversa entre Jesus e uma mulher em Lucas 11, ela estava lembrando a ele que, no mundo do cristianismo medieval, não precisava ficar em silêncio.

Jesus já havia dado às mulheres a liberdade de falar.[12]

A multidão de testemunhas femininas de Margery Kempe

Eu sou uma desistente do retiro de mulheres. Realmente tentei ir durante os primeiros anos do nosso ministério — sabia que era importante para o meu papel como esposa de pastor passar tempo com outras mulheres e construir uma comunidade. Mas passei a temer esses retiros. Um retiro em particular me marcou. Cerca de trinta mulheres da nossa igreja foram. As acomodações em um acampamento agradável nos bosques do leste do Texas proporcionavam um ambiente encantador e tranquilo. A comida estava deliciosa. Apreciei a oportunidade de passar um tempo com as amigas.

A palestrante era uma história diferente. Ela tinha uma mensagem: as mulheres são divinamente chamadas para serem donas de casa dedicadas a criar os filhos e manter o lar. Reduziu a história de Lucas 10, em que Jesus diz a Marta que sua irmã escolheu a "melhor parte", a uma lição sobre uma mulher tão absorta em ser a anfitriã perfeita que quase estraga o jantar de Jesus. Em vez de enfatizar a força da fé das mulheres e como o discipulado das mulheres foi central para o sucesso do movimento cristão primitivo, concentrou sua mensagem quase inteiramente em uma interpretação muito limitada de Tito 2. Não aguentei por muito tempo e pulei a próxima sessão para corrigir trabalhos.

Naquele semestre, eu havia passado a leitura de *Women of the Gilte Legende: A Selection of Middle English Saints Lives* [Mulheres da *Gilte Legende*: Uma seleção de vidas de santos do inglês médio], de Larissa Tracy. Este livro é uma coleção de histórias do inglês médio sobre santas femininas, extraídas de um dos textos religiosos mais populares do mundo medieval, a "Legenda Áurea" de Tiago de Voragine. Adoro apresentar essas mulheres aos meus alunos porque as histórias quebram os estereótipos sobre as mulheres medievais. Elas são a grande multidão de testemunhas de Margery Kempe; o grupo inclui várias mulheres que Kempe menciona em seu próprio livro.

Enquanto eu estava sentada na varanda da frente da cabana, lendo ensaios sobre mulheres que se libertaram do casamento para servir a Deus, cuja pregação trouxe milhares à salvação e cujas palavras desafiavam abertamente o patriarcado ao seu redor, não pude escapar da ironia. Não muito longe de mim, uma sala cheia de mulheres estava sendo informada de que seu maior chamado como mulheres cristãs era ser esposas e mães — o que implicava que as mulheres que encontravam significado ou chamado além de serem esposas e mães estavam desafiando o chamado de Deus para elas. No entanto, eu conhecia mulheres medievais que ouviram exatamente o oposto — o chamado principal das mulheres era servir a Deus primeiro, o que para algumas significava evitar a vida familiar tradicional e para outras significava contornar isso.

Eu me perguntava o que a palestrante pensaria de mulheres como Santa Paula, que abandonou seus filhos com o propósito maior de seguir o chamado de Deus em sua vida. A história de Paula conta como ela partiu de navio para Jerusalém — após a morte de seu marido — em uma peregrinação, deixando três de seus filhos sozinhos, chorando na costa. Talvez a palestrante alegasse que Paula não estava seguindo a feminilidade bíblica, pois não exemplificava Tito 2. Mas Paula parecia acreditar que estava praticando a feminilidade bíblica, extraindo força da afirmação de Jesus de que "quem ama o filho ou a filha mais do que a mim não é digno de mim" (Mateus 10:37). São Jerônimo, biógrafo dela, conta que, à medida que o navio se afastava da costa, Paula "elevou os olhos ao céu [...] ignorando seus filhos e colocando sua confiança em Deus [...] Nesse júbilo, sua coragem cobiçou o amor de seus filhos como o maior de sua espécie, mas ela os deixou pelo amor de Deus".[13] Paula fundou um mosteiro em Belém e trabalhou ao lado de Jerônimo para traduzir a Bíblia do hebraico e do grego para o latim. A Bíblia que ela ajudou a traduzir tornou-se *Vulgata*, a primeira grande tradução da Bíblia para um idioma cotidiano fora do grego e do hebraico. Tornou-se a Bíblia mais comumente usada em toda a era medieval.

O que a palestrante pensaria de Santa Margarida de Antioquia, uma suposta mártir cristã, também do século IV? A história de Margarida não foi apenas contada em coleções de vidas de santos como a *Gilte Legende*, mas também foi repetida em sermões. *Festial*, de John Mirk, explica como a beleza de Margarida complicou seu voto de permanecer virgem e servir a Deus. Segundo o texto, "ela era justa, superando todas as outras mulheres" e chamou a atenção de um governador romano. Quando ela recusou seus avanços sexuais e sua exigência de que ela abandonasse o cristianismo, o governador a torturou e a jogou na prisão. *Festial* registra que, apesar da "grande quantidade de sangue" que derramou de seu corpo, Margarida orou com firmeza para que Deus a capacitasse a resistir.[14]

Neste ponto a história fica interessante, pois Deus responde à sua oração.

Uma criatura diabólica aparece no canto de sua cela — "um grande dragão horrível". Sem muita demora, ele come Margarida. O texto diz: "A boca dele estava na cabeça dela, e a língua, esticada até o calcanhar". Margarida permanece surpreendentemente calma, apesar de estar "por inteiro na boca" de um dragão demoníaco. Ela simplesmente faz o sinal da cruz, invocando o poder de Deus para ajudá-la. O dragão explode e Margarida se liberta.[15]

Nesse momento breve, mas dramático, a cena na cela da prisão muda de um dragão pairando sobre Margarida para Margarida se erguendo sobre o dragão. Com o que resta de suas forças, o diabo confessa seu fracasso: "Ai, estou arruinado para sempre, e todas as minhas forças se foram, agora uma mulher tão jovem me venceu. Muitos homens grandes e fortes eu derrotei, mas agora um ser tão inferior conseguiu me dominar e me colocou sob seus pés".[16] Embora a história termine com o martírio de Margarida (ela é decapitada), primeiro conta como seu ato final envolve um grande terremoto seguido pelo Espírito Santo descendo do céu como uma pomba para ungi-la. As milhares de pessoas que se reuniram para assistir sua tortura e morte se convertem ao cristianismo, proclamando: "Não há Deus senão [o Deus] em que Margarida acredita".[17]

Novamente, me perguntei o que a palestrante da conferência faria com Margarida, uma mulher que desafiou o casamento, desafiou a autoridade masculina, lutou contra e matou um dragão e foi ungida por Deus da mesma forma que Jesus foi ungido. Margery Kempe teria uma afinidade especial com Margarida, não apenas por causa de sua reputação como uma pregadora matadora de dragões, mas também porque a igreja natal de Margery, em Lynn, era dedicada a Santa Margarida — e o nome Margery é provavelmente um diminutivo de Margaret [Margarida em inglês], mostrando como os cristãos medievais se lembravam de mulheres como Margarida.

É claro que os evangélicos modernos não esqueceram todas as mulheres da história cristã. Vejamos, por exemplo, Maria e Marta, as irmãs de Betânia. Ouvi a palestrante falar naquele dia sobre Marta, que foi elogiada como dona de casa. Ela cozinhava, limpava, cuidava do espaço doméstico e mostrava hospitalidade a Jesus e seus discípulos. Essa compreensão de Marta é popular em recursos devocionais para as mulheres cristãs de hoje. A autora Katie M. Reid descreve Marta dessa maneira em seu livro de 2018, *Made Like Martha: Good News for the Woman Who Gets Things Done* [Faça como Marta: Boas notícias para a mulher que faz as coisas acontecerem]:

> Marta acolheu Jesus em sua casa. Algumas versões da Bíblia dizem que ela "abriu sua casa para ele" ([Lucas 10:38]) ou "o recebeu em sua casa".
>
> *Acolhido. Aberto. Recebido*. Essas palavras pintam uma imagem brilhante de hospitalidade.[18]

Marta era a anfitriã de Jesus, tornando-a a governanta ideal para a autora Sarah Mae. Em 2016, Mae publicou *Having a Martha Home the Mary Way: 31 Days to a Clean House and a Satisfied Soul* [Tendo um lar de Marta à maneira de Maria: 31 dias para uma casa limpa e uma alma satisfeita]. Mae inclui "Desafios de Maria" para incentivar o desenvolvimento espiritual das mulheres e oferece "Desafios de Marta" para inspirar as mulheres a limpar diferentes partes de sua casa. Como Mae escreve: "Meu objetivo é inspirá-la e dar uma ajuda prática para você se mudar e limpar, para que sua casa esteja bonita e arrumada ao final dos 31 dias".[19]

Sentei-me ali sob o sol poente, as páginas do livro de Larissa Tracy sobre mulheres medievais balançando na brisa. Eu podia ouvir um murmúrio de vozes quando a sessão da tarde terminou.

Fiquei imaginando o que as mulheres na conferência fariam com a concepção medieval de Maria e Marta. Desde o século VII, Marta de Betânia tem sido frequentemente identificada como a irmã de Maria Madalena — a santa feminina mais conhecida no mundo medieval (perto apenas de Maria, mãe de Jesus). Só no século XVI Maria Madalena começa a ser separada de sua identificação medieval como irmã de Marta, a mulher pecadora possuída por sete demônios e a mulher arrependida com o vaso de alabastro.[20] Dessa forma, para os cristãos medievais, Maria de Betânia não era apenas uma mulher que se sentou calmamente aos pés de Jesus, era uma prostituta arrependida que já havia sido possuída por demônios. Ela foi a apóstola dos apóstolos — a primeira apóstola que transmitiu as boas novas da ressurreição. Ela era uma missionária de Cristo, afirmada por Pedro. Pregou abertamente, realizou milagres semelhantes aos dos apóstolos e converteu uma nova terra à fé cristã.

Embora possamos duvidar da exatidão histórica da viagem missionária de Maria à França, os cristãos medievais não duvidavam. Como um monge cisterciense escreveu: "Assim como ela foi escolhida para ser a apóstola da Ressurreição de Cristo e a profeta de seu mundo [...], ela pregou aos incrédulos e confirmou os crentes em sua fé".[21] Maria Madalena foi uma líder cristã exemplar — uma mulher corajosa que se arrependeu de sua vida de pecado e que espalhou as boas novas de Jesus onde faltava coragem aos homens para fazê-lo.

Marta reuniu uma elaborada história medieval que não se limitava ao lar. A "Legenda Áurea" a descreve como uma nobre solteira que acompanhou sua famosa irmã a Marselha.[22] Enquanto Maria Madalena pregava ao povo, Marta encontrou um dragão em uma praia nas proximidades. Ela enfrentou uma visão horrível: um dragão gigante que foi descrito como metade besta e metade peixe com dentes longos e afiados. Quando Marta apareceu em cena, o monstro assustador estava comendo um homem. Marta não se intimidou. Ela aspergiu água benta na besta, confrontou a criatura demoníaca com a cruz e a amarrou calmamente. Quando apresentou o dragão, agora subjugado, ao povo de Marselha, eles o esfaquearam até a morte com suas lanças. Marta realizou milagres adicionais, intercalados com uma agenda de pregação semelhante à de Maria Madalena.

Maria e Marta parecem bastante diferentes da perspectiva medieval, não é? Hoje, essas mulheres, especialmente Marta, estão mais associadas aos deveres femininos tradicionais. Mas nem a mulher medieval está limitada à esfera doméstica. Marta podia ser uma anfitriã soberba e uma pregadora que matava dragões. Maria podia sentar-se tranquilamente em suas devoções e ser a apóstola dos apóstolos cuja pregação espalhou o evangelho na França. "As lendas de santas, especialmente em coleções vernáculas como a *Gilte Legende*", escreve Tracy, "forneciam modelos fortes e visíveis para as mulheres medievais por meio da diversidade de seu discurso e da eloquência de seu silêncio, elevando as mulheres acima dos papéis tradicionais atribuídos a elas e dando-lhes um poder próprio".[23]

Assisti o fluxo de mulheres saindo do espaço de reunião. Logo, uma amiga sentou-se na cadeira de balanço ao meu lado, colocando a Bíblia e as anotações da sessão na mesma mesa onde eu havia empilhado minhas redações. "O que você está lendo?", perguntou, acenando para a capa azul do *Gilte Legende*.

"Apenas algo para a aula", disse a ela, empurrando o livro de Tracy para o lado.

Eu ainda não estava pronta. Ainda não tinha certeza do que fazer com o que sabia. Mas também sabia que as mulheres lembradas pelo cristianismo medieval minavam a feminilidade bíblica moderna. Sabia que o problema não era a falta de mulheres liderando a história da igreja. O problema foi simplesmente que a liderança das mulheres foi esquecida, pois as histórias das mulheres ao longo da história foram encobertas, negligenciadas ou recontadas para reformulá-las como menos significativas do que realmente eram.

Porque as mulheres não poderiam ser excluídas da história

No outono de 2016, eu estava dando aula em um dos meus cursos de pós-graduação favoritos, um curso sobre sermões medievais. Esse foi o semestre em que meu marido foi demitido de seu trabalho pastoral, três semanas depois de termos pedido aos presbíteros da igreja que reconsiderassem a posição deles sobre as mulheres. No começo, ficamos paralisados. Um de nossos melhores amigos ajudou o pastor a dar o veredicto ao meu marido, tornando-o ainda mais doloroso. Agora, em vez de um trabalho ministerial, tínhamos apenas indenizações trabalhistas que dependiam do nosso bom comportamento — isto é, não contar a verdade a ninguém. Tínhamos perdido nossa família da igreja e alguns dos nossos melhores amigos. Fomos orientados a nos afastarmos do grupo de jovens de cerca de setenta crianças que amávamos e havíamos ensinado nos últimos quatorze anos.

Apenas três semanas para mudar completamente nossas vidas. E não podíamos dizer a ninguém o porquê.

Foi muito difícil parecer normal para os meus filhos naquele primeiro dia. No momento em que saímos do jogo de futebol da tarde do meu filho, terminamos a lição de casa com as crianças e limpamos a cozinha depois do jantar, eu não tinha mais nada. Já tinha caído em lágrimas no jogo de futebol, depois que um dos meus colegas da Baylor simplesmente perguntou como eu estava. Só queria dormir e esquecer tudo por algumas horas.

Mas não consegui. Tive um seminário de três horas no dia seguinte cheio de estudantes de pós-graduação dos departamentos de história, inglês e religião. Tive que dar aula. A vida não parou, especialmente porque de repente éramos uma família dependente de uma renda apenas.

Então peguei meus livros, deixei meu marido assistindo "Star Trek" com as crianças e subi até a casa da árvore do meu filho no nosso quintal. A essa altura estava mais frio, as folhas de carvalho brilhando na luz que se esvaía. Texas tem um pôr do sol maravilhoso no verão. Fachos brilhantes de luz rosa e dourada se estenderam pelo horizonte azul empoeirado, acalmando meus medos, fortalecendo meu coração.

Nossa história não acabou. Eu sabia que Deus estava trabalhando. Respirei fundo e comecei a ler.

Eu estava lendo um artigo base naquela noite. Não o havia designado para os alunos, mas queria revisar o material para discussão. O artigo, *Prophecy and Song: Teaching and Preaching by Medieval Women* [Profecia e canção: Ensino e pregação por mulheres medievais], é da perspicaz historiadora Carolyn Muessig. Veja o que Muessig escreve (a longa citação vale a pena):

> A noção de mulheres ensinando e pregando foi minimizada em favor da educação das mulheres de maneira privada dentro da família ou em um claustro. No entanto, exemplos de mulheres pregando e ensinando publicamente foram encontrados em histórias e lendas bíblicas. Maria Madalena ofereceu um exemplo bíblico de uma mulher pregando em seu anúncio das "Boas Novas" aos apóstolos. Mas esse modelo bíblico foi muitas vezes retratado pelos teólogos como uma exceção e não a regra. [...] Em um sermão para o banquete de Maria Madalena está escrito: "E esta gloriosa pecadora, como a estrela do mar, iluminou o mundo com a alegria da ressurreição dominical". No entanto, as implicações desse modelo feminino de pregação são rapidamente restringidas e definidas: ensinou não só aos simples, mas também aos doutores". A implicação de Maria Madalena como um exemplo para a pregação feminina é ressaltada pela afirmação de por que sua atividade pastoral foi mais uma anomalia do que um exemplo.[24]

Li isso umas três vezes. Meu cérebro confuso sabia que algo de vital importância estava nessas palavras, mas demorou a fazer sentido. Quando finalmente aconteceu, eu me levantei, jogando o artigo no chão coberto de frutos de carvalho. O que eu sentia ainda não era esperança, era mais como uma determinação sombria. Entretanto, o medo paralisante e mal reprimido que me dominou o dia todo desapareceu um pouco.

Você entendeu o que Muessig diz que demorou tanto para fazer sentido no meu cérebro lento naquela noite? *"A implicação de Maria Madalena como um exemplo para a pregação feminina é ressaltada pela afirmação de por que sua atividade pastoral foi mais uma anomalia do que um exemplo."* Se as mulheres não podiam pregar, então Maria Madalena não deveria ter pregado. Exceto que os cristãos medievais acreditavam que ela pregava e usavam a Bíblia como evidência indiscutível. Então, ou as mulheres podiam pregar, ou Maria Madalena tinha que ser explicada.

Adivinhe qual opção a maioria dos teólogos medievais escolheu?

Como escreve Muessig, "Maria Madalena ofereceu um exemplo bíblico de uma mulher pregando. [...] Mas esse modelo bíblico foi frequentemente retratado pelos teólogos como uma exceção, e não a regra".[25] Portanto, o problema não era a falta de evidências bíblicas e históricas para mulheres na liderança. Maria Madalena levou a notícia do evangelho aos discípulos incrédulos. Em um mundo que não aceitava a palavra de uma mulher como um testemunho válido, Jesus escolheu mulheres como testemunhas de sua ressurreição. Em um mundo que dava aos maridos poder sobre a própria vida de suas esposas, Paulo disse aos maridos que fizessem o oposto — que dessem suas vidas por suas esposas. Em um mundo que via as mulheres como homens biologicamente deformados, monstruosos até, Paulo declarou que os homens eram exatamente como as mulheres em Cristo.

Não, o problema não era a falta de evidências bíblicas e históricas para as mulheres servirem como líderes junto com os homens na igreja. O problema foi o clero masculino que minou as evidências.

O clero medieval não conseguia explicar a pregação de Maria Madalena, então eles fizeram dela uma exceção. Por ser uma mulher extraordinária, e não uma mulher comum, a capacidade das mulheres comuns de seguir seu exemplo foi diminuída. Não pude deixar de lembrar uma citação favorita do estudioso do Novo Testamento Ben Witherington: "Não, o problema na igreja não são as mulheres fortes, mas sim os homens fracos que se sentem ameaçados por mulheres fortes e tentaram vários meios, mesmo por exegese duvidosa, para proibi-las de exercer seus dons e graças na igreja".[26] Em vez de seguir uma leitura clara e simples do texto bíblico, o mundo medieval inseriu seu patriarcado romano importado no evangelho de Jesus.

Quando me sentei na casa da árvore naquela noite, limpando as folhas de pinheiro do meu assento e pegando minha lata de Coca-Cola derramada, percebi que o que acabara de acontecer comigo em nossa igreja evangélica do século XXI era uma reprise para as mulheres cristãs.

Veja bem, a história começa com as mulheres como líderes fortes.

Vejamos, por exemplo, a grande multidão de testemunhas femininas de Margery Kempe. A igreja medieval estava simplesmente muito próxima no tempo para esquecer os papéis significativos que as mulheres desempenharam no estabelecimento da fé cristã em todos os remanescentes do Império Romano. Junto com as primeiras santas como Maria Madalena e Margarida de Antioquia (a grande multidão de testemunhas femininas de Margery Kempe), missionárias, pregadoras e líderes eclesiásticas lotavam a paisagem histórica.

Entre a grande multidão de testemunhas femininas estavam missionárias como Clotilde, a princesa da Borgonha que desafiou seu marido pagão Clóvis, rei dos francos, no final do século V. A fidelidade dela o convenceu a se converter (depois de orar e vencer uma batalha crítica) e, em 508, ele foi batizado junto com três mil de seus guerreiros francos. A historiadora Jane Tibbetts Schulenburg observa que Clotilde assumiu o papel principal na conversão de seu marido, pois Clóvis invocou o "Cristo de Clotilde".[27] Historiadores medievais e clérigos também reconheceram a liderança de Clotilde, dando a ela, e não aos sacerdotes oficiantes, o crédito.

Bispas como Genoveva de Paris e Brígida de Kildare também faziam parte da grande multidão. A historiadora Lisa Bitel conta as histórias hagiográficas de como Genoveva se tornou, de fato, a líder eclesiástica de Paris. Ela protegeu a cidade da devastação dos hunos, assim como o bispo de Roma, Leão, o Grande, havia feito. Ela aumentou o prestígio cristão da cidade por meio de seus milagres e de seu apoio ao primeiro bispo de Paris (São Dionísio) e se recusou a se submeter a outras autoridades episcopais. Como escreve Bitel: "Por ser uma santa, ela poderia tomar o lugar de um homem, o bispo de Paris. Porque ela agiu como um bispo, ela foi capaz de construir".[28] Genoveva estabeleceu Paris como uma fortaleza cristã com a mesma eficácia que os bispos homens em toda a Europa.

Genoveva atuou como uma bispa, mas Brígida de Kildare (de acordo com a hagiografia) realmente foi ordenada bispa. O bispo que presidia a consagração dela leu acidentalmente as ordens episcopais. Depois de perceber seu erro, ele anunciou: "Esta virgem sozinha na Irlanda realizará a ordenação episcopal".²⁹ Brígida viajou pela ilha várias vezes, realizou milagres, praticou a autoridade eclesiástica (como benção de casas) e estabeleceu igualdade espiritual com o próprio São Patrício. O que é realmente fascinante em Brígida é que, embora tenha recebido a ordenação como um homem, ela exerce sua autoridade de uma maneira distintamente feminina. Como Bitel explica: "Ela era ao mesmo tempo uma mulher típica, cuidando das necessidades de seus homens e ministrando suas mortes, e uma visionária que podia ver até o que o apóstolo da Irlanda [São Patrício] não podia".³⁰ Como a Marta de Betânia medieva, Brígida poderia ser tanto uma deusa doméstica quanto uma líder religiosa pública.

A grande multidão de testemunhas femininas incluía até mesmo pregadoras, como Hildegarda de Bingen. Reis e príncipes também buscaram o conselho da mística, autora, teóloga, abadessa beneditina, compositora e pregadora alemã do século XII. Hildegarda pregou regularmente na Alemanha, realizando quatro viagens de pregação entre 1158 e 1170. Sabemos, sem sombra de dúvida, que tanto o clero quanto as pessoas comuns enchiam suas audiências. Também sabemos que ela falou com autoridade aos membros clericais de sua audiência — chamando-os ao arrependimento. Barbara Newman escreveu o quão "surpreendente" foi que Hildegarda pregasse contra bispos e padres com tanta veemência, mas nenhum deles invocou "a autoridade de São Paulo contra ela". Em vez disso, escreve Newman, "eles realmente a convidaram para pregar e depois escreveram para ela, implorando por transcrições de seus sermões".³¹

Então, quando Elaine Lawless escreve que "as mulheres têm pregado na tradição cristã desde os primeiros momentos históricos, talvez apenas alguns dias depois que Jesus Cristo foi crucificado e sua ressurreição anunciada", ela está absolutamente certa.[32] E a igreja medieval concordou — tanto reconhecendo as mulheres como pregadoras, professoras e líderes na história cristã quanto aceitando que as mulheres continuaram a pregar, ensinar e liderar ao longo da era medieval.

Liderança feminina qualificada

A igreja medieval, embora aceitasse os papéis das mulheres como líderes, não se sentia à vontade com as mulheres servindo ativamente nesses papéis. A igreja ficou desconfortável por um longo tempo — quase desde o início. Embora os cristãos medievais não pudessem esquecer a verdade sobre as líderes femininas na história cristã — Jesus se certificou disso por meio de suas interações com Maria, Marta e até a mulher cananeia —, os cristãos medievais também não podiam aceitar a liderança feminina como norma.

Por quê? Porque o mundo medieval herdou o patriarcado do mundo romano. Lembra da crença aristotélica de que as mulheres eram homens defeituosos (incompletos), tornando-as passivas e fracas em comparação aos homens fortes e ativos? Essas "ideias pré-cristãs", escreve a historiadora Jacqueline Murray, "misturaram-se com a teologia cristã".[33] Crenças sobre a inferioridade feminina assombraram o cristianismo desde o início, influenciando os pais da igreja primitiva, como Clemente de Alexandria e Jerônimo, a caracterizar a maturidade espiritual das mulheres como uma progressão para a masculinidade. "Enquanto a mulher é para nascimento e filhos, ela é tão diferente do homem quanto o corpo é da alma", explicou Jerônimo. "Mas quando ela deseja servir a Cristo mais do que ao mundo, ela deixará de ser uma mulher e será chamada de homem".[34] Se as mulheres são homens imperfeitos, então somente tornando-se homens as mulheres podem alcançar a igualdade espiritual. Essas ideias afetaram histórias sobre mulheres na igreja primitiva, resultando em mártires femininas descritas como se comportando como homens e na virgindade louvada como o mais alto chamado para as mulheres.

Isso nos leva à próxima parte da reprise — a parte em que as mulheres são expulsas da liderança.

À medida que a igreja crescia em poder, as oportunidades para as mulheres diminuíam. A liderança masculina tornou-se a norma. Mas, por causa da longa história de mulheres em cargos de liderança, desculpas tiveram que ser feitas para explicar por que as mulheres podiam liderar no passado, porém não podem mais fazê-lo no presente. As ações das mulheres, em outras palavras, tinham que ser qualificadas para justificar a autoridade exclusivamente masculina.

Um movimento particularmente eficaz para qualificar a liderança das mulheres aconteceu durante os séculos XI e XII. Um interesse renovado em ideias antigas sobre as mulheres (ou seja, sua inferioridade e impureza) colidiu com um movimento de reforma tentando fortalecer a liderança eclesiástica.[35] O cristianismo tinha uma longa história de associar atividade sexual com impureza. Agostinho argumentou que o pecado original foi transmitido a todo ser humano por meio da relação sexual, que criou uma nova vida, conectando firmemente o sexo ao pecado. À medida que o sacerdócio e a teologia sacramental evoluíram, elevando o padre como tendo poderes e deveres espirituais especiais, também evoluiu o celibato clerical. Embora fosse tecnicamente herético afirmar que um padre impuro não poderia realizar adequadamente os sacramentos (batismo, absolvição, eucaristia etc.), as pessoas temiam que fosse verdade e se ressentiam de seu clero casado.[36]

É importante notar que isso representou uma mudança na teologia cristã. Antes dos séculos XI e XII, a ordenação era menos claramente estabelecida e menos crítica para a liderança. As evidências sugerem que pelo menos algumas mulheres foram ordenadas na igreja medieval, como Brígida de Kildare, entretanto, essa prática desapareceu na igreja ocidental após as reformas da Idade Média central. Gary Macy escreve que o filósofo e teólogo francês do século XII Pedro Abelardo, talvez o aluno mais famoso de Anselmo, fez a "última defesa" para a ordenação de mulheres na igreja ocidental. Abelardo se estabeleceu em uma vida monástica de ensino depois que um caso de amor digno de uma série da HBO com Heloísa, sua estudante que se tornou esposa, terminou mal: Abelardo foi castrado pelo contrariado tio de Heloísa (para que você não pense que a história medieval é chata), e Abelardo e Heloísa passaram o resto de suas vidas separados, em mosteiros diferentes, como inabaláveis amigos por correspondência. Abelardo defendeu a ordenação de mulheres, com base no precedente histórico de mulheres que carregavam o título de diaconisa no início da Idade Média e na história do Novo Testamento da profetisa Ana. Como ele escreveu: "Agora chamamos abadessas, ou seja, mães, aquelas que nos primeiros tempos eram chamadas de diaconisas, isto é, ministras". E da mesma forma: "Esta *ordenação* das mulheres começou há muito tempo, porque lemos no Velho Testamento e no Novo que havia diaconisas, isto é, mulheres que ministravam aos santos". Abelardo argumentou que a ordenação feminina "foi estabelecida pelo próprio Jesus e não pelos apóstolos, rejeitando especificamente o ensino de que apenas o sacerdócio e o diaconato masculino faziam parte da igreja original".[37] Claro que as mulheres poderiam pregar, argumentou Abelardo, porque já haviam feito isso, inclusive na Bíblia (Ana, Isabel, Maria Madalena e até mesmo a mulher samaritana no Evangelho de João).

Abelardo perdeu essa batalha.

Mas ele não a perdeu pelos mesmos motivos que argumentou. Ele usou a história cristã como uma defesa de por que as mulheres podiam liderar, o que os líderes da igreja consideraram aceitável. A batalha foi perdida porque as circunstâncias históricas mudaram. As linhas foram redesenhadas. Para aumentar a autoridade do clero, os líderes da igreja medieval precisavam de mulheres fora do caminho. Veja, o cristianismo teve uma longa história de senhores seculares e famílias poderosas controlando posições clericais. Filhos e sobrinhos herdaram os empregos eclesiásticos de seus pais e tios. Famílias poderosas procuravam controlar bispados importantes e o próprio papado, muitas vezes comprando cargos clericais. A igreja reagiu, reprimindo tanto o celibato clerical quanto a simonia (a compra e venda de cargos da igreja). Se os padres não pudessem se casar, e se os padres pudessem ser designados para cargos clericais apenas por outros clérigos, e não por nobres ricos, isso diminuiria muito o controle secular sobre a igreja.

O resultado fortaleceu a igreja, mas enfraqueceu a posição das mulheres.

O período de reformas da Igreja abrangendo o século XI até o início do século XIII redefiniu a estrutura eclesiástica da Igreja ocidental — legitimando o poder do papado, promovendo a autoridade dos bispos e estabelecendo o status único do padre local. "As igrejas foram redesenhadas para enfatizar o status clerical; o celibato foi exigido, legislado e perseguido. Os dízimos paroquiais permitiram que as igrejas ficassem livres do controle secular direto", explica o historiador Ian Forrest. "Uma cultura comum do sacerdócio criou um grupo de status claro, cuja posição básica em relação às autoridades seculares, bispos e leigos comuns deu unidade mais do que superficial à Igreja institucional".[38] Os padres foram definidos como homens que não foram poluídos pela impureza sexual das mulheres. Não apenas as mulheres não podiam ser padres, mas os corpos das mulheres eram vistos como potencialmente ameaçadores para os líderes masculinos.

Para ajudar meus alunos a entender melhor como essas reformas afetaram as mulheres, costumo usar um exemplo visual da Catedral de Durham. Uma linha, feita de mármore e marcada com uma cruz central, se estende pela parte mais ocidental da nave da catedral. Os guias locais proclamam que a misoginia do patrono da catedral do século VII, São Cuteberto, o levou a instituir a linha para barrar as mulheres do espaço sagrado do clero. Ao contrário dos homens, as mulheres eram proibidas de entrar na nave ou no cemitério.[39] Histórias angustiantes do século XII falam das consequências para as mulheres que desafiaram São Cuteberto. Uma mulher ficou louca só por tentar pegar um atalho. Ela estava incomodada com a má qualidade da estrada, pois seus pés continuavam afundando em poças profundas. Então decidiu atravessar o cemitério bem cuidado da Catedral de Durham. "Foi tomada por algum tipo de horror indefinido e gritou que estava gradualmente perdendo seus sentidos." Depois de cair em um ataque, ela foi levada para casa, onde morreu. Outra transgressora ficou "incendiada como uma mulher" ao ver as belas decorações dentro da igreja. "Incapaz de refrear seus desejos impetuosos, pois o poder de seu marido a elevou acima de seus vizinhos, ela caminhou pelo cemitério da igreja." Sua punição, talvez por ser motivada pelo orgulho, foi ainda mais horrível. Ela enlouqueceu, mordeu a própria língua e depois cometeu suicídio, cortando a garganta.[40]

No entanto, o histórico Cuteberto não teve problemas com as mulheres. As evidências sugerem que ele trabalhou bem e de perto com elas durante sua vida. Não se tornou um misógino até quatrocentos anos após sua morte. As histórias que o culpam por proibir as mulheres de entrar na Catedral de Durham derivam das reformas da igreja dos séculos XI e XII. Em 1083, após a conquista normanda na Inglaterra, o clero casado em Durham foi forçado a sair e foi substituído por monges beneditinos celibatários. Essa foi uma mudança difícil de aplicar, como você pode imaginar. Schulenburg escreve que, a fim de suavizar a transição, "o famoso patrono do século VII, São Cuteberto, recebeu convenientemente uma aversão póstuma às mulheres. Assim, os escritos da reforma de Simeão de Durham serviram para remodelar o santo padroeiro de Durham de acordo com os preconceitos evidentes do período".[41] Cuteberto tornou-se um misógino para promover a campanha eclesiástica pelo celibato clerical.

A exclusão das mulheres do espaço da Catedral de Durham resultou de uma tentativa local de impor a reforma. De fato, o marido enlutado da mulher que morreu por causa de seus "desejos impetuosos" de ver a beleza da Catedral de Durham assumiu "as vestes de um monge".[42] A morte dela por exclusão, literalmente, o forçou a aceitar o celibato clerical.

As reformas que reforçavam o status clerical e a autoridade eclesiástica — e enfatizavam a impureza dos corpos femininos — distanciavam as mulheres da liderança na igreja medieval. É verdade que a memória histórica sobre liderança feminina capacitou mulheres posteriores como

Margery Kempe a pregar, ensinar e liderar. Porém, também é verdade que as crenças patriarcais sobre a inferioridade e a impureza dos corpos femininos tornaram mais difícil para as mulheres exercerem esses dons espirituais.

As mulheres lideraram na história cristã e poderiam continuar liderando — mas seria mais difícil, sobretudo em cargos oficiais. E a razão para isso parecia ter menos a ver com as próprias mulheres e mais com a proteção do poder dos homens, especialmente os homens na igreja.

Escrevendo as mulheres medievais fora da história da igreja

A memória histórica das líderes femininas, passadas e presentes, fortaleceu as mulheres medievais. Christine de Pizan proclamou estas palavras em sua defesa das mulheres no início do século XV contra a literatura misógina: "Que fé forte e amor profundo possuem aquelas mulheres que não desampararam o Filho de Deus que havia sido abandonado por todos os seus apóstolos. Deus nunca censurou o amor das mulheres como fraqueza, como alguns homens afirmam, pois Ele colocou a centelha do amor fervoroso no coração da bem-aventurada Madalena e de outras damas; de fato, a sua aprovação desse amor é claramente visível".[43] A grande multidão de testemunhas femininas que deu poder a Margery Kempe para falar contra o arcebispo de York também capacitou Christine de Pizan a argumentar que as mulheres tinham o mesmo valor diante de Deus. De fato, como as palavras de Lady Justice (uma das três mulheres que visitam Christine e lhe dizem para construir uma cidade de senhoras cheias de mulheres dignas) explicou a Christine: "Eu lhe digo que, apesar do que você pode ter encontrado nos escritos de autores pagãos sobre o assunto de criticar as mulheres, você encontrará pouco dito contra elas nas lendas sagradas de Jesus Cristo e seus Apóstolos".[44]

Enquanto eu continuava a cortar a minha grama naquele dia, quase quatro anos atrás, considerei a vibrante história das mulheres como líderes, professoras e pregadoras na igreja medieval. Também pensei em como os evangélicos modernos esqueceram essa história. Vejamos, por exemplo, os livros populares de história cristã *História do cristianismo: Uma obra completa e atual sobre a trajetória da igreja cristã desde as origens até o século XXI* e *The Story of Christianity: The Early Church to the Dawn of the Reformation* [História do cristianismo: da igreja primitiva ao amanhecer da Reforma], bem como o popular livro de história da igreja da escola dominical *Christian History Made Easy* [História cristã simplificada]. Esses textos não apenas contêm muito poucas referências a líderes femininas na igreja medieval, eles minimizam a autoridade dessas mulheres.

Em *Christian History Made Easy* (que também tem um guia do líder, um guia do participante e uma série de vídeos), encontrei treze mulheres listadas no índice, incluindo quatro mulheres medievais: Juliana de Norwich, Joana d'Arc, Hilda de Whitby e Hildegarda de Bingen. O autor, Timothy Paul Jones, elogia Hilda de Whitby por treinar "centenas de freiras e até alguns monges — cinco dos quais se tornaram supervisores". No entanto, sua discussão sobre Hildegarda de Bingen, embora precisa, tem omissões significativas. Ela era uma "mulher renascentista na Idade Média [...] música e mística, artista e autora, proclamadora da verdade e profeta da reforma. Papas e imperadores a elogiavam. Apenas Bernardo superou o prestígio dela", escreve o autor. Hildegarda de Bingen proclama, reforma e escreve, porém, de acordo com *Christian History Made Easy*, ela não prega. Ela também é "elogiada" por papas e imperadores em vez de dar conselhos e instruções a eles.[45]

The Story of Christianity tem um índice muito mais desenvolvido, com mais de mil entradas. O autor trabalhou para incluir as mulheres, explicando na introdução que ele procurou "reconhecer o papel das mulheres ao longo da vida da igreja de uma forma que a maioria das histórias anteriores não fizeram".[46] Contei pelo menos 32 mulheres individuais listadas no índice, bem como uma entrada de índice para mulheres. Mais uma vez, Hildegarda de Bingen não é descrita como pregadora. Ela é uma abadessa com escritos populares.[47] Catarina de Siena recebe uma discussão mais aprofundada. Carolyn Muessig argumenta que Catarina de Siena era uma pregadora, alcançando "a conversão dos ouvintes e o conforto espiritual tanto da audiência quanto da própria pregadora".[48] *The Story of Christianity* a descreve apenas como uma famosa "professora de misticismo" que "reuniu ao seu redor um círculo de homens e mulheres, muitos deles mais instruídos do que ela, a quem ensinou os princípios e a prática da contemplação".[49] Hildegarda e Catarina sabiam ensinar, mas não pregavam. Ambos os textos discutem algumas mulheres notáveis na história da igreja, mas a proporção de homens e mulheres dos índices sugere que as narrativas se concentram mais nos homens.

A quarta edição de *História do cristianismo: Uma obra completa e atual sobre a trajetória da igreja cristã desde as origens até o século XXI*, que parece ser um dos livros de história da igreja mais vendidos, inclui o menor número de mulheres. Ele contém mais de 280 entradas no índice para pessoas, oito das quais são mulheres. Além disso, apesar do livro cobrir o primeiro século até o século XX, o índice menciona apenas uma mulher da igreja antiga e apenas uma mulher da igreja moderna. As seis mulheres restantes são todas da época da Reforma. Não só as mulheres carecem de representação na história da igreja em linguagem simples, mas sua visibilidade é surpreendentemente limitada.[50]

Apesar do papel significativo que as mulheres desempenham na história da igreja e da clara evidência histórica de mulheres exercendo liderança, esses textos populares e modernos apresentam uma narrativa masculina da história que minimiza a liderança feminina.

Será que outro bloco de construção para a feminilidade bíblica moderna é simplesmente que os evangélicos reescreveram a história cristã?

Certa vez, depois que terminei uma palestra sobre mulheres na igreja, uma palestra cujo público incluía acadêmicos e membros da igreja, um pastor me parou.

"Por que eles não nos ensinam isso no seminário?", perguntou. "Nunca aprendi nada disso."

Eu disse a ele que não sabia.

Porém, isso não era verdade. Eu sei. Acho que pode ser pela mesma razão que a igreja medieval afastou as mulheres da liderança: para proteger e aumentar a autoridade dos homens.

De fato, em vez da grande multidão de testemunhas femininas de Margery Kempe, o que os evangélicos modernos parecem lembrar mais sobre o cristianismo medieval são as limitações impostas às mulheres. As mulheres não podiam ser padres, o que dá credibilidade aos argumentos evangélicos de que as mulheres não podem pregar.

Margery Kempe teve ao seu lado várias testemunhas do sexo feminino que ajudaram a autorizar sua voz, contrariando a autoridade masculina e até mesmo as limitações impostas a ela.

As mulheres evangélicas, graças à nossa memória medieval seletiva, estão relativamente sozinhas.

4. o preço da Reforma para as mulheres evangélicas

MEU MARIDO COLOCOU O FOLHETO no balcão. "Você não quer se inscrever?", perguntou, com um sorriso aberto. Era um convite de inscrição para o curso para esposas de pastores de Dorothy Patterson. Durante os anos em que meu marido foi aluno do Southeastern Baptist Theological Seminary, eu poderia fazer esse curso. Revirei os olhos. "Um dia você vai desejar ter ido!", disse, rindo.

Ele estava certo. Eu realmente gostaria de ter participado do curso porque teria sido fascinante ver o conteúdo programático em primeira mão e participar das conversas. Na atual circunstância, posso falar apenas como alguém de fora e confiar em informações de segunda mão.

No entanto, ouvi coisas sobre esse curso (ele era bem famoso).

Primeiro, ele dava destaque para a preparação das mulheres para servir ao lado de seus maridos no ministério — uma tarefa que Dorothy Patterson simbolizava. A historiadora Elizabeth Flowers escreve: "A espirituosa e extremamente visível Patterson reinou ao longo da década de 1990 como a 'matriarca do complementarismo', tornando-se tão conhecida e controversa quanto seu marido, Paige".[1] Segundo, enfatizava os papéis das mulheres com foco no lar e em cuidar da família. Apesar de Dorothy Patterson ter obtido um mestrado em Teologia

(New Orleans Baptist Theological Seminary), um doutorado em Ministério (Luther Rice Seminary) e um doutorado em Teologia (Universidade da África do Sul), ela sempre se apresentou publicamente como esposa e mãe. "Ela era, em suas palavras, 'principalmente esposa, mãe e dona de casa', com a adição de avó nos anos seguintes", escreve Flowers.[2] Alinhada à maneira como Patterson apresentava a si mesma, o curso para esposas de pastores focava nos serviços domésticos.

Também ouvi o boato de que o exame final testava as habilidades de hospitalidade doméstica de cada mulher da classe: Dorothy Patterson aparecia aleatoriamente em sua casa durante a semana, inspecionava suas habilidades de organização doméstica e ainda ficava para o café da tarde. Estremeço só de pensar no que teria acontecido se ela aparecesse na minha casa durante algumas semanas de pós-graduação (minha falta de inclinação a lavar louça tem sido um padrão constante na minha vida adulta, era pior quando eu era uma estudante estressada e recém-casada).

Por fim, eu sabia que o curso de formação para esposas de pastores de Patterson estava enraizado nos escritos de Paulo sobre mulheres. Por "quase dois milênios", argumentou Patterson, os cristãos concordaram que os escritos de Paulo impediam as mulheres de exercer liderança. Ela acusou acadêmicos que argumentavam o contrário de "casuística jesuítica" e "trapaça histórica".[3] Apenas complementaristas como ela preservaram "a pura Palavra de Deus como duradoura em todas as culturas e ao longo da história e apropriando-se de era em era com vigor e relevância". A feminilidade bíblica, como ela argumentou em sua dissertação, foi uma continuidade atemporal ao longo da história da igreja, ordenada de maneira divina por Deus e articulada por Paulo de maneira nítida.[4] Por tudo que eu sabia sobre ela e seu marido, tenho certeza de que ela enfatizou a importância da feminilidade bíblica para suas alunas.

Nunca vou saber em primeira mão como foi o curso de Dorothy Patterson. Porém, sei que as raízes do que Patterson ensinou e simbolizou sobre os papéis das mulheres não estão nos últimos "quase dois milênios", mas sim nos últimos quinhentos anos.[5]

As mulheres sempre foram esposas e mães, mas foi a partir da Reforma Protestante que ser esposa e mãe se tornou o "padrão ideológico de santidade" para as mulheres.[6] Antes da Reforma, as mulheres podiam ganhar autoridade espiritual rejeitando sua sexualidade. A virgindade lhes dava autonomia. As mulheres se tornavam freiras e faziam votos religiosos e algumas, como Catarina de Siena e Hildegarda de Bingen, descobriram que suas vozes ressoavam com a autoridade dos homens.[7] Na verdade, quanto mais distantes as mulheres medievais ficavam do estado civil de casada, mais próximas elas ficavam de Deus. Após a Reforma, o oposto tornou-se realidade para as mulheres protestantes. Quanto mais se identificavam como esposas e mães, mais devotas se tornavam.

A casa sagrada

A luz do fim da tarde penetrou cinza através da janela da pequena sala. Estava vazia, com exceção de algumas cadeiras e uma mesa longa — tudo o que eu precisava para poder trabalhar enquanto meu marido estava na aula. Empilhei vários livros ao meu lado, um hábito otimista. Não seria possível ler mais de um ou dois livros naquela tarde. Eu tinha no máximo três horas enquanto meu marido estava na aula. Entretanto, a esperança é eterna, em especial para estudantes de doutorado em história no meio de uma ampla preparação para provas. Tínhamos viajado juntos naquela tarde para Wake Forest, Carolina do Norte, onde meu marido estava se dedicando ao seu mestrado integrado em Teologia. Podia ouvir o zumbido da conversa de sua sala de aula próxima enquanto eu estava sentada sozinha com minha pilha de livros. Peguei o de cima da pilha e comecei a ler. O livro era *The Holy Household: Women and Morals in Reformation Augsburg* [A casa sagrada: Mulheres e moral na Reforma em Augsburg], de Lyndal Roper.

Duas horas depois, meu mundo havia mudado.

Desde a infância, cristãos protestantes conservadores como eu são ensinados que a Reforma é uma história de sucesso, de liberdade, de fé revivida e revigorada. É por isso que usamos o Halloween como uma ocasião para uma festa à fantasia do Dia da Reforma, em homenagem a Martinho Lutero pregando suas 95 Teses naquelas portas em Wittenberg, em 31 de outubro de 1517. É por isso que um minúsculo Martinho Lutero de plástico — completo com pena e Bíblia — tornou-se o boneco Playmobil mais vendido de todos os tempos (os primeiros 34 mil bonecos esgotaram em 72 horas.). É por isso que *O livro dos mártires*, de John Foxe, e *As institutas*, de João Calvino, ainda são títulos que temos em casa, apesar das datas de publicação próximas a quinhentos anos atrás.

Para os cristãos evangélicos, a história da Reforma é uma história de triunfo. A erudição de Roper conta uma história diferente. Em vez de se concentrar nos momentos dramáticos, como Martinho Lutero declarando "Aqui estou", ela se concentra nas consequências da Reforma na cidade alemã de Augsburg. Em vez de se concentrar nos heróis da Reforma, Lutero, Calvino e Zuínglio, ela se concentra em como a Reforma afetou a vida das mulheres comuns.

A perspectiva de Roper produz uma história muito diferente — uma história de perda em vez de ganho, de maior subordinação em vez de libertação.

De acordo com Roper, os líderes políticos e econômicos masculinos de Augsburg acharam a teologia da Reforma favorável enquanto trabalhavam para fortalecer o controle sobre a cidade e torná-la mais estável financeiramente. Essas mudanças econômicas e religiosas endureceram uma "teologia de gênero" para as mulheres que, longe de melhorar a vida delas, as colocou com mais firmeza sob a autoridade doméstica de seus maridos. O casamento garantia estabilidade e sentido às mulheres, porém o papel cada vez mais subordinado as confinava ao trabalho doméstico de baixo status, aumentava sua dependência de seus maridos para a sobrevivência econômica e reduzia suas oportunidades econômicas e sociais fora da estrutura familiar. As mulheres eram encorajadas a serem castas, modestas, obedientes e passivas, enquanto os homens eram encorajados a serem agressivos, dominadores, controladores e ativos. "A herança do protestantismo para as mulheres era profundamente ambígua", escreve Roper. Embora pudesse ter afirmado a igualdade espiritual das mulheres com os homens, a Reforma, em vez disso, inaugurou um "patriarcalismo renovado" que colocou as mulheres casadas sob a liderança de seus maridos.[8]

Larguei o livro. Eu podia ouvir o zumbido da conversa da sala de aula do meu marido. Não lembro qual era a disciplina que ele estava tendo naquele dia, mas lembro da oposição que muitos de seus professores e colegas tinham em relação às mulheres no ministério. Um professor era conhecido por dividir os alunos em pequenos grupos permanentes na classe e cada aluno tinha a tarefa de liderar uma discussão em grupo. Então, ele anunciava na frente de todos que, se um aluno do sexo masculino se sentisse desconfortável com uma mulher liderando o grupo, esse aluno deveria avisá-lo. O professor mudaria aquele aluno para um grupo sem mulheres. A mensagem era clara: na classe, qualquer homem poderia liderar, apesar das qualificações ou de quão desconfortável ele deixasse as mulheres, entretanto a posição de todas as mulheres era precária. A capacidade de uma mulher de completar os requisitos da disciplina dependia de os alunos do sexo masculino lhe darem permissão.

Infelizmente, a postura desse professor não era anormal, mesmo que suas táticas fossem mais evidentes do que as de outros. Fazia alguns anos desde a guinada conservadora da SBC e Paige Patterson reinava supremo no Southeastern Seminary. As mulheres não podiam frequentar as disciplinas de pregação, e a ênfase estava em homens como líderes e professores e mulheres como esposas e mães que ficavam em casa. Das aulas oferecidas aos professores que ministravam essas aulas e dos pregadores na capela ao presidente que supervisionava tudo, o Southeastern se enraizou com firmeza em uma hierarquia de gênero que elevava os homens acima das mulheres.

No entanto, eu acabara de ler um argumento histórico convincente de que as raízes dessa hierarquia de gênero tinham mais a ver com política e economia do que com ordem divina. À medida que a Europa passou da era medieval para a era moderna, as ideias políticas sobre governança estatal e as ideias econômicas sobre gestão de negócios também mudaram. Essas mudanças começaram bem antes de Lutero pregar suas 95 Teses, então não foram lançadas pela Reforma Protestante em si. Porém, a mudança do cenário político e socioeconômico da Europa encontrou apoio na teologia da Reforma. A linguagem de Deus, argumenta Roper, casou com a hierarquia de gênero da Europa moderna e a esposa subordinada tornou-se sinônimo de ser uma mulher devota. A feminilidade bíblica está enraizada nas estruturas patriarcais humanas que continuam infiltrando-se na igreja, entretanto a ênfase da feminilidade bíblica em *ser uma esposa* foi fortalecida e reforçada durante as mudanças sociais operadas pelo século XVI.

Roper estava certa?

Eu sabia que não ia conseguir o emprego.

Eu estava no meio da minha apresentação de ensino para um cargo estável em um departamento de religião. Para o tema da minha palestra, escolhi (bem mal, olhando em retrospectiva) a história menos contada da Reforma: como afetou as mulheres. Alinhados nas duas primeiras fileiras da sala em estilo de teatro, os alunos estavam engajados. Já os professores batistas que ocupavam a última fileira eram outra história. Foquei em como a Reforma elevou o status das esposas, mas também falei sobre o que as mulheres perderam — como a possibilidade de escolher uma vida religiosa no convento entre uma comunidade de mulheres. Em vez de me concentrar exclusivamente no sucesso de Lutero, também falei sobre a limitação das opções econômicas para as mulheres — à medida que ofícios como a medicina se profissionalizavam, as praticantes do sexo feminino se viam excluídas. Além de discutir o sacerdócio de todos os crentes, falei sobre a crescente autoridade dos homens como chefes de família espirituais — as mulheres não mais se sentavam com suas amigas na igreja, como fizeram por tanto tempo, agora sentavam ao lado de seus maridos sob seu cuidado visível. Não ensinei a narrativa encontrada com mais frequência em livros didáticos de seminários e de história protestante. Em vez disso, ensinei a narrativa que aprendi na minha formação como historiadora na Universidade da Carolina do Norte, em Chapel Hill.

Eu não consegui o emprego.

Agora, quero esclarecer uma coisa. Conheço muito a teologia católica, o cristianismo medieval em especial, e sou compreensiva e solidária. Teologicamente, porém, concordo com a Reforma. Sou protestante — não apenas porque cresci protestante, mas também porque, como adulta, escolhi permanecer protestante. Acho que Lutero estava certo — sobre fé, Jesus, o sacerdócio de todos os crentes e a Bíblia. Ao mesmo tempo, a Reforma não foi perfeita. Glorificar o passado porque gostamos mais dessa história não é História, é propaganda. Só porque eu concordo teologicamente com o resultado da Reforma não significa que acho que tudo o que aconteceu durante esse período foi bom.

Dessa forma, vamos falar a respeito de como a Reforma afetou as mulheres.

Merry Wiesner-Hanks — uma historiadora do mundo moderno muito respeitada — resumiu as diferentes posições acadêmicas relacionadas a como a Reforma afetou as mulheres: "Alguns veem isso como uma elevação do status da maioria das mulheres em louvor ao casamento, outros veem isso como uma limitação para as mulheres negando-lhes a oportunidade de educação e independência em mosteiros e enfatizando a obediência das esposas. Outros ainda veem isso como tendo pouco impacto, com sua ênfase no casamento uma resposta às mudanças econômicas e sociais que já ocorreram e não uma causa dessas mudanças".[9] Os historiadores discordam em sua interpretação da evidência, porém concordam sobre a evidência em si.

Por exemplo, as alternativas das mulheres ao casamento diminuíram e sua dependência de seus maridos (econômica, política, legal etc.) aumentou. Catarina von Bora (Katie Lutero) exemplifica isso. Ela era uma freira fugitiva que se casou com o ex-monge Martinho Lutero. Lutero ensinou que o casamento era o melhor de Deus para homens e mulheres e seus escritos ajudaram a popularizar o papel divino de esposa e mãe. Como Katherine French e Allyson Poska explicam em *Women and Gender in the Western Past* [Mulheres e gênero no passado ocidental]: "Ao contrário do catolicismo, Lutero não promoveu modelos femininos de poder espiritual. O Deus de Lutero não foi influenciado pela Virgem Maria ou apoiado pela obra de santas mulheres. Em vez da Virgem Maria, Lutero exaltava as virtudes de Marta, irmã de Lázaro, que ficava na cozinha, preparava a comida e supervisionava o trabalho doméstico". Catarina von Bora encarnou Marta, transformando a casa de Lutero em um santuário doméstico para sua família (ela deu à luz seis filhos) e organizando jantares que promoveram a fama e a influência de seu marido. A teologia de seu marido sobre o casamento era tão influente que, como French e Poska escrevem, "todo território protestante aprovou uma ordenança matrimonial que enfatizava a obediência da esposa".[10] A identidade das mulheres, tanto dentro como fora da igreja, tornou-se entrelaçada com mais firmeza à família. Como Lutero disse em suas palestras sobre o Gênesis: "Pois assim como o caracol carrega sua casa consigo, a esposa deve ficar em casa e cuidar dos assuntos domésticos, como alguém que foi privado da capacidade de administrar esses assuntos que estão fora e que dizem respeito ao Estado".[11]

A reputação de Katie como uma deusa doméstica ajudou sua família enquanto seu marido ainda estava vivo. A mesa de jantar deles (aprimorada por sua sagacidade de conversação e pela fama de seu marido) tornou-se o lugar para todos na Europa — de políticos e líderes a professores universitários, clérigos exilados e ex-freiras. No entanto, essa fama não a ajudou a ganhar a vida após a morte dele.[12] A morte de Lutero privou sua família de renda, e Katie e seus filhos enfrentaram dificuldades financeiras. Poucas opções econômicas existiam para uma viúva e ex-freira do século XVI que carecia de apoio familiar. Embora as dificuldades de Katie fossem comuns até mesmo para mulheres medievais (o trabalho das mulheres permaneceu com baixo status e baixa remuneração), elas foram intensificadas pela mudança de percepção sobre o trabalho. À medida que o lar se estabeleceu mais como espaço da mulher, o trabalho profissional tornou-se mais identificado como espaço do homem. A economia europeia vinha comercializando rapidamente desde a baixa Idade Média — o sucesso agora exigia bolsos mais posses e redes mais amplas. O status profissional foi identificado com mais clareza, muitas vezes exigindo mais formação intencional e as regulamentações comerciais foram estabelecidas com mais clareza pelas autoridades cívicas. Nenhuma dessas tendências favoreceu as mulheres que trabalhavam por remuneração.

Judith Bennett conta a história de como a fabricação de cerveja inglesa passou de trabalho de mulheres medievais para trabalho profissional de homens modernos. Na cidade cervejeira de Oxford, no século XIV, por exemplo, as mulheres dominavam o comércio. Quando as mulheres fabricavam cerveja para suas famílias, produziam uma quantidade a mais para vender aos vizinhos e ganhavam um pouco de dinheiro extra. A fabricação de cerveja para venda era em sua maioria feita em pequena escala, mas ajudava as mulheres a contribuir para as necessidades domésticas. Com o tempo, a fabricação de cerveja em Oxford tornou-se mais regulamentada — pela universidade, por uma guilda de cervejeiros e depois pela profissionalização do comércio. Por volta de 1600, em vez de dezenas de donas de casa fabricando cerveja para a vizinhança, alguns cervejeiros começaram a abastecer a cidade. Esses poucos cervejeiros eram homens. Eles tinham mais dinheiro e mais recursos, investiram mais capital e desenvolveram novas técnicas. Eles também fizeram amizade com o governo local. As mulheres não podiam competir com esses cervejeiros maiores e mais profissionais porque tinham menos capital de investimento e menos influência social.[13] Uma mulher que às vezes vendia cerveja para seus vizinhos poderia fazer uma cerveja saborosa, entretanto não poderia competir com os grandes — assim como a vizinha que vende donuts em sua garagem aos sábados não pode competir com a Krispy Kreme (ou Shipley's, que é o favorito da minha família). Mesmo que as mulheres fossem melhores cervejeiras do que os homens, elas simplesmente não conseguiriam acompanhar esse mundo em mudança.

É claro que a crescente profissionalização e comercialização não mudou realmente o tipo de trabalho que as mulheres faziam. As mulheres na era medieval trabalhavam, sobretudo em empregos de baixa remuneração e baixo status, o que continuou durante toda a era da Reforma. O que parece ter mudado (ou pelo menos começado a mudar para as mulheres protestantes) — e é o que importa para os evangélicos modernos — é como as esposas trabalhadoras eram percebidas. Na era medieval, as mulheres que produziam cerveja eram esposas cervejeiras. Eram identificadas assim nos registros de maneira frequente. Ou seja, eram identificadas pelo seu trabalho, bem como pelo seu estado civil. Podiam ter mais de uma identidade. No entanto, mais tarde, na era moderna, uma esposa protestante que fabricava cerveja era uma boa esposa trabalhando ao lado de seu marido (ou assumindo o comércio de seu falecido esposo).[14] A identidade principal dela era seu estado civil e o seu trabalho era secundário. Na realidade, seu marido até a substituiu como a face pública do negócio.

As implicações dessas ideias oscilantes sobre o trabalho das mulheres não seriam totalmente compreendidas até os séculos XVIII e XIX, como veremos no Capítulo 6. Porém, o aumento da ênfase do papel principal da mulher como *esposa*, superando todos os outros chamados, teriam um impacto para as mulheres evangélicas modernas.

Vejamos, por exemplo, a ênfase colocada no casamento para as mulheres evangélicas conservadoras hoje em dia — muitas vezes considerado mais importante do que uma carreira. O casamento, do ponto de vista evangélico, está logo atrás da salvação no que diz respeito às decisões de vida mais importantes para as mulheres. A música de sucesso "Somewhere in the World", do músico cristão contemporâneo Wayne Watson, ilustra bem isso. Lançada em seu álbum *Giants in the Land* de 1985, a música ainda está listada como uma de suas principais músicas no Apple Music. Watson canta: "Uma garotinha vai sair para brincar, / Vestida com as roupas da mamãe". Essa garotinha é criada nos modos devotos de sua mãe para amar a Jesus e — a música sugere mais tarde — aprender como se tornar uma esposa. Watson ora para que a garotinha venha a Jesus porque um dia "um garotinho precisará de uma esposa devota".[15] Essa canção comovente consagra os objetivos das mulheres cristãs: salvação e casamento.

O casamento (seguido da maternidade) nos completa. Jamais esquecerei uma história contada por uma das minhas primeiras mentoras. Ela era uma mulher solteira que se tornou uma missionária. Certa vez, quando era mais jovem e ainda estava em formação para o campo missionário, recebeu um par de calças masculinas. Ela foi aconselhada a pendurá-las em sua cama e orar para que Deus as preenchesse. Ainda posso vê-la rindo enquanto nos contava a história.

Embora as mulheres possam aspirar outros objetivos, o casamento e a família devem ser a prioridade. Como a ESV proclama em seus recursos para o casamento e a moralidade sexual: "A união de um homem e uma mulher no casamento é um dos aspectos *mais básicos* e *mais profundos* de ser criado à imagem de Deus".[16] A ênfase em *"mais básicos"* e *"mais profundos"* é minha, mas essas palavras são também o cerne da frase: porque fomos criados à imagem de Deus, implica o recurso da ESV, desejamos a união matrimonial. O casamento — do ponto de vista evangélico — nos completa. Isso fica claro nos debates atuais sobre a Trindade, que discutirei no Capítulo 7. Alguns dos estudiosos e pastores evangélicos que são mais expressivos sobre a liderança masculina e a submissão feminina argumentam que o relacionamento entre marido e mulher modela o relacionamento entre Deus Pai e Deus Filho. As esposas seguem a liderança de seus maridos, assim como Jesus segue a liderança do Pai.

A hierarquia do casamento, como o próprio casamento, argumentam eles, está embutida na *imago Dei*.

Na realidade, como cristãos evangélicos nos concentramos tanto no casamento que negligenciamos os chamados vocacionais de carreira das mulheres e as escolhas das mulheres solteiras. Essa é uma visão limitada, considerando quantas mulheres evangélicas continuam trabalhando fora de casa. "Os cristãos que estão preocupados com a influência do feminismo ou com o colapso da família não terão muita sorte em dizer às mulheres casadas que parem de trabalhar", escreve Katelyn Beaty em *A Woman's Place* [Lugar de uma mulher]. "As mulheres já estão trabalhando — em casa, fora dela, para suas famílias, para seus vizinhos, para a glória de Deus".[17] Também é uma visão limitada, considerando quantas mulheres evangélicas permanecem solteiras. Minha amiga e colega historiadora da Baylor, Andrea Turpin, escreve sobre "microagressões às solteiras" em igrejas evangélicas — "Como quando alguém na igreja pergunta: 'Por que você não é casada?', antes de acrescentar: 'Você é ótima!'".[18] O mundo da Reforma elevou o casamento ao estado ideal para as mulheres, e os evangélicos, que se identificam fortemente com o legado da Reforma (lembra como o boneco de Martinho Lutero vendeu?) fizeram o mesmo — em detrimento não apenas de mulheres solteiras e trabalhadoras, mas também das casadas.

A ironia da Teologia da Reforma para as mulheres

A Teologia da Reforma deveria ter libertado as mulheres, mas não o fez.

Quando dou a segunda metade da minha disciplina de história das mulheres europeias, abrangendo aproximadamente de 1215 a 1918, uso minha própria interpretação da frase de Virginia Woolf "um quarto só seu" para explicar as diferenças históricas dentro da continuidade da vida das mulheres.[19] Ao longo da história, as mulheres vivem dentro dos limites do patriarcado. Bennett descreve isso como o equilíbrio patriarcal. Não importa quanta liberdade as mulheres tenham, elas sempre têm menos que os homens. No entanto, o equilíbrio patriarcal é algo contínuo, e não um padrão fixo. As fronteiras do patriarcado aumentam e diminuem, o tamanho do quarto de uma mulher — o espaço onde ela pode fazer suas próprias escolhas — muda. Algumas mulheres têm quartos maiores, como as ricas com maridos e pais entre as classes sociais mais altas. Algumas mulheres têm quartos menores, como as mais pobres de famílias com pouca influência política e social. Circunstâncias históricas, como as consequências da Peste Negra na Europa, expandiram temporariamente os quartos delas, aumentando sua independência como assalariadas, enquanto outras circunstâncias históricas, como a democracia ateniense, tornaram os quartos das mulheres menores.

Se olharmos para a ampla extensão da história, encontramos alguns padrões interessantes em relação ao tamanho dos quartos das mulheres. Quando as estruturas políticas e sociais são menos centralizadas e menos claramente definidas, elas muitas vezes experimentam uma maior representação, seus quartos são maiores. Não é por acaso que as histórias das mulheres de maior autoridade na história cristã se originam do século IV e vão até o século X, quando as estruturas de autoridade do cristianismo — para não mencionar as estruturas políticas às quais o cristianismo se apegou — eram mais fluidas. Também não é por acaso que, depois que a hierarquia eclesiástica se tornou mais centralizada e mais poderosa durante a alta Idade Média, a capacidade das mulheres de exercer autoridade formal diminuiu, os quartos das mulheres tornaram-se menores. Sempre há exceções, é claro, mas esses padrões gerais são evidentes.

Considere, por exemplo, o campo missionário moderno. Estruturas de poder e autoridade centralizada são muitas vezes menos acessíveis e menos claramente definidas, deixando espaço para mulheres evangélicas conservadoras liderarem como pregadoras e professoras no campo missionário da maneira que não podem fazer quando retornam às suas igrejas domésticas. Margaret Bendroth, em seu clássico *Fundamentalism and Gender: 1875 to the Present* [Fundamentalismo e gênero: De 1875 até o presente], observa que "quando a China Inland Mission convocou duzentos voluntários em 1929, 70% daqueles que partiram para a China no ano seguinte eram mulheres e todas, exceto quatro, eram solteiras".[20] Entretanto, os escritórios domésticos que as enviavam eram administrados em sua maioria por homens e quando as mulheres voltavam para casa, elas eram lembradas bem rápido de seu lugar — abaixo da autoridade masculina.

A Reforma inaugurou uma teologia sobre liderança eclesiástica que, ironicamente, tornou os quartos das mulheres evangélicas menores. Considerada pelo valor nominal, a teologia da Reforma deveria ter expandido os quartos delas. Os sacerdotes não eram mais necessários, pois todos os crentes tinham acesso direto a Deus. Enquanto o corpo feminino ainda era o "sexo fraco", não era mais considerado impuro. Homens e mulheres eram entendidos como criados à imagem de Deus, e a união do homem e da mulher no casamento era considerada o estado ideal pretendido por Deus — até mesmo para o clero.

As mulheres medievais tiveram que transcender seu sexo para ganhar autoridade na igreja medieval. Entretanto, as mulheres protestantes não precisavam fazer isso — seus corpos não eram um problema espiritual. Na realidade, as mulheres protestantes eram celebradas por seus papéis como esposas e mães. Dessa forma, as mulheres não podiam agora pregar e ensinar como os homens? O sacerdócio de todos os crentes não se aplicava às mulheres assim como se aplicava aos homens?

Algumas mulheres pensavam que sim.

Elas insistiam que o ensino da Reforma tornava suas salas maiores.

Por exemplo, Catarina Zell, esposa de Mateus Zell, um reformista de Estrasburgo, exigiu que ela fosse julgada "não de acordo com os padrões de uma mulher, mas de acordo com os padrões de alguém a quem Deus encheu com o Espírito Santo".[21] Argula von Grumbach, uma alemã que se converteu ao protestantismo apesar de seu marido permanecer católico e que se tornou uma das mais fervorosas defensoras da Reforma (chegando a publicar oito obras entre 1523 e 1524 em defesa do luteranismo), com certeza achava que tinha o direito dado por Deus para ensinar e pregar. Em uma carta à Universidade de Ingolstadt defendendo o luteranismo de uma jovem professora, ela proclamou: "O que escrevi para você não é uma conversa de mulher, é a palavra de Deus e [escrevo] como membro da Igreja Cristã contra a qual os portões do inferno não podem prevalecer".[22] Conhecia os escritos de Paulo, mas não acreditava que se aplicassem a ela. "Estou familiarizada com as palavras de Paulo de que as mulheres devem ficar caladas na igreja", ela anunciou, "mas quando vejo que nenhum homem pode ou quer falar, sou impulsionada pela palavra de Deus quando ele disse: 'Portanto, qualquer que me confessar diante dos homens, eu o confessarei diante de meu Pai, que está nos céus. Mas qualquer que me negar diante dos homens, eu o negarei'".[23]

Anne Askew, uma reformista inglesa, também acreditava que as mulheres tinham autoridade para falar. Acusada de heresia, argumentou quando a diretriz de Paulo para as mulheres "ficarem em silêncio" foi citada a ela. A pregação só acontecia atrás de um púlpito, e como não estava atrás de um púlpito, não estava pregando. Como ela explicou, depois que o chanceler do bispo de Londres, Edmund Bonner (1539–49 e 1553–59), citou Paulo: "Eu lhe respondi que conhecia o significado de Paulo tão bem quanto ele, ou seja, 1 Cor. 14, que uma mulher não deve falar na congregação por meio de ensino. E então eu perguntei a ele, quantas mulheres ele tinha visto subir ao púlpito e pregar? Ele disse que nunca tinha visto nenhuma. Então eu disse, ele não deveria culpar as mulheres pobres, a menos que elas tenham transgredido a lei".[24] Em outras palavras, ela argumentou que tinha o direito de falar a Palavra de Deus e ensinar os homens enquanto estivesse fora do espaço oficial de pregação. Além disso, por ter ficado fora do espaço oficial de pregação, o chanceler não tinha o direito de acusá-la já que não havia infringido nenhuma lei.

O mundo moderno não concordava com essas mulheres. "O desejo de Zell nunca foi atendido", escreve Wiesner-Hanks, "e os escritos das mulheres sempre foram julgados primeiro com base no gênero. O marido de Argula von Grumbach foi condenado a forçá-la a parar de escrever".[25] Quanto a Anne Askew, ela foi queimada na fogueira por heresia.

Então qual foi o problema? Por que a teologia protestante não autorizou as mulheres a ensinar e pregar, embora tenha declarado o sacerdócio de todos os crentes e aprovado o leito conjugal? A resposta a von Grumbach nos dá uma pista. Em vez de ser ordenada a parar de pregar e escrever, seu marido foi ordenado a impedi-la. Ela estava sob a autoridade dele. O problema era o que Roper chama de "casa sagrada".

A teologia da Reforma pode ter removido o padre, no entanto, o substituiu pelo marido. As homilias Tudor de 1563, uma série de sermões autorizados pela Igreja Anglicana, mostram isso com clareza: "Que as mulheres sejam sujeitas a seus maridos como ao Senhor, pois o marido é a cabeça da mulher, como Cristo é a cabeça da Igreja. Aqui você entende, que DEUS ordenou, que você deve reconhecer a autoridade do marido, e referir a ele a honra da obediência".[26] O sermão continua, enfatizando que as esposas devem cobrir a cabeça como sinal de submissão. Em um eco sinistro do antigo *pater familias* romano, a casa organizada mais uma vez tornou-se um indicador tanto do Estado quanto da Igreja, e o poder minguante do padre católico foi equilibrado pelo poder crescente do marido protestante.

Um Paulo reformulado

O mundo medieval defendia a exclusão das mulheres da liderança eclesiástica com base na inferioridade do corpo feminino e no papel subordinado das esposas. No entanto, como nem todas as mulheres eram esposas, e como algumas mulheres podiam transcender seus corpos, existiam concessões especiais para as mulheres pregarem, ensinarem e liderarem. A historiadora Nicole

Bériou descreve como o padre franciscano do século XIII Eustache de Arras explicou as mulheres pregando. De acordo com Eustache, o Espírito Santo de fato inspirou mulheres como Maria Madalena e Tecla a pregar e lhes deu autoridade espiritual, assim como aos homens. Entretanto, essas mulheres eram exceções. Elas não eram casadas e, portanto, explica Eustache, "a interdição de São Paulo não dizia respeito a elas, era dirigida apenas às mulheres casadas". As mulheres em geral não tinham o direito de pregar, mas "um determinado direito de falar com autoridade pode ser reconhecido para mulheres que tinham o dom especial da profecia" e não eram casadas.[27]

Isso mudou após a Reforma.

O mundo na Idade Moderna defendia a exclusão das mulheres com base em uma emergente teologia de gênero que enfatizava as diferenças entre mulheres e homens em vez de sua igualdade espiritual e com base em uma compreensão ampliada das prescrições paulinas e dos códigos domésticos. As palavras de Paulo agora se aplicavam a todas as mulheres, não apenas às esposas, e a importância de as mulheres serem esposas foi ressaltada.

Confesso que, como mulher evangélica, me surpreendeu que a Reforma tenha dado tanta ênfase aos textos paulinos sobre as mulheres. Lembro de ler um comentário improvisado do historiador da igreja medieval R. N. Swanson de que os códigos domésticos paulinos não eram tão importantes para os cristãos medievais quanto os historiadores modernos pensavam que eram.[28] Marquei pontos de exclamação e sublinhei o comentário. "Sério?", escrevi na margem. Eu não poderia imaginar um mundo sem submissão graciosa preenchendo as páginas dos estudos bíblicos das mulheres e a autoridade dos maridos pregados regularmente do púlpito. Eu não poderia imaginar um mundo de sermões de casamento não focados em Efésios 5.

Entretanto, minha própria pesquisa sobre os sermões ingleses da baixa Idade Média me mostrou que esse mundo existia.

Os pregadores medievais pregaram Paulo, sim. Na verdade, as passagens bíblicas citadas com mais frequência em sermões ingleses da Baixa Idade Média, depois de Mateus 25:31–41 (que é citado em mais de cinquenta manuscritos de sermões), são textos paulinos. No entanto, esses sermões quase não mencionam as prescrições paulinas e os códigos domésticos para as mulheres. Como revelei em meu discurso presidencial na Conference on Faith and History em 2018, descobri que os textos paulinos suspeitos de sempre (1 Coríntios 11:3; 14; Efésios 5; Colossenses 3; 1 Timóteo 2; Tito 2) aparecem em apenas alguns dos 120 manuscritos de sermões ingleses da Baixa Idade Média que estudei.[29] Nas poucas ocasiões em que esses textos paulinos são usados em sermões medievais, o foco não é nos papéis femininos.

Vejamos, por exemplo, 1 Timóteo 2:15: "Salvar-se-á, porém, dando à luz filhos". Em um dos dois únicos sermões medievais que discutem este versículo, o sermão coloca a mulher (a "ela" no versículo) como um exemplo para *todos* os cristãos, que devem passar pela dor (como a do parto) de purificar-se do pecado antes, sentindo a alegria da salvação (a própria criança). Em outras palavras, o sermão interpreta a afirmação de Paulo de que as mulheres "Salvar-se-ão, porém, dando à luz filhos" não como uma forma de impor papéis de gênero rígidos ou enfatizar as responsabilidades domésticas das mulheres ou mesmo destacar as mulheres como mães. Este autor de sermão medieval está claramente ciente das palavras de Paulo em 1 Timóteo 2:15, mas ele as usa para encorajar todos os cristãos a enfrentar a dor do arrependimento e penitência para que possam renascer na alegria da salvação.

Os pregadores medievais pregavam Paulo, porém seu foco principal era ensinar aos paroquianos como encontrar a redenção por meio do envolvimento nos sacramentos e nas práticas da igreja católica medieval. Paulo foi usado para reforçar essas lições medievais e as mulheres como exemplos de fé tornaram-se muito mais importantes para a pauta religiosa medieval do que as como exemplos de submissão e domesticidade. A mulher salva por meio da gravidez como um exemplo do processo de santificação para todos os cristãos era mais importante para a teologia medieval do que amarrar a salvação de mulheres de carne e osso às suas capacidades reprodutivas.

Na maior parte, Paulo não foi pregado em sermões medievais para reforçar o papel subordinado das mulheres.

Os pregadores modernos também conheciam Paulo. No entanto, ao contrário de suas contrapartes medievais, pregavam Paulo para reforçar o papel subordinado das mulheres dentro da casa. Os sermões modernos enfatizam o comportamento devoto como reflexo do status espiritual. A adesão às prescrições paulinas tornou-se um indicador para a saúde espiritual das famílias e as mulheres como modelos de submissão e domesticidade tornaram-se exemplares críticos para a teologia protestante. Com isso, afastaram-se dos sermões do mundo medieval.

Lancelot Andrewes, em um sermão publicado postumamente em 1657, interpreta 1 Timóteo 2:15 assim: "O dever doméstico de preservar a casa pertence a ela, como está em Provérbios 31:21. Ela deve ser como o Caracol, sempre em casa [...] A casa na Sagrada Escritura é ocupada para os filhos, a quem ela deve gerar e criar no temor de Deus; *Salvar-se-á, porém, dando à luz filhos, diz Paulo em 1 Tim. 2:15*".[30] O autor do sermão medieval usa as palavras de Paulo em 1 Timóteo 2:15 para encorajar todos os cristãos a enfrentar a dor do arrependimento e penitência para que possam renascer na alegria da salvação. Andrewes, em forte contraste, usa as palavras de Paulo como evidência para a sujeição divinamente ordenada das mulheres e seu chamado divinamente ordenado como — se posso usar um termo moderno — donas de casa.

Vou dar mais um exemplo.

Em 1690, Isaac Marlow, membro da igreja batista do ministro Benjamin Keach, publicou um folheto que contrariava o ensino de Keach de que o canto de hinos congregacionais era importante. Marlow argumentou que cantar era antibíblico porque, se toda a congregação cantasse, as mulheres também cantariam:

> Que as mulheres não devem ensinar nem orar vocalmente na Igreja de Cristo é geralmente a crença de todos os cristãos ortodoxos, e é afirmado em *1 Coríntios* 14:34–35. *As mulheres estejam caladas nas igrejas, porque lhes não é permitido falar* e *1 Timóteo* 2:11–12. *A mulher aprenda em silêncio, com toda a sujeição. Não permito, porém, que a mulher ensine, nem use de autoridade sobre o marido, mas que esteja em silêncio*. Portanto, muito me admira que qualquer homem afirme e admita tal prática como o canto das mulheres e que qualquer mulher ouse cantar vocalmente na Igreja de Cristo, quando ele positivamente e claramente as proíbe em sua Palavra: pois cantar é ensinar, *Coloss*. 3:16. e falar, *Efés*. 5:19. ambos são claramente proibidos às mulheres na igreja.[31]

Embora concorde que a proibição de Paulo baniu as mulheres da liderança da igreja, Keach argumentou que cantar "não mente de maneira ministerial e, portanto, não é pretendido pelo Espírito de Deus aqui; pregar ou ensinar não é cantar, nem cantar é pregar ou ensinar. Você [Isaac Marlow] deve aprender melhor a distinguir entre diferentes deveres e práticas, antes de assumir a tarefa de ensinar os outros".[32]

Da minha perspectiva medieval, acho impressionante esse diálogo inspirado no sermão. Enquanto Keach defendia o direito das mulheres de cantar, ele o fez aceitando a proibição paulina contra mulheres ensinando e pregando. As mulheres só podiam cantar porque cantar não era da alçada de 1 Coríntios e 1 Timóteo. Em outras palavras, ocorreu uma mudança na era da Reforma na maneira como os pregadores usavam Paulo. Em vez de sempre ter sérias consequências para as mulheres, Paulo teve menos impacto nas atitudes em relação às mulheres nos sermões ingleses da Baixa Idade Média. Após a Reforma, no entanto, Paulo veio a definir a feminilidade cristã. Lembre-se, foram as homilias Tudor de 1563 que declararam que a posição das mulheres na igreja e na casa era subordinada: "Que as mulheres sejam sujeitas a seus maridos como ao Senhor, pois o marido é a cabeça da mulher, como Cristo é a cabeça da Igreja. Aqui você entende, que DEUS ordenou, que você deve reconhecer a autoridade do marido, e referir a ele a honra da obediência".[33] A mulher devota era submissa e silenciosa, assim como Paulo declarou que ela deveria ser.

A pergunta, claro, é por quê?

Por que a mudança na forma como os textos paulinos eram usados em relação às mulheres?

Primeiro, o programa de pregação apresentado no século XIII e reforçado no século XV ditava o ensino centrado nos fundamentos da fé. Isso desencorajou ativamente a pregação para pessoas comuns sobre tópicos mais complexos e potencialmente controversos. Em segundo lugar, a ênfase teológica na redenção por meio da penitência enraizada na comunidade sacramental da igreja medieval moldou profundamente como os pregadores pregavam Paulo nos sermões medievais, enfatizando a fé das mulheres como mais importante do que seu sexo.[34]

Por fim, a realidade medieval era que a maioria dos homens nunca seria padre, colocando-os — curiosamente — em pé de igualdade espiritual com as mulheres. A liderança espiritual de um marido não importava tanto em um mundo patriarcal, onde ambos, maridos e esposas, tinham que passar individualmente por um padre para os sacramentos necessários. Mas isso importava em um mundo em que o patriarcado já era a norma e as mulheres tinham tanto poder espiritual quanto os homens. O patriarcado teve que mudar de forma para se adaptar ao novo mundo da Reforma. Como explica Roper: "Os valores do moralismo evangélico foram atrelados a uma tradição conservadora mais antiga que definia as mulheres como esposas em submissão a seus maridos [...]. Longe de endossar vidas espirituais independentes para as mulheres, a Reforma institucionalizada foi mais bem-sucedida quando insistiu em uma visão da incorporação das mulheres dentro da família sob a liderança de seus maridos".[35] A ênfase nos textos paulinos pelos reformadores modernos nasceu em um mundo secular já apoiado por uma hierarquia de gênero. Ao invés de reformadores protestantes revivendo um modelo bíblico, eles estavam simplesmente mapeando a Sagrada Escritura em uma estrutura secular precedente.

Em vez da Sagrada Escritura transformar a sociedade, os escritos de Paulo foram usados para sustentar as práticas patriarcais já em desenvolvimento no mundo moderno.

Uma família reformulada

Nós "tropeçamos" na igreja por acidente.

Era março de 2003. Eu estava escrevendo o capítulo final da minha dissertação e fiz uma viagem de última hora para a Inglaterra com meus pais. Eu estava caçando sete pias sacramentais na costa leste da Inglaterra. Ann Eljenholm Nichols escreveu sobre esses "sinais visíveis", argumentando que os paroquianos esculpiram as pias batismais de pedra na tentativa de combater a heresia do século XV. Os paroquianos literalmente reinscreveram a ortodoxia talhando cenas de sua fé em pedra.[36] Várias das imagens retratam mulheres interagindo com padres, por isso que eu queria vê-las. Então lá fomos nós — meus pais e eu dirigindo pelo interior da Grã-Bretanha por sete dias inteiros rastreando pias batismais do século XV.

Cometemos apenas alguns erros enquanto caçávamos as igrejas, e este foi um deles. Havia duas igrejas diferentes em duas cidades diferentes, mas com o mesmo nome de cidade: Wilby. Nós dirigimos para a Wilby errada.

Entretanto, foi um erro que valeu a pena: "tropeçamos" na igreja de Todos os Santos de Wilby.

Era a primeira vez que eu via uma igreja com bancos de caixa* do século XVII. Não resta muito do que as igrejas medievais eram na Inglaterra antes da Reforma.

---

*No original, *box pews*. Eram bancos envoltos em paredes de madeira com uma pequena portinhola de acesso. (N.T.)

O resultado da reforma de Henrique VIII (1533–1536), que incluiu a dissolução dos mosteiros (uma bela maneira de descrever o saque e a destruição das igrejas medievais), combinado ao caos da Guerra Civil Inglesa (1642-49) e a as chamadas "restaurações" vitorianas (1840–1875), deixaram pouco do que os paroquianos medievais reconheceriam. As cores vibrantes dos vitrais medievais e as pinturas internas nas paredes da igreja estão quase todas perdidas, amassadas e rajadas de branco. As naves medievais que costumavam ser abarrotadas de capelas e separadas do altar por elaboradas grades e telas de madeira agora estão cheias de cadeiras e púlpitos. A igreja que tínhamos acabado de entrar estava tão distante das coloridas, barulhentas e cheias de incenso da Inglaterra medieval quanto nosso café da manhã inglês completo estava do mingau medieval. Mas a igreja de Todos os Santos de Wilby escapou principalmente das restaurações vitorianas, por isso ainda permanece como um testemunho da Igreja Anglicana às vésperas da Guerra Civil.

Duas características dominavam o espaço pequeno e luminoso: o grande púlpito de dois andares fixado na parede, acessado por uma escada circular, e os bancos de caixa restantes que revestem parcialmente o corredor. Olhei para aqueles espaços encaixotados, visualizando as famílias que se enfileiravam em cada um deles, fechando a porta para "encaixá-los" durante o culto.

Meus olhos treinados em história medieval olhavam fixamente para aqueles bancos de caixa. Tive um vislumbre, talvez pela primeira vez, de como a Reforma havia mudado o culto cristão de maneira imensa. Nas igrejas medievais, mulheres e homens se reuniam em lados opostos da igreja, apesar de suas afiliações familiares. É provavelmente por isso que a saudação "bons homens e mulheres" era a maneira favorita de pregadores medievais abrirem seus sermões — quase posso vê-los olhando primeiro para a esquerda, dando as boas-vindas aos "bons homens" antes de virar à direita e acolher as "boas mulheres". Os casamentos de hoje ainda ecoam esse antigo arranjo medieval, pois a noiva fica à direita do pastor e o noivo à esquerda. Agrupar mulheres e homens por sexo em vez de por suas famílias encorajou as comunidades paroquiais de um só sexo que floresceram na Inglaterra da Baixa Idade Média. Um dos primeiros artigos que li da historiadora Katherine French me falou sobre as comunidades da igreja medieval para mulheres. Esses grupos, argumenta French, não apenas construíram a comunidade, mas também expandiram a representação das mulheres nas igrejas da Baixa Idade Média, reforçando as normas de gênero aceitas. Como ela escreve: "Podemos imaginar que nos grupos de esposas, as mulheres encontravam conforto e conselhos para ajudá-las em casamentos difíceis, nascimento e morte de filhos e administração de uma casa. Por meio desses grupos, as mulheres podiam criar suas próprias hierarquias, baseadas um pouco no status familiar e na riqueza, mas também em critérios menos visíveis, como piedade, fertilidade ou personalidade".[37] French mostra como por meio dessas comunidades femininas as mulheres expandiram sua autoridade doméstica para o espaço da igreja. "Juntas, elas criaram oportunidades de ação coletiva e criaram visibilidade em nome da salvação."[38]

No entanto, esses grupos foram perdidos com a Reforma, pois a unidade familiar tornou-se primordial.

Em vez de se sentar com suas comunidades femininas, as mulheres agora se sentavam com suas famílias. Em vez de o pregador dirigir seu sermão para "bons homens e mulheres", ele agora o direcionava principalmente para os líderes espirituais da família — os "homens, pais e irmãos", como um pregador se dirigia ao seu público.[39] Permanecendo naquela igreja reformada, eu quase podia ouvir as mudanças feitas no pós-Reforma. Quase podia ver as mulheres alinhadas com seus filhos nos bancos de caixa, sentadas literalmente sob a crescente autoridade de seus maridos. French não está falando sobre bancos em igrejas quando descreve o impacto da Reforma nas mulheres da paróquia inglesa, mas suas palavras ainda soam verdadeiras. À medida que as atividades das mulheres foram redirecionadas para o lar, as mulheres tornaram-se menos "coletivas, visíveis e ativas" na paróquia da Baixa Idade Média. "A representação leiga que estava no centro da capacidade das mulheres de transformar a paróquia em um fórum para suas próprias práticas espirituais acabou, pois a família se tornou cada vez mais uma unidade religiosa que estava em exibição na paróquia."[40]

As identidades das mulheres eram agora incluídas na família.

Sim, o papel de esposa foi elevado, mas com um preço. Adoro como French conclui seu livro *The Good Women of the Parish* [As boas mulheres da paróquia]:

> Com certeza algumas mulheres se regozijaram com a abolição das taxas das guildas, a veneração das imagens dos santos e a pompa e o ritual do *Sarum Manual* [Manual de Sarum]. No entanto, aquelas que iriam encontrar significado nesta nova igreja precisavam desenvolver um novo conjunto de habilidades e ações para criar significado religioso. Para algumas, a alfabetização, um relacionamento pessoal com Deus e o papel crescente da fé em

vez das obras eram as novas habilidades e ações. Para outras, incapazes de ler e incapazes de ouvir a Palavra de Deus com suas amigas que as apoiaram em momentos difíceis, não foi suficiente.[41]

Sou uma mulher protestante e sou grata pelas mudanças teológicas operadas pelo mundo da Reforma. Mas, como historiadora, sei que essas mudanças tiveram um custo. À medida que o papel da esposa se expandia, as oportunidades para as mulheres fora do casamento diminuíam. A família tornou-se não apenas o centro do mundo da mulher, mas sua principal identidade como uma boa cristã.

A subordinação das mulheres é de fato uma constante histórica — mas isso não a torna divinamente ordenada. Embora os escritos de Paulo sobre as mulheres fossem conhecidos de forma consistente ao longo da história da igreja, não foi até a era da Reforma que eles começaram a ser usados sistematicamente para manter as mulheres fora dos papéis de liderança. Em vez da Sagrada Escritura transformar a sociedade, a sociedade transformou a forma como os cristãos modernos interpretavam a Bíblia — o que foi agravado (como veremos no próximo capítulo) pela proliferação da Bíblia em inglês.

5. reescrevendo as mulheres na Bíblia em inglês

AINDA ME LEMBRO de como estava frustrada. Em nossa igreja, eu liderei um grupo de jovens na noite de quarta-feira, mas, por causa da postura pastoral sobre a liderança masculina, eu só podia ensinar meninas adolescentes. Normalmente, eu e meu marido evitávamos ensinar diretamente sobre os papéis das mulheres na igreja. Trabalhamos duro para não contradizer publicamente a posição pastoral.

Nessa noite, uma das adolescentes estava liderando. Parte de nossa filosofia era ensinar às jovens as habilidades necessárias para se tornarem líderes na igreja, o que incluía a Bíblia. Então trabalhamos com elas sobre como preparar aulas, encontrar recursos e realmente conduzir uma aula. Essa aluna ensinou sobre o que significava ser uma esposa cristã. Por causa da postura complementarista da igreja, não pude recusar sua escolha. Eu também não podia contradizê-la. Só podia ouvir.

Sentei olhando para a Bíblia na minha frente. Era a minha Nova Versão Internacional de Hoje (Today's New International Version — TNIV), que meu marido me deu no início do nosso casamento. Eu escutei enquanto ela lia a ESV. Ouvi enquanto ela argumentava com base na Sagrada Escritura que o chamado principal das mulheres era ser esposa e mãe. Ouvi ela dizer que os homens foram chamados para liderar porque apenas os homens foram mencionados na Bíblia em cargos de liderança enquanto as mulheres foram chamadas para seguir.

Quando acabou, entrei no meu carro e sentei lá. Muitos dos versículos que a garota leu foram moldados pela tradução que estava usando. A imagem de esposas e mães submissas, que se sentavam sob a liderança de seus maridos e líderes masculinos na igreja, pode ter parecido clara. Mas a tradução dela, a tradução muito moderna da Bíblia em inglês, a fez acreditar que o que estava ensinando era uma leitura simples da Sagrada Escritura, enquanto, como historiadora, eu sei que todas as traduções bíblicas são moldadas por mãos humanas.

As traduções importam. E para as mulheres, as traduções da Bíblia em inglês importaram mais do que a maioria dos evangélicos modernos imaginam.[1]

O debate da Bíblia com linguagem inclusiva de gênero

Era o ano acadêmico de 1996–97 quando me formei bacharela em História na Universidade de Baylor. Também foi o ano em que me casei com um pastor batista ordenado e iniciei um programa de pós-graduação em História Medieval na Universidade da Carolina do Norte, em Chapel Hill. Foi um grande ano para mim.

O ano de 1997 também foi um grande ano no mundo da tradução da Bíblia. Foi o ano em que a revista *World* publicou o artigo "Femme Fatale: The Feminist Seduction of the Evangelical Church" [*Femme Fatale*: A sedução feminista da igreja evangélica]. A escritora Susan Olasky disse aos leitores que a Nova Versão Internacional (NVI) estava "se tornando silenciosamente 'gênero neutro'".[2] O resultado, escreveu, poderia ser catastrófico — uma

Bíblia de gênero neutro poderia "obscurecer a singularidade de homens e mulheres" e dificultar a luta "difícil" dos complementaristas por um retorno aos papéis bíblicos de gênero. O catalisador para a mudança, argumentou Olasky, não foram "novas descobertas sobre a Bíblia", mas sim "mudanças sociais que ocorrem na cultura". Um mês depois, Olasky publicou um segundo artigo, "The Battle for the Bible" [A batalha pela Bíblia]. Nele, ela acusou a editora Zondervan de estar mais comprometida com a "linguagem *unissex*" do que com a fidelidade ao texto bíblico. Porque os autores da Zondervan deveriam evitar o uso de pronomes masculinos como "marcadores genéricos" e, em vez disso, usar termos inclusivos de gênero, como *humanidade* e *pessoas*, porque a Zondervan já publicou outras traduções inclusivas de gênero da Bíblia (como a NRSV), e porque a Zondervan estava contratualmente vinculada para apoiar a Comissão de Traduções Bíblicas da Sociedade Bíblica Internacional (que vinha promovendo a linguagem inclusiva de gênero desde 1992), Olasky acusou a Zondervan de permitir que a cultura mudasse a Palavra de Deus.[3]

O alvoroço entre os evangélicos foi instantâneo. A linguagem inclusiva de gênero não era mais apenas uma discussão sobre tradução adequada, era o feminismo destruindo a verdade bíblica. "Não acho que essa seja uma questão que deva ser varrida para debaixo do tapete", escreveu Wayne Grudem, então professor da Trinity Evangelical Divinity School. "A exatidão e integridade de muitas palavras da Sagrada Escritura estão em jogo, e essas são as próprias palavras de Deus."[4]

Um mês após a publicação do segundo artigo da Olasky, doze homens se encontraram em Colorado Springs. Liderado por James Dobson (fundador da *Focus on the Family*), e incluindo Grudem e Piper, o grupo produziu diretrizes para "Linguagem Relacionada ao Gênero na Sagrada Escritura".[5] Às vezes, admitiram, a linguagem inclusiva de gênero poderia melhorar a precisão das traduções, mas a maioria das linguagens inclusivas de gênero, concluíram, não era biblicamente precisa. Logo após a reunião de Colorado Springs, a SBC se reuniu em Dallas. Em junho de 1997, a denominação de quase dezesseis milhões de membros condenou de modo evidente a linguagem inclusiva de gênero nas traduções bíblicas. A resolução deles proclamou que essas traduções resultaram de "aqueles que não têm uma visão elevada da Sagrada Escritura" e daqueles que cederam "para acomodar as pressões culturais contemporâneas".[6] No outono de 1997, as linhas de batalha foram traçadas. A cultura secular, especialmente o movimento feminista, estava mudando a Sagrada Escritura de maneira perigosa, e era hora dos cristãos revidarem.

Quando a Zondervan lançou sua tradução inclusiva de gênero (TNIV) em 2002, Grudem escreveu uma crítica contundente. Segundo ele, "o cerne da controvérsia é este: as pessoas da TNIV decidiram traduzir a ideia geral de uma passagem e apagar os detalhes masculinos".[7] O site do Council on Biblical Manhood and Womanhood, do qual Grudem foi presidente, listou mais de uma centena de desafios às traduções textuais da TNIV. O mesmo artigo relata a declaração elaborada de Dobson sobre a TNIV: "Como a maioria dos cristãos evangélicos, quero que minha Bíblia contenha uma tradução precisa dos textos canônicos hebraico e grego. Assim, continuarei a falar contra qualquer esforço que altere a Palavra de Deus ou brinque com a metodologia de tradução por causa do 'politicamente correto'".[8]

Antes mesmo de a TNIV ser lançada, o grupo de Colorado Springs começou a trabalhar em sua própria tradução. Logo após a reunião de Dobson em maio de 1997, Grudem iniciou negociações de tradução com a Crossway e o Conselho Nacional de Igrejas. Em 1998, obteve-se permissão para revisar a RSV de 1971 e lançar uma nova tradução que eliminaria as "escolhas de tradução descristianizadas".[9] Em 2001, um ano antes de a Zondervan publicar a TNIV, a Crossway lançou a ESV, juntamente com uma série de apoios de pastores, músicos e autores de megaigrejas evangélicas.[10]

A ESV foi uma resposta direta ao debate sobre linguagem inclusiva de gênero. Nasceu para assegurar leituras da Sagrada Escritura que preservavam a liderança masculina. Nasceu para lutar contra o feminismo liberal e a cultura secular que desafiam a Palavra de Deus.

Como historiadora medieval especializada em sermões em inglês, o debate sobre traduções com inclusão de gênero me diverte porque os acusadores descrevem as traduções da Bíblia com inclusão de gênero como uma tendência moderna e secular alimentada pelo movimento feminista. No entanto, como historiadora medieval, sei que os cristãos traduziram a Sagrada Escritura de maneira inclusiva de gênero muito antes do movimento feminista.

Admito que o debate também me assusta pela mesma razão que me diverte: porque a linguagem inclusiva de gênero tem uma longa história, o debate mostra o quanto os cristãos evangélicos modernos esqueceram a história da igreja. De fato, o debate ressalta o quão perigosa a falta de compreensão de muitos evangélicos sobre o passado afeta as mulheres no presente. Embora com certeza seja verdade que a segunda onda do feminismo na década de 1960 contribuiu para uma maior preocupação com a linguagem inclusiva de gênero na cultura estadunidense, também é verdade que a preocupação com a linguagem inclusiva no texto bíblico existia muito antes do feminismo moderno.

Então vou contar o que sei como historiadora sobre a tradução da Bíblia em inglês — o que eu gostaria de ter dito àquelas garotas há muito tempo no grupo de jovens de quarta-feira à noite.

A Bíblia em inglês antes da Reforma

Recentemente, recebi a *Baylor Annotated Study Bible* [Bíblia de Estudo Anotada da Baylor]. As páginas douradas brilham entre a capa de couro verde escuro. É linda. É fácil de transportar. Tem uma fita verde anexada para que eu não perca a página. Tem notas de estudo de alguns dos meus estudiosos bíblicos favoritos, incluindo Scot McKnight, Todd Still e Mikeal Parsons. Quando pensamos em uma Bíblia, visualizamos um livro encadernado como esse.

Historicamente falando, a Bíblia como livro encadernado é algo novo. Um único volume encadernado que pode ser comprado e transportado por pessoas comuns nasceu mais de mil e quinhentos anos após a morte e ressurreição de Jesus. A engenhosidade de um ferreiro alemão do século XV lançou a revolução da impressão na Europa moderna, incluindo a distribuição da Bíblia no mercado de massa. A produção do que hoje conhecemos como a Bíblia de Gutenberg marca um ponto de virada significativo na história. A Palavra de Deus, de Gênesis a Apocalipse, tornou-se prontamente disponível ao povo de Deus pela primeira vez.

Uma das minhas igrejas favoritas em Londres consagra a Bíblia inglesa como nascida em 1535. St. Magnus the Martyr fica a poucos passos da padaria de Thomas Farriner em Pudding Lane, onde o Grande Incêndio de Londres começou em 1666. Dedicada a São Magno, o Mártir, foi a segunda igreja destruída pelo fogo e a mais cara restaurada sob a direção de Christopher Wren. A cara torre agora está quase obscurecida pelos edifícios no entorno, incluindo o monumento ao próprio Grande Incêndio.

Porém, se você entrar em St. Magnus the Martyr, na parede leste, perto do altar, encontrará uma placa do século XIX marcando os restos mortais de Myles Coverdale. Coverdale é mais conhecido por sua tradução da Bíblia em inglês, impressa em 1535. A inscrição da placa diz: "À memória de Myles Coverdale [...] Com o objetivo de proporcionar os meios de ler e ouvir, em sua própria língua, as maravilhosas obras de Deus, não apenas para seus próprios compatriotas, mas para as nações que estão nas trevas [...] A primeira versão completa da Bíblia impressa em inglês foi publicada sob sua direção".[11]

Em certo sentido, a placa está correta. A Bíblia de Coverdale foi a primeira impressa completa em inglês (do Velho ao Novo Testamento) no sentido de nossa compreensão moderna — um texto completo encadernado em um único volume (é claro que William Tyndale imprimiu uma tradução inglesa do Novo Testamento em 1525. Como Tyndale foi executado antes que pudesse terminar de traduzir o Velho Testamento, a designação "primeira Bíblia inglesa completa" foi para a Bíblia de Coverdale, impressa dez anos depois do Novo Testamento de Tyndale).

Em outro sentido, porém, a placa está errada. A inscrição de Coverdale proclama que a Bíblia inglesa é resultado da Reforma. Sugere que os povos medievais antes de Coverdale não tinham acesso ao texto bíblico em inglês. Eles se sentaram na escuridão (bíblica) — como diz a inscrição do século XIX. Isso não é verdade.

A historiadora medieval Beryl Smalley abre seu clássico *The Study of the Bible in the Middle Ages* [O estudo da Bíblia na Idade Média] com esta frase: "A Bíblia foi o livro mais estudado da Idade Média".[12] A Reforma Protestante mudou a forma como a Bíblia era usada pelos cristãos, mas não apresentou a Bíblia a eles. As traduções inglesas de textos bíblicos existiam muito antes da Reforma. Por volta do século XI, foram feitas traduções inglesas dos Salmos, dos seis primeiros livros do Velho Testamento (o Hexateuco em inglês antigo) e dos Evangelhos (os Evangelhos da Saxônia Ocidental). Embora esse texto bíblico tenha se difundido nos círculos clericais, os estudiosos argumentam que também foram destinados ao uso por "leigos letrados". Frans van Liere, um historiador medieval que escreveu meu livro favorito sobre a Bíblia medieval, observa que Matthew Parker (arcebispo de Canterbury de 1559 a 1575) usou a existência de manuscritos bíblicos do inglês médio para defender seu direito de publicar uma Bíblia em inglês (uma tradução de 1568 conhecida como a Bíblia dos Bispos). Como a Bíblia tinha uma longa história de tradução para o inglês, argumentou Parker, era apropriado que a igreja da Inglaterra continuasse traduzindo a Bíblia para o inglês.[13]

Embora traduções completas da Bíblia em inglês fossem incomuns, elas existiam na era medieval. Uma coleção de sermões do século XV com a qual trabalho com frequência, conhecida como *Longleat Sunday Gospels*, contém uma afirmação provocativa de que "uma vez que é legítimo pregar o Evangelho em inglês, é *legítimo* escrevê-lo em inglês, tanto para o professor quanto para o ouvinte, se souber escrever".[14] O pregador (provavelmente um frade franciscano) admite que pessoalmente lhe disseram para não escrever o Evangelho em inglês, mas isso não deveria impedir ninguém de criar traduções vernáculas. Sabemos que, no final do século XIV, os seguidores de John Wycliffe traduziram a Bíblia inteira para o inglês. Protestantes modernos muitas vezes pensam nisso como uma Bíblia "herética" que foi usada apenas por aqueles insatisfeitos com o catolicismo inglês. Entretanto, mais de 250 cópias existentes da Bíblia de Wycliffe existem hoje (as cópias variam de apenas Novos Testamentos a Bíblias completas), mostrando que a Bíblia de Wycliffe era de uso comum.[15] Os sermões católicos do século XV confirmam isso enquanto pregam.[16] O clero católico usar essa Bíblia "herética" mostra uma ampla aprovação das Bíblias em inglês. Na verdade, Henry Ansgar Kelly escreve que o uso regular da Bíblia de Wycliffe nos cultos da igreja inglesa da Baixa Idade Média "é uma das indicações mais fortes para a ampla aceitação das traduções pela população em geral".[17]

Antes da prensa móvel tornar os livros mais amplamente disponíveis, era difícil possuir versões completas da Bíblia. As cópias da Bíblia levavam muito tempo para serem criadas e, portanto, eram caras e raras. No entanto, para a maioria das pessoas medievais, a proliferação da Sagrada Escritura na literatura, sermões e trechos da Bíblia como os Salmos (Saltério) deu-lhes acesso abundante à Palavra de Deus. James H. Morey, em seu *Book and Verse: A Guide to Middle English Biblical Literature* [Livro e versículo: um guia para literatura bíblica em inglês médio], mostra quão rapidamente as traduções inglesas da Sagrada Escritura proliferaram na cultura da Baixa Idade Média.[18] *Book and Verse* inclui seis apêndices, compostos de 264 páginas impressas, que listam cada exemplo de texto bíblico que ele poderia encontrar na literatura do inglês médio — incluindo relatos dos Evangelhos, Saltério, visões gerais bíblicas, comentários, poemas, tratados religiosos e até mesmo duas traduções completas do Apocalipse em inglês médio. Os cristãos comuns na Inglaterra da Baixa Idade Média tinham familiaridade com a Bíblia em seu próprio idioma.

Eu tive um aluno em um semestre que teve dificuldade em ficar acordado durante as aulas. Imagino que nesse momento ele já estaria dormindo. Então vou direto ao ponto: a Bíblia existia em inglês antes da Reforma, apesar do que a placa de St. Magnus the Martyr afirma. Com certeza a Reforma introduziu um uso mais amplo da Bíblia vernacular por meio de sua ênfase na *sola scriptura* e encorajamento de Bíblias impressas. Porém, a ênfase da Reforma no acesso bíblico foi precedida pelo acesso que os cristãos medievais já tinham ao texto bíblico.

A Bíblia em inglês nos sermões medievais

Os sermões forneciam o acesso mais consistente à Bíblia para as pessoas medievais. Agora, eu sei o que você está pensando — pessoas medievais ouviam sermões? A retórica anticatólica combinada com a glorificação protestante da Reforma combinada com métodos pobres de medir a frequência à igreja medieval por estudiosos modernos distorceram nossa compreensão do cristianismo medieval. Até hoje eu ranjo meus dentes a respeito da série de história da igreja usada pela Capitol Hill Baptist Church. Ela pinta um quadro sombrio de uma igreja medieval sórdida e corrupta na qual poucas pessoas, exceto por "alguns monges e freiras" remanescentes, encontraram a salvação. Para o bem do meu aluno sonolento, vou guardar os mitos protestantes sobre o cristianismo medieval como material para um livro futuro e indicarei apenas esta frase do currículo on-line: o cristianismo medieval "nos lembra o que acontece quando as pessoas são analfabetas de nossas Bíblias — deixamos de saber o que constitui aceitação com Deus".[19] As pessoas medievais não conheciam sua Bíblia, afirma este currículo de história da igreja protestante, e dessa forma a maioria deles foi eternamente condenada (tive que respirar fundo depois de escrever essa frase).

Os evangélicos deveriam saber que as pessoas medievais conheciam a Sagrada Escritura pelo menos tão bem, se não melhor, do que nós hoje em dia. Frans van Liere nos lembra que o conhecimento bíblico não se limitava ao clero. A revolução bíblica forjada pela Reforma entre os cristãos comuns começou com os cristãos comuns do mundo medieval (e não apenas com os três homens listados pelo currículo da Capitol Hill Baptist Church).[20] Como escreve van Liere, a igreja medieval tinha uma "longa tradição de acesso leigo aos textos bíblicos".[21]

Vejamos, por exemplo, Margery Kempe. Com a ajuda de Lynneth Miller Renberg, contei cerca de cinquenta referências bíblicas, diretas e indiretas, em *The Book of Margery Kempe*. A história de vida dela no século XV transborda com a Sagrada Escritura em inglês. Desde o relato da visita de Maria à sua prima Isabel no Evangelho de Lucas (Capítulo 6, Livro 1 do livro de Margery) ao seu clamor de que ama a Deus com todo o seu coração e com todas as suas forças (Capítulo 13, Livro 1; ecoando Deuteronômio 6:5; Mateus 22:37; Marcos 12:30–33; Lucas 10:27) à sua reflexão sobre o encontro entre Jesus e a mulher acusada de adultério em João 8 (Capítulo 27, Livro 1), Margery Kempe conhecia a Bíblia dela. Sua vida testemunha que ela, uma mulher do século XV, teve acesso aos "Livros Sagrados" (como o povo medieval descrevia a Bíblia). Em vez de carregar uma Bíblia nas mãos, ela carregava um texto bíblico gravado em seu coração e falado por meio de suas palavras. Em vez de aprender a Sagrada Escritura lendo-a durante seu tempo de silêncio diário e memorizando versículos da editora Awana, ela aprendeu indo à igreja: conversando com o clero, ouvindo-os ler textos religiosos, memorizando suas orações e — o mais importante — ouvindo sermões.

As pessoas medievais ouviam sermões. Um crescimento súbito na produção de manuscritos de sermões e mudanças no espaço físico das igrejas testemunham a popularidade da pregação da Baixa Idade Média. A historiadora Larissa Taylor descreve os sermões como o "meio de massa" da Idade Média, e Beverly Kienzle os chama de "gênero literário central" para os cristãos medievais.[22] Margery Kempe descreve como as pessoas corriam para ouvir pregadores populares, e registros de algumas cidades medievais revelam que milhares foram ouvi-los. Multidões como essas eram muitas vezes grandes demais para caber dentro das igrejas locais e, portanto, muito antes do Grande Despertamento e dos avivamentos das tendas batistas, os pregadores medievais já dominavam a arena ao ar livre.[23]

A Sagrada Escritura flui por meio dos sermões medievais, com o texto latino traduzido para que os cristãos comuns entendam a Palavra de Deus. É evidente para nossos propósitos o fato de que esse texto bíblico muitas vezes conter linguagem inclusiva de gênero. Muito antes da TNIV ou da ESV — ou mesmo da Bíblia do Rei Jaime

(King James Version — KJV), os sacerdotes da Inglaterra medieval já estavam apagando "os detalhes masculinos" da Sagrada Escritura enquanto pregavam para os homens e mulheres que lotavam as naves de suas igrejas.[24]

Linguagem inclusiva de gênero antes da TNIV

Na Vulgata Latina (tradução de Jerônimo do século IV e Bíblia primária usada em todo o mundo medieval), Gênesis 1:27 diz: *"Et creavit Deus hominem ad imaginem suam ad imaginem Dei creavit illum masculum et feminam creavit eos"*. Ou, como a Bíblia de Wycliffe (uma tradução inglesa diretamente da Vulgata) diz: "E Deus fez do nada um homem à sua imagem e semelhança; Deus fez do nada um homem à imagem de Deus; sim, Deus os fez do nada, homem e mulher". Ou como a versão KJV traduz: "Assim Deus criou o homem a sua própria imagem, à imagem de Deus o criou; macho e fêmea ele os criou". Ou, como a NIV moderna traduz: "Criou Deus o homem à sua imagem, à imagem de Deus o criou; homem e mulher os criou".

Em 2012, Vern S. Poythress, do Westminster Theological Seminary, expressou grande preocupação com o fato de a TNIV ter alterado Gênesis 1:27.[25] Em vez de seguir a tradução da NIV, "Deus criou a humanidade à sua própria imagem", a TNIV traduziu "humanidade" como "seres humanos". Como Poythress escreveu: "A mudança para um plural obscurece a unidade da raça humana". Para Poythress, "seres humanos" não era uma substituição aceitável para "humanidade".[26]

Só que na verdade é. A palavra hebraica *'adam* é uma palavra inclusiva de gênero para "humano". De fato, o texto de Gênesis 1:27 explica isso para nós: Deus criou os *humanos* à sua imagem, tanto homens como mulheres. A Vulgata capta a inclusão de gênero da palavra hebraica, traduzindo-a com uma palavra latina inclusiva de gênero: *homo* ou *hominem*. Embora a palavra *homo* possa se aplicar a um único homem, não é um termo específico de gênero. Em vez disso, *vir* é a palavra usada exclusivamente para "homem". A palavra *homo*, ao contrário, se aplica à humanidade. Assim, a Vulgata traduz a palavra hebraica *'adam* (humano) como *hominem* (humano).[27]

Muitos sermões ingleses da Baixa Idade Média fazem o mesmo. O autor do século XV de uma coleção de sermões encontrados nos arquivos da Catedral de Salisbury inclui uma tradução inglesa mais sucinta de Gênesis 1:27. Em uma passagem comparando como o rosto de uma pessoa reflete o sol brilhante da manhã com como uma alma limpa reflete a semelhança de Deus, o autor ressalta que a humanidade foi criada para esse propósito: refletir a imagem de Deus. O sermão cita Gênesis 1:27 para enfatizar este ponto: "Porque Deus fez o *homem e a mulher* à sua semelhança".[28]

Para garantir que o público medieval entendesse que todas as pessoas estavam incluídas, o autor do sermão omitiu a tradução da primeira parte do versículo e traduziu apenas as palavras *masculum et feminam*: homem e mulher. Aqueles que ouviram esse sermão não teriam encontrado nenhuma diferença entre o texto lido no sermão, "porque Deus fez o homem e a mulher à sua semelhança", e as palavras da própria Bíblia de Wycliffe, "Deus os fez do nada, homem e mulher". Para as pessoas medievais, Gênesis 1:27 proclamou como cada homem e cada mulher foram feitos à imagem de Deus.

Os sermões em inglês médio traduzem com tanta frequência o texto bíblico de maneiras específicas de gênero que, suspeito, muitas pessoas medievais percebiam a linguagem inclusiva de gênero como lugar-comum na Bíblia. João 6:44 nos dá outro exemplo. O Novo Testamento de Wycliffe traduz assim: "Nenhum homem pode vir a mim, se o pai que me enviou, não o atrair". Mas um sermão do século XV dos arquivos da *Bodleian Library* (Biblioteca Bodleian) em Oxford acrescenta a frase "nem mulher" no versículo — isto é, "nenhum homem *nem mulher* vem a mim, se meu Pai que me enviou, não os atrair".[29] Isso é significativamente mais inclusivo de gênero do que o "nenhum homem pode vir" da KJV e está ainda um passo além das traduções modernas de atenção ao gênero, como a NIV (e curiosamente a ESV também), que tem "ninguém pode vir".

Outro sermão do século XV, de uma coleção dominicana, também inclui as mulheres no texto bíblico. O sermão recita Lucas 14:11: "Porquanto, qualquer homem que a si mesmo se exaltar será humilhado, e aquele que a si mesmo se humilhar será exaltado". O sermão então aborda os "detalhes masculinos" do texto e reescreve o versículo: "Porquanto, qualquer *homem e mulher* que a si mesmo se exaltar será humilhado, e aquele que a si mesmo se humilhar será exaltado".[30] Piper e Grudem acusaram os tradutores da TNIV de "obscurecimento" intencional do texto bíblico para torná-lo mais inclusivo de gênero. Autores de sermões em inglês médio aparentemente pensavam que escrever mulheres no texto bíblico tornava a tradução mais precisa.

Essas mudanças foram feitas em manuscritos da Baixa Idade Média para maior *precisão*. A inclusão de "mulher" e "qualquer homem e mulher" não tinha nada a ver com o politicamente correto ou com uma pauta feminista. Os pregadores estavam preocupados que os ensinamentos da Sagrada Escritura fossem levados a sério por todos os membros da igreja, então eles mudaram e às vezes até "esconderam" os "detalhes masculinos" para o benefício das mulheres. Dessa forma, tanto homens quanto mulheres poderiam ouvir melhor a Palavra de Deus. E as mulheres medievais ouviram a Sagrada Escritura falar diretamente com elas.

Sem dúvida, nem todos os pregadores fizeram isso, mas fizeram o suficiente para que seja fácil encontrar exemplos. Descobri a versão de Gênesis 1:27 durante uma aula improvisada com uma de minhas alunas de pós-graduação. Eu havia comprado uma cópia digital do manuscrito da Catedral de Salisbury e estava dando uma olhada nele pela primeira vez. Peguei o sermão em questão como um exemplo para mostrar a ela como era um sermão medieval, bem como para mostrar a ela como entender a paginação medieval. Quase imediatamente me concentrei na versão com inclusão de gênero de Gênesis 1:27.

Por um lado, esse é apenas mais um exemplo de como os sermões do inglês médio traduziram o texto bíblico de maneiras inclusivas de gênero. Por outro lado, é um exemplo impressionante de quão moderno é o conceito de feminilidade bíblica. O mundo medieval estava longe de promover a igualdade para as mulheres na vida cotidiana. No entanto, o clero medieval inglês, encarregado de comunicar a Bíblia aos cristãos comuns, parecia mais preocupado em incluir as mulheres no texto bíblico do que em enfatizar a autoridade masculina.

Os evangélicos modernos denunciam a linguagem inclusiva de gênero como um produto perigoso do feminismo.

O clero medieval usava uma linguagem inclusiva de gênero para cuidar melhor de seus paroquianos.

Deixando as mulheres de fora

Então o que aconteceu? Por que as versões inclusivas de gênero usadas por alguns clérigos medievais não continuaram em traduções de texto completo da própria Bíblia?

A resposta é fácil: porque o mundo que produziu a Bíblia em inglês não era o mesmo que produziu sermões em inglês médio. A Bíblia em inglês é um artefato histórico tanto quanto é a Palavra de Deus. Conta a história atemporal e divinamente inspirada do plano de Deus para resgatar a humanidade, conta essa história *por meio* das mãos de tradutores humanos. Grudem pode reclamar que a TNIV se refere à cultura não cristã (feminismo), mas a ESV também se refere à cultura não cristã (patriarcado). As pessoas são produtos do mundo em que vivem e os tradutores não são exceção. O que qualquer tradutor ou intérprete traz para a Bíblia influencia a forma como a entendemos.

Como historiadora que estuda a transmissão de manuscritos, o milagre da Bíblia é a consistência de sua mensagem (e de seu texto) ao longo da história. Mesmo Bart D. Ehrman, um agnóstico e crítico sério do Novo Testamento, reconhece que a maioria das variações textuais nos primeiros manuscritos cristãos do Novo Testamento "não têm nada a ver com teologia ou ideologia". Como ele explica: "De longe, a maioria das mudanças é resultado de erros, lapsos puros e simples da caneta, omissões acidentais, adições inadvertidas, palavras com erros ortográficos, erros de um tipo ou de outro".[31] Sempre me surpreende o quão *pouco* tradutores humanos afetaram a história da salvação de Deus, apesar de séculos de nós mexendo com ela. Por mais que eu discorde de Ehrman em outros pontos, concordo com sua avaliação das mudanças textuais. Quando as palavras são alteradas no texto bíblico, seja por acidente ou por decisões de tradução, isso muda a forma como entendemos o texto. Mesmo que essas mudanças não afetem a grande história do cristianismo (como Ehrman afirma), afetam pequenas histórias — Júnia passa de apóstola proeminente na igreja primitiva para uma simples mulher notável.

A Bíblia inglesa moderna foi traduzida em um contexto que política, legal, econômica e socialmente escondia as mulheres por trás das identidades de seus maridos e pais. O mundo da Inglaterra moderna tratava as mulheres como dependentes dos homens e essa atitude cultural foi traduzida para a Bíblia em inglês.

Vou exemplificar o que quero dizer.

As traduções da Bíblia em inglês se multiplicaram durante os séculos XVI e XVII — das versões de Tyndale e Coverdale à Grande Bíblia de 1539, à Bíblia de Genebra (completa em 1560), à Bíblia dos Bispos de 1568 e à KJV de 1611. A mais influente delas foram a Bíblia de Genebra (que tem três edições principais) e a KJV.

A KJV, de fato, foi uma resposta direta à Bíblia de Genebra — mais ou menos como a ESV foi uma resposta direta à TNIV. Em 1604, o Rei Jaime, o sucessor do trono de Elizabeth I, declarou que era hora de uma nova versão autorizada da Bíblia em inglês. Ele estava irritado com a Bíblia de Genebra, que era então a tradução mais popular na Inglaterra elisabetana. Tradutores puritanos radicais como João Calvino e John Knox influenciaram as notas de estudo da Bíblia de Genebra com suas visões mais extremas, especialmente no que diz respeito à natureza da igreja e ao papel do governo. Por exemplo, a terceira e mais extrema edição da Bíblia de Genebra (1608) contém uma nota explicativa para Romanos 13:5. Esse versículo exorta os cristãos a se sujeitarem à autoridade por causa da consciência. As notas de estudo observam, no entanto, que isso é verdade desde que as autoridades sejam legais, caso contrário, "devemos responder como Pedro nos ensina: É melhor obedecer a Deus do que aos homens".[32] Assim como a Bíblia de Estudo Scofield do século XX normalizou uma teoria obscura sobre o fim dos tempos (dispensacionalismo), a Bíblia de Genebra normalizou os dissidentes que criticavam a autoridade real e a teologia anglicana.

E o Rei Jaime estava cansado disso, mesmo antes da edição extrema de 1608.[33]

Ele disse que a Bíblia de Genebra era "parcial, falsa, revoltosa e favorecia demais conceitos perigosos e traidores".[34] Assim, ele encarregou 154 homens instruídos de toda a Inglaterra para criar uma nova tradução. As regras eram simples: criar uma tradução precisa em inglês usando uma linguagem acessível a pessoas comuns e sem notas na margem. A KJV nasceu. Não só superou a Bíblia de Genebra em popularidade, mas também se tornou a tradução mais popular de todos os tempos.

À medida que a popularidade da Bíblia de Genebra e da KJV aumentava, os ingleses modernos absorveram a linguagem dela na vida cotidiana, falando e escrevendo em frases da Sagrada Escritura.[35] De *"fly in the ointment"* (mosca no unguento) e *"the salt of the Earth"* (o sal da terra) a *"Land of Nod"* (Terra de Node) até mesmo *"giving up the ghost"* (uma expressão em língua inglesa que significa algo parecido com "expirou e morreu"), a KJV ajudou a criar a linguagem usada pelas pessoas modernas (e até mesmo contemporâneas). Como observa o linguista David Crystal, a KJV popularizou pelo menos 257 frases ainda em uso hoje em dia.[36] A maneira como a Bíblia em inglês foi traduzida na Inglaterra moderna mudou o idioma inglês para nós hoje.

E isso repercutiu nas mulheres. Um objetivo dos tradutores da KJV era usar a linguagem cotidiana para tornar a Bíblia mais legível. Qualquer um que tenha lido Shakespeare sabe que o inglês cotidiano na Inglaterra moderna transbordava de linguagem genérica masculina. Hilda Smith chama isso de "falsa linguagem universal". O inglês moderno *pretendia incluir as mulheres* por meio de palavras genéricas masculinas (como o universal "homem"), mas *excluía as mulheres* por meio de exemplos de gênero, metáforas e experiências de maneiras masculinas. Dorothy L. Sayers explica assim: "*Vir* é masculino e *Femina* é feminino; mas o *Homo* é masculino e feminino". O problema é que "Homem é sempre tratado como *Homo* e *Vir*, mas a mulher apenas como *Femina*".[37]

Essa é uma falsa linguagem universal. Ela finge incluir mulheres, mas na verdade não as inclui.[38] Palavras para homens eram usadas de forma intercambiável em referência a reis, políticos, pregadores, chefes de família, filósofos e até mesmo para representar toda a "humanidade", enquanto palavras específicas para mulheres eram usadas exclusivamente para as mulheres, principalmente no âmbito doméstico. "Homem" no inglês moderno poderia representar a humanidade, mas os humanos descritos eram cidadãos políticos, tomadores de decisão, líderes, chefes de família, teólogos, pregadores, donos de fábricas, membros do Parlamento e assim por diante. Em outras palavras, "homem" poderia incluir homens e mulheres, mas não na maioria das vezes. Na maioria das vezes, incluía apenas homens.

Vou dar um exemplo do falso universal em ação. O pregador do século XVII William Gouge aborreceu os membros femininos de sua igreja com sua nova série de sermões "Deveres Domésticos". Elas ficaram especialmente chateadas por ele acusar as mulheres de roubar dinheiro de seus maridos quando doaram para caridade sem pedir permissão primeiro, então Gouge esclareceu para elas o que queria dizer. Gouge também achou importante esclarecer por que excluía as mulheres em algumas de suas falas. Em uma seção dirigida aos senhores e senhoras de uma casa, ele se referia apenas aos senhores. "De acordo com a frase da Sagrada Escritura, compreendi Senhoras (*Mistresses*) como Mestres (*Masters*)", escreveu ele.[39] Gouge santificou sua falsa linguagem universal citando Efésios 6. Ele afirmou que a linguagem masculina "mestres" se referia às mulheres. Mas para Gouge, não havia problema em usar uma linguagem que excluísse as mulheres porque os tradutores da Bíblia também faziam isso.[40]

Esse é um exemplo relativamente inofensivo. Pode ter incomodado as mulheres da congregação de Gouge, mas as ramificações foram pequenas. Vou dar um exemplo mais significativo de como a falsa linguagem universal da Inglaterra moderna continua a influenciar as traduções da Bíblia em inglês hoje em dia.

Alguns meses atrás, assisti novamente ao documentário *Battle for the Minds*, de Steve Lipscomb, que é sobre a guinada conservadora da SBC. Fiquei impressionada com a forma como os líderes da SBC insistiram em 1 Timóteo 3:2, que os superintendentes deveriam ser marido de uma esposa. Eles usaram isso como prova de que os pastores seniores tinham que ser homens. No entanto, Lucy Peppiatt nos mostra como 1 Timóteo 3, o capítulo citado com tanta frequência pelos líderes masculinos do ressurgimento conservador como articulando por que apenas homens podem pregar, foi moldado por traduções em inglês para parecer mais masculino do que realmente é.⁴¹ Primeiro Timóteo 3:1–13 faz referência a homens em papéis de liderança (superintendente/bispo e diácono). Mas isso é por causa de como nossas Bíblias em inglês traduzem o texto? Enquanto o texto grego usa as palavras *quem* e *qualquer um*, com a única referência específica ao homem aparecendo no versículo 12 (uma tradução literal grega da frase é "uma mulher homem", referindo-se ao estado civil de casado dos diáconos), as Bíblias modernas em inglês introduziram de oito a dez pronomes masculinos dentro dos versículos. Nenhum desses pronomes masculinos em nossas Bíblias em inglês está no texto grego. Peppiatt conclui que o problema com a liderança feminina não é realmente o texto bíblico, é a "narrativa implacável e dominante do preconceito masculino" nas traduções.⁴²

A KJV pode ter sido livre das notas de estudo que Rei Jaime desprezava, mas isso não a tornava mais livre de influências culturais do que a Bíblia de Genebra. Como Rodney Stark nos lembra, a principal razão pela qual esquecemos que as mulheres serviam como diaconisas na igreja primitiva é que "os tradutores da King James Version escolheram se referir a Febe apenas como uma 'serva' da igreja, não como uma diaconisa e transferir as palavras de Paulo em 1 Timóteo em um comentário dirigido às *esposas* dos diáconos".⁴³ O contexto no qual todas as Bíblias modernas inglesas surgiram defendia uma linguagem que excluía as mulheres. A ênfase na linguagem masculina continuou ao longo das Bíblias em inglês até a tentativa da Zondervan de restaurar a linguagem inclusiva de gênero no texto. A partir dessa perspectiva, a linguagem inclusiva de gênero não está distorcendo a

Sagrada Escritura. A linguagem inclusiva de gênero está *restaurando* a Sagrada Escritura da influência de determinadas traduções da Bíblia em inglês.

Traduzindo o casamento na Bíblia

Deixar as mulheres de fora do texto bíblico não foi a única maneira pela qual as traduções da Bíblia em inglês afetaram as mulheres. Eles também afetaram as mulheres mudando a forma como entendemos o casamento.

A cultura que criou a KJV defendeu o casamento como o estado ideal decretado por Deus. A casa sagrada (de cabeça masculina) formava o centro da sociedade inglesa, desde a casa do comerciante urbano até as propriedades senhoriais dos membros do Parlamento. Os códigos de lei favoreciam maridos e herdeiros do sexo masculino, excluindo as mulheres da herança, reduzindo as mulheres casadas ao status legal de crianças e elevando o casamento como chave para garantir a posição social e a autoridade masculina.

No entanto, os estudiosos bíblicos modernos descobriram que o casamento estava curiosamente ausente do Velho Testamento (a Bíblia hebraica), especialmente para uma instituição que se pensava ser defendida por Deus. A historiadora Naomi Tadmor explica que a palavra primária para *mulher* no Velho Testamento era complexa, aplicando-se tanto a uma mulher adulta quanto a uma mulher "pertencente" a um homem — como esposa, concubina, esposa dentro de um relacionamento poligâmico e até mesmo escrava. Embora certamente cientes dessas complexidades, os tradutores da Bíblia em inglês simplificaram as coisas reduzindo a palavra hebraica a duas palavras em inglês: mulher (usada 259 vezes na KJV) e esposa (usada 312 vezes na KJV). Assim, Rebeca tornou-se a "esposa" de Isaque, e as filhas de Labão, Raquel e Lia, tornaram-se as "esposas" de Jacó. Mesmo a mulher estuprada em Deuteronômio 21 tornou-se uma "esposa".[44] Tadmor escreve: "O universo social poligâmico da Bíblia hebraica foi traduzido em termos de um discurso conjugal inglês monogâmico".[45] As mulheres se tornaram esposas na Bíblia inglesa moderna, espelhando os arranjos conjugais na sociedade inglesa moderna.

O que isso significa?

Significa que as primeiras traduções da Bíblia em inglês não refletiam com precisão as palavras ou o relacionamento hebraico, mas refletiam as sensibilidades do inglês moderno. As mulheres se tornaram "esposas" nas traduções da Bíblia em inglês mesmo quando não seriam consideradas esposas no mundo bíblico. A palavra *casamento* nunca aparece no texto hebraico. Mas aparece cinquenta vezes na Bíblia de Genebra e dezenove vezes na KJV.[46] De acordo com Tadmor, Gênesis 2:22–24 apresenta talvez o exemplo mais impressionante de como a Bíblia inglesa traduziu a cultura hebraica por meio de um olhar contemporâneo. Como a KJV traduz os versículos: "E a costela que o Senhor Deus tomou do homem formou uma mulher e a trouxe ao homem. E Adão disse: Esta é agora osso dos meus ossos e carne da minha carne; ela será chamada *Mulher* porque do Homem foi tomada. Portanto deixará o homem a seu pai e a sua mãe e apegar-se-á à sua mulher e serão ambos uma só carne".

A palavra traduzida como "esposa" no versículo 24 é a mesma palavra traduzida como "mulher" nos versículos 22 e 23. A razão pela qual a palavra é traduzida como "esposa" no versículo 24, argumenta Tadmor, é enfatizar o "status dentro de uma estrutura social de casamento"[47] da mulher. A KJV de 1611 até posiciona esses versículos abaixo do subtítulo "Instituição do Casamento". A Bíblia em inglês deixa claro que Gênesis 2:22-24 santifica o casamento. No entanto, nem a palavra *casamento* nem a palavra *esposa* aparecem no texto hebraico. A KJV não foi a primeira tradução a inferir casamento dos versículos 22–24, mas a normalidade dessas palavras para os leitores modernos fez o casamento no mundo do Velho Testamento parecer muito semelhante ao casamento na Inglaterra do século XVII.

A Bíblia inglesa traduziu mais do que o texto hebraico, também traduziu as primeiras ideias modernas inglesas sobre casamento em texto bíblico, bem como uma "linguagem falsamente universal" que excluía as mulheres. Os tradutores das Bíblias modernas inglesas acrescentaram, assim, mais uma camada à crescente ideia de feminilidade bíblica. Porque as mulheres foram escritas fora da Bíblia inglesa primitiva, os evangélicos modernos têm escrito mais facilmente mulheres fora da liderança da igreja.

6. santificação da subordinação

"COMO ASSIM, DRA. BARR?"
Eu estava sentada em uma sala de seminário cheia de estudantes de doutorado. A maioria deles estava se formando como historiadores estadunidenses, mas estavam participando do meu curso Mulheres e Religião no Mundo do Atlântico Norte, 1300–1700. Foi no início do semestre, apenas a primeira ou segunda semana. Estávamos discutindo as percepções medievais das mulheres. Eu tinha acabado de fazer uma referência passageira a um sermão medieval sobre uma mulher que assassinou seu cunhado porque não conseguia controlar desejos sexuais dela (continuo dizendo que a história medieval está longe de ser chata).

A história é assim: o sexo era considerado impuro, então os cristãos medievais eram encorajados a se abster de sexo durante os dias santos (que eram muitos no calendário medieval). Uma mulher queria fazer sexo com o marido na manhã de Páscoa. Ele disse não. Ela estava tão dominada pelo desejo que tentou seduzir seu cunhado, que também a negou. Louca de luxúria, ela pegou uma espada e cortou a cabeça dele. Quando o marido a encontrou, de pé com a espada pingando de sangue, ela declarou: "Eis que tudo isso que fiz, você me obrigou a fazer!".[1]

E, de acordo com o sermão medieval, ela estava certa.

A moral da história era, sim, você deve se abster de sexo durante os dias santos. No entanto, as pessoas casadas também eram obrigadas a pagar a dívida do casamento (sexo) e o marido não deveria ter rejeitado a esposa. A dívida conjugal superava os regulamentos de pureza. Por causa da fraqueza natural do corpo feminino, as mulheres medievais eram consideradas mais propensas ao pecado, o pecado sexual em especial. A tentação na tradição medieval era mais provável que fosse uma mulher ou um demônio do que um homem. Era, portanto, mais importante para o marido atender às necessidades de sua esposa do que obedecer às proibições de sexo durante os dias santos.[2] Nesse caso, se o marido tivesse feito isso, teria evitado o assassinato de seu irmão.

Os alunos ficaram confusos, pois essa mulher era o oposto do que eles sabiam sobre as mulheres da história americana. Veja, na era moderna (pelo menos na história europeia e americana), a percepção das mulheres como sexualmente mais lascivas do que os homens mudou. Agora eram os homens que eram vistos como menos capazes de controlar seus desejos. As mulheres tinham que ser protegidas dos predadores e tinham que aprender a parar de tentar os apetites sexuais insaciáveis dos homens (como vestir-se mais modestamente). A historiadora Marilyn Westerkamp explica que, no século XIX, "a mulher comum não era mais temida como uma sedutora em potencial, era mais provável que ela fosse seduzida, já que os homens agora eram vistos como os mais propensos a se entregar ao pecado sexual".[3] Em vez disso, a inocência passou a caracterizar as mulheres.

Como historiadora medieval, as mulheres serem retratadas como sedutoras era uma regra tão comum para mim que tinha esquecido o quão estranho seria para os estudantes de história americana. Tinha esquecido o quanto nossa compreensão das mulheres hoje é moldada pelo que aconteceu após a Reforma.

De fato, quando chegamos a isso, a construção da feminilidade bíblica moderna para as mulheres protestantes deve muito mais aos desenvolvimentos após o século XVI do que a todos os séculos anteriores. Como discutimos, durante a era da Reforma, o "padrão ideológico de santidade" mudou. Em vez de as mulheres encontrarem a santidade por meio da virgindade, agora a encontravam no leito conjugal. Os vasos mais sagrados não eram mais os homens e mulheres valentes que se elevavam acima de seu sexo para servir a Deus, a instituição mais sagrada era agora a casa sagrada. Como Westerkamp escreve de maneira poderosa: "No lugar do status espiritual especial concedido a alguns homens e mulheres em virtude de seu celibato e consagração, a ordem para o casamento gratificou todos os homens. Cada um se tornou um patriarca para seguir os passos de Abraão". Quanto às mulheres? "Destinadas a se casar, a trabalhar na casa e a se sujeitar ao controle de seus maridos."[4]

Eu tinha a atenção dos meus alunos. Enquanto olhava ao redor da sala de aula, percebi que acabara de lhes ensinar algo novo. O patriarcado definiu a vida das mulheres medievais e das mulheres modernas. Entretanto, em algum momento, por meio dessa grande divisão, o patriarcado mudou de forma.

As mulheres medievais aproximavam-se da igualdade com os homens quando estavam mais distantes do estado de casada. As virgens recebiam mais pontos na economia espiritual medieval, seguidas pelas viúvas e, por fim, pelas esposas, que vinham em último lugar. Após a Reforma, a economia espiritual mudou, então as esposas receberam as mais altas honras, seguidas pelas viúvas. Dessa vez, as virgens — agora rebaixadas como solteironas em vez de celebradas como santas — ficaram para trás. Como escreve a historiadora Merry Wiesner-Hanks: "As denominações protestantes — luteranas, anglicanas, calvinistas e, mais tarde, metodistas, batistas e muitas outras — difeririam em muitos pontos de doutrina, mas concordavam que o clero deveria ser casado com chefes de família e que a vida monástica não tinha valor [...]. Assim, não havia vocação religiosa separada aberta às mulheres, que eram estimuladas a expressar sua devoção dentro da família como 'ajudante' de seu marido e guia de seus filhos".[5] As mulheres, em vez de serem encorajadas a abandonar seus corpos femininos como o mais alto chamado espiritual, agora eram estimuladas a abraçar sua distinção feminina como seu melhor serviço a Deus.

À medida que a feminilidade foi redefinida e o papel de esposa e mãe, santificado no mundo pós-Reforma, o mesmo aconteceu com a subordinação das mulheres. Historicamente, as mulheres sempre estiveram subordinadas aos homens, mas agora sua subordinação tornou-se entranhada no coração da fé evangélica. Ser uma mulher cristã era estar sob a autoridade dos homens.

Santificação do recatamento

Era verão no final dos anos 1990. Levamos nosso pequeno grupo de jovens da Carolina do Norte, cinco meninas e quatro meninos, para um acampamento de jovens em um estado vizinho. Estava muito quente. Nossas roupas grudavam em nossos corpos enquanto carregávamos malas e sacos de dormir para nossos beliches. As meninas correram para os chuveiros, tentando se refrescar antes

SANTIFICAÇÃO DA SUBORDINAÇÃO

do jantar e do culto noturno. Trinta minutos depois, estávamos limpos, frescos e alegres, andando pelo acampamento. Uma jovem se aproximou de mim.

"Você é a líder dessas garotas?", perguntou. "Eles precisam trocar de roupa."

Eu parei e me virei para olhar para ela.

"As alças de suas regatas são muito finas. As alças de sutiã vão aparecer. Precisamos que sejam cobertas."

Eu estava em meus vinte e poucos anos. Ainda não tinha aprendido a adoçar minhas palavras. "Nós lemos o código de vestimenta. Regatas eram permitidas", respondi.

Ela não ficou feliz comigo, mas nos deixou continuar.

Essa conversa foi o início de uma batalha do recatamento de uma semana com os líderes do acampamento. Após o culto, um dos diretores do acampamento me fez uma visita especial para dizer que as meninas precisavam cumprir o código de vestimenta recentemente alterado. Tops não eram permitidos. Eu o desafiei. Regatas eram permitidas. Nossa juventude tinha trazido tantas coisas para vestir. Eu estava irredutível.

Aparentemente, os líderes do acampamento também estavam irredutíveis. Eles apareceram na minha porta naquela noite com uma caixa de camisetas extragrandes para as meninas usarem. Acho que fiquei de boca aberta. Eu estava realmente irritada. Devolvi a caixa.

Na manhã seguinte, eu e as meninas fomos chamadas para uma reunião especial. Um dos rapazes que trabalhavam no acampamento veio conversar conosco. É muito importante, nos disse, que as belas moças tomem cuidado com seus vestidos. Os meninos têm dificuldade em controlar sua imaginação e quando veem uma alça de sutiã, bem, isso pode levá-los a pecar. O pudor honra a Deus e as meninas não queriam honrar a Deus?

Mais uma vez, recebemos uma caixa de camisetas. Dessa vez, a mensagem foi clara — cubra-se ou pediremos para irem embora.

Nunca mais voltamos a esse acampamento.

No ano seguinte, quando estava estudando para minha prova geral de história das mulheres, descobri que minha batalha do recatamento no acampamento de jovens tinha raízes mais profundas do que eu imaginava. Com certeza, a cultura da pureza ganhou vida própria na década de 1990, levando a anéis de pureza, rituais perturbadores como adolescentes dançando em vestidos de noiva com seus pais e um estranho medo de alças de sutiã visíveis. Mas não foi a primeira vez que os cristãos ficaram obcecados com a pureza sexual das mulheres. Durante o século XIX, uma fixação semelhante com a pureza feminina emergiu — decorrente de uma nova ideologia sobre mulheres, trabalho e vida familiar — que os historiadores chamam de culto da domesticidade.

O culto da domesticidade surgiu como um fenômeno central para a cultura da classe média na Europa Ocidental. Enfatizou a devoção, domesticidade, submissão e pureza como características da mulher cristã ideal. Atravessou as fronteiras nacionais e de classe, afetando mulheres camponesas e rainhas. Desenvolveu-se ao lado de narrativas de imperialismo e opressão racial. A historiadora Lynn Abrams nos diz que "em toda parte uma menina aprendeu a ser uma boa esposa e mãe, uma administradora econômica do lar, uma trabalhadora disposta, uma companheira casta para seu marido e uma mãe zelosa para seus filhos. Uma mulher europeia do século XIX era julgada principalmente por seu papel e comportamento em sua casa".[6] A razão pela qual as adolescentes do nosso grupo de jovens foram forçadas a vestir camisetas largas não foi porque Jesus se importa tanto com alças de sutiã. Foi porque os líderes daquele acampamento confundiram as ideias do século XIX sobre a pureza das mulheres (para não mencionar a culpa masculina) com o que significava ser uma mulher cristã. Os evangélicos conservadores acreditavam que a chave para reduzir a tentação sexual para os homens era enfatizar a pureza para as mulheres. No livro *Fundamentalism and Gender*, Margaret Bendroth cita um sentimento semelhante de uma publicação fundamentalista da década de 1920: "Todo homem tem uma quantidade de dinamite, ou seu equivalente, nele. Os palitos de fósforo, como regra, estiveram nas mãos das mulheres do mundo".[7] Ver as alças do sutiã das adolescentes aparentemente teria acendido o pavio da dinamite dos adolescentes no acampamento.

Os líderes do acampamento de jovens proibiram tops e shorts curtos para ajudar a proteger a pureza sexual. O século XIX, por sua vez, demonizou prostitutas, meninas trabalhadoras e salões de dança, elevando o lar como o espaço mais seguro para mulheres respeitáveis. As adolescentes do meu grupo de jovens receberam camisetas para ensiná-las sobre pudor e lembrá-las de seu dever cristão de proteger os homens da cobiça por seus corpos. As lições de pureza para as mulheres da classe trabalhadora do século XIX eram mais difíceis. As suspeitas de imoralidade sexual, ou mesmo consideradas de alto risco para cometer um ato sexualmente imoral, poderiam ser presas para reabilitação nos asilos de Madalena. Lá, escreve Abrams, "elas eram ensinadas a serem recatadas, silenciosas, trabalhadoras e subservientes por meio de doutrinação religiosa e treinamento em deveres domésticos". Lavar roupas tornou-se a ocupação favorita ensinada a essas mulheres — "além de oferecer treinamento para o serviço doméstico, simbolizava a limpeza da vergonha das meninas e da sujeira do ambiente urbano, e era um poderoso lembrete de que as meninas caíram em desgraça".[8] Assim, a cultura da pureza envergonhou as mulheres no século XIX como continua a envergonhar as mulheres hoje em dia.

Entender que as obsessões pela pureza não eram novidade na história cristã não diminuiu minha frustração com o acampamento de jovens. Mas me ajudou a ver como o apelo de Paulo para os cristãos lutarem pela moralidade sexual se confundiu com as mudanças históricas causadas pela Revolução Industrial, bem como com as antigas preocupações patriarcais sobre o controle do corpo feminino. Assim como aconteceu com *O código Da Vinci*, de Dan Brown (quando muitos cristãos se deixaram enganar por um pouco de verdade histórica misturada com uma história de ficção repleta de ação), os cristãos mais uma vez se deixaram enganar por um pouco de verdade bíblica misturada com muito esforço humano despejado para manter o equilíbrio patriarcal da história.

Ao pensar em minha batalha do recatamento com aqueles líderes de acampamento zelosos em excesso, não posso deixar de me perguntar o que Jesus pensava sobre a situação. Em vez de condenar seus discípulos quando violaram uma lei bastante rígida em Mateus 12, arrancando espigas no sábado porque estavam com fome, Jesus os defendeu dos fariseus. Em vez de condenar a mulher sangrando em Lucas 8, que estendeu a mão e o tocou para cura sem sua permissão, Jesus disse a ela para ir em paz — a fé dela a curou. Este Jesus — que deixou Maria aprender a seus pés como um discípulo, que repreendeu os discípulos por perderem o ponto de sua mensagem repetidamente enquanto reconhecia novamente a forte fé das mulheres — teria se juntado aos líderes do acampamento para envergonhar as adolescentes por uma alça de sutiã escorregadia?

Mais uma vez, o mundo em que vivemos oprime as mulheres, lutando para controlar seus corpos de sua desonra "natural".

Mais uma vez, o Deus a quem servimos sempre fez o oposto. Jesus sempre libertou as mulheres.

Santificação da domesticidade

"Claro!", digitei em resposta. O e-mail era um pedido para que eu desse um workshop de orientação no próximo retiro de mulheres. Fazia tempo que não ia a um retiro feminino, entretanto o comitê do retiro mudou o formato. Em vez de contar com palestrantes externas, agora elas estavam realizando workshops facilitados por pessoas de nossa comunidade. Eu estava animada para falar sobre a importância da orientação e talvez encorajar mais algumas voluntárias a ajudar a orientar adolescentes.

Então vi a programação.

O workshop de orientação foi agendado no mesmo horário que um workshop de biscoitos natalinos. A orientação definitivamente perderia para os biscoitos.

Não fiquei chateada, apenas resignada. Algumas mulheres compareceram à sessão de orientação, mas assar biscoitos se mostrou muito mais popular. Uma mulher pediu desculpas por não ter ido. Sua explicação reforçou o que eu temia sobre as prioridades de muitas mulheres em meu mundo evangélico. Ela me disse que orientar outras mulheres era importante (Tito 2, certo?), mas não via isso como prioridade. Seu primeiro trabalho foi orientar seus filhos, não pessoas de fora de sua família. Sua família vinha em primeiro lugar, e fazer biscoitos era uma ótima maneira de se envolver com os filhos. Além disso, este era um retiro, e assar biscoitos com outras mulheres era divertido.

"Sem problemas", eu disse a ela. "Também gosto de biscoitos."

Eu realmente gosto de biscoitos. Também gosto de cozinhar. Os adolescentes que tenho alimentado há anos, meus próprios filhos, meus alunos a cada semestre e os estudantes universitários com quem agora moro como professora residente podem atestar. Cozinhar está no topo da minha lista de coisas agradáveis. Não vejo conflito entre minha identidade feminista e minhas habilidades culinárias. Não tenho problema com mulheres ou homens se orgulhando de proezas domésticas.

O que eu tenho um problema é como continuamos a ensinar o culto da domesticidade para as mulheres cristãs modernas. Paulo nos lembra sobre o significado do pecado sexual para os cristãos, pois nossos corpos são o templo de Deus, mas Paulo não diz nada sobre cozinhar ou limpar como algo único para as mulheres. Adoramos apresentar Marta e a mulher de Provérbios 31 como exemplos do valor espiritual do trabalho doméstico. No entanto, historicamente, essas são comparações ruins. Embora a domesticidade sempre tenha sido importante para as mulheres ao longo da história da igreja — como as mulheres medievais que assavam o pão da Eucaristia e lavavam as toalhas do altar — não foi até o mundo moderno que a domesticidade se tornou ligada ao chamado espiritual das mulheres. Em vez de ser apenas algo que as mulheres costumavam fazer, as proezas domésticas no lar (centradas na família) agora se tornaram algo que as boas mulheres cristãs *deveriam* fazer porque é para isso que fomos projetadas. É nosso chamado principal neste mundo.

Para as mulheres evangélicas, a domesticidade é santificada.

Para explicar como isso aconteceu — como a domesticidade se incorporou na identidade das mulheres cristãs — temos que voltar alguns séculos até o pós-Reforma. A Reforma, se você se lembra, elevou o status de esposas e mães, imbuindo-as de dignidade espiritual e até mesmo alguma autoridade. O avanço da ciência médica, combinado com a crença de que os corpos físicos das mulheres são feitos à imagem de Deus, finalmente empurrou as mulheres para além de Aristóteles. As mulheres não eram mais consideradas homens deformados, agora elas foram criadas exclusivamente por Deus para complementar os homens. Como a historiadora Catherine Brekus escreve: "Em vez de ver as mulheres como versões inferiores dos homens — homens incompletos cujos órgãos sexuais foram virados do avesso — clérigos e cientistas retrataram os sexos como essencialmente diferentes em biologia e temperamento".[9] É praticamente o começo de *Os homens são de Marte, as mulheres são de Vênus*. As mulheres e os homens não são apenas diferentes, são *muito* diferentes.

Mas, ei, lembro aos meus alunos, pelo menos as mulheres não são mais monstruosas e deformadas, certo?

Por "diferente" dos homens, no entanto, os pensadores modernos queriam dizer muito mais do que órgãos sexuais. No capítulo "Aprendendo a ser mulher", Lynn Abrams fornece vários exemplos de fontes contemporâneas do que "diferente" agora significava para as mulheres. Por exemplo, Visconde de Bonald, um escritor político na França, escreveu em seu tratado sobre educação de 1802 que "as mulheres pertencem à família e não à sociedade política, e a natureza as criou para cuidados domésticos e não para funções públicas". Dessa maneira, continuou, "tudo na instrução [das meninas] deve ser direcionado para a utilidade doméstica, assim como tudo na educação dos meninos deve ser direcionado para a utilidade pública". Sempre faço uma pausa em sua próxima declaração ao dar aula, pois provoca um grande burburinho entre os alunos: "É uma educação falsa", escreveu Bonald, "que dá às inclinações uma direção contrária à natureza, *que faz os sexos quererem trocar de ocupações assim como trocam de roupa*".[10] A ciência declarou as mulheres tão diferentes dos homens que as diferenças afetaram todos os aspectos de suas vidas, incluindo educação e ocupação.

Isso não soa exatamente como o que muitas mulheres evangélicas ouvem hoje? Que as mulheres são projetadas para ficar em casa, com trabalho remunerado fora de casa sendo temporário — isto é, apenas quando necessário?

Abrams apresenta um exemplo de um pregador irlandês em 1856. O reverendo John Gregg pregou que as mulheres são projetadas para serem diferentes dos homens, o que inclui ocupações. Os homens trabalham fora de casa nos "grandes e pesados negócios da vida"; as mulheres trabalham dentro de casa porque não estão "preparadas" para o trabalho dos homens. Como ele disse:

> Temos características peculiares a nós como homens e também temos nossas capacidades e responsabilidades peculiares. O *grande* e *pesado* negócio da vida recai sobre

os homens [...], mas uma parte muito importante dos deveres da vida, especialmente da vida privada, recai sobre as mulheres. Deus adaptou nosso sexo aos deveres peculiares para os quais somos especialmente chamados e para os quais vocês não estão tão bem equipadas [...]. A sociedade se sai melhor quando cada sexo cumpre os deveres para os quais foi especialmente ordenado.[11]

Ser diferente para as mulheres significava ser ordenada para a esfera privada — a vida familiar. Significava ficar de fora da liderança e dos papéis econômicos e políticos. Significava literalmente fazer o que John MacArthur disse a Beth Moore para fazer: "Vá para casa".[12]

As raízes históricas da subordinação santificada

De onde vieram essas ideias?

Primeiro, elas vieram do Iluminismo. Os historiadores Katherine French e Allyson Poska apresentam uma excelente visão geral em *Women and Gender in the Western Past*. Eles chamam a atenção para como o Iluminismo, assim como a Reforma, poderia ter criado maior igualdade para as mulheres, pois elas não eram mais consideradas homens deformados, mas, sim, humanas e, assim como os homens, capazes de pensamento racional. Infelizmente, essas "visões radicais da igualdade humana" foram temperadas pela emergente teoria da complementaridade.[13] O patriarcado, em outras palavras, mudou de forma novamente. Uma nova teoria surgiu para manter as mulheres sob o poder dos homens. Não é interessante que isso seja chamado de complementaridade? French e Poska explicam: "A complementaridade forneceu a base para a ideia de que as mulheres foram construídas para a domesticidade e a criação dos filhos e os homens foram construídos para o governo, a racionalidade e os deveres públicos. Essa compreensão das diferenças sexuais justificava as diferentes educações e direitos políticos que homens e mulheres recebiam".[14] Talvez o mais famoso proponente da complementaridade tenha sido o filósofo Jean-Jacques Rousseau. Em seu famoso texto *Emílio*, ele expôs sua filosofia de educação para as mulheres, argumentando que "a busca de verdades abstratas e especulativas, de princípios e doutrinas na ciência, por tudo que tende à ampla generalização, está além do alcance de uma mulher; seus estudos devem ser completamente práticos".[15] As mulheres, de acordo com Rousseau, simplesmente não são tão inteligentes quanto os homens e, portanto, não devem se preocupar com aprendizado mais avançado. Elas são mais adequadas para o trabalho doméstico.

Em segundo lugar, a ciência moderna reforçou a ideia de que as mulheres são tão diferentes dos homens que são predestinadas à domesticidade. Os exames físicos das mulheres sugeriram que eram menores e mais fracas que os homens, inclusive tendo cabeças menores, o que naquela época significava cérebros menores e mais fracos. As mulheres eram consideradas biologicamente mais parecidas com as crianças do que com os homens, possivelmente porque as mulheres eram menos evoluídas do que eles. Em seu *A descendência do homem*, de 1871, Charles Darwin explicou que os traços evolutivos desejáveis eram "transmitidos mais plenamente ao macho do que à prole feminina [...]. Assim, o homem acabou se tornando superior à mulher".[16] Sem mencionar que, neste admirável novo mundo científico, porque os corpos das mulheres são projetados para o parto e a maternidade, o parto e a maternidade devem ser a principal ocupação das mulheres.

Por fim, devemos entender os efeitos da Revolução Industrial. As crenças iluministas sobre as diferenças físicas das mulheres andavam de mãos dadas com um mundo mudado por máquinas. Os séculos XVIII e XIX viram a transformação do trabalho no Ocidente. Máquinas e fábricas aceleraram tudo, desde a criação de mercadorias até a produção de alimentos. A inovação tecnológica mudou não apenas o tempo que levava para concluir o trabalho (as coisas eram feitas muito mais rápido), mas também o espaço em que o trabalho era feito — transferindo-o da esfera doméstica para a esfera pública, separando o espaço doméstico do espaço de trabalho.

O impacto sobre as mulheres foi significativo.

Por um lado, a Revolução Industrial proporcionou às mulheres mais opções de trabalho e permitiu que elas ganhassem uma vida independente. Nas fábricas, muitas vezes trabalhavam juntas em cargos semelhantes, permitindo-lhes formar novas comunidades femininas, como sindicatos. French e Poska observam que, em 1830, "três mil trabalhadoras de uma fábrica de tabaco em Madri se revoltaram por cinco dias contra um corte salarial e más condições de trabalho".[17] Por outro lado, a Revolução Industrial endureceu as restrições de gênero. Embora a Revolução Industrial certamente tenha criado um crescimento repentino de empregos e até precipitou a contratação de altas proporções de mulheres durante os estágios iniciais, não melhorou os salários das mulheres. Na verdade, parecia provocar argumentos de que as mulheres mereciam receber salários mais baixos do que os homens simplesmente *porque* eram mulheres.

Como James Mitchell, um comissário de fábrica britânico, declarou em 1833:

> Algumas pessoas se arrependem muito de ver os salários das mulheres tão baixos [...], mas talvez essas pessoas estejam erradas e a natureza afeta seus próprios propósitos com mais sabedoria e eficácia do que poderia ser feito pelo mais sábio dos homens. O baixo preço do trabalho feminino torna a ocupação mais lucrativa e agradável para uma mulher supervisionar seu próprio estabelecimento doméstico, e seus baixos salários não a tentam a abandonar o cuidado de seus próprios filhos. A natureza, portanto, prevê que seus desígnios não sejam decepcionados.[18]

As mulheres deveriam receber menos, argumentou Mitchell, porque isso as desencorajaria a trabalhar muito fora de casa, que é onde elas pertencem.

Crenças de que as mulheres eram inadequadas para o trabalho nas fábricas por causa de sua fraqueza e que seu trabalho principal deveria ser em casa resultaram em leis aprovadas em toda a Europa que encurtavam as horas de trabalho das mulheres, as obrigavam a tirar licença maternidade não remunerada e até — em alguns lugares — proibiu-as de trabalhar. A ativista francesa Paule Mink defendeu as mulheres, alegando que "ao negar às mulheres o direito de trabalhar, ela é degradada, colocada sob o jugo do homem e a entregue à boa vontade dele. Ao deixar de torná-la trabalhadora, é privada de sua liberdade e, portanto, de sua responsabilidade [...] para que ela não seja mais uma criatura livre e inteligente, mas apenas um reflexo, uma pequena parte de seu marido".[19]

Sempre faço uma pausa neste ponto da minha aula. Mink argumentou que, ao forçar as mulheres a permanecer em casa, ao negar às mulheres o direito de trabalhar se assim o desejassem, as mulheres perderiam não apenas sua liberdade, mas suas identidades.

Santificação do culto da domesticidade

Isso nos traz um círculo completo para o culto da domesticidade.

No início do século XIX, a separação entre o trabalho e o lar, as afirmações científicas sobre a distinção e a fraqueza femininas e os ensinamentos cristãos enfatizando o papel da esposa e a piedade natural das mulheres se fundiram. Nascia o culto da domesticidade. É difícil precisar sua data de nascimento, mas definitivamente surgiu no início do século XIX. Novamente, os quatro principais componentes do culto da domesticidade, articulados pela primeira vez pela historiadora Barbara Welter e resumidos aqui, são os seguintes:

1. *Devoção*: as mulheres são naturalmente mais religiosas do que os homens e mais sintonizadas com assuntos espirituais. Isso significa que elas estão mais bem equipadas do que os homens para orientar a educação espiritual dos filhos. Também significa que a educação das mulheres deve se concentrar no cultivo dessa característica.
2. *Pureza*: as mulheres não são criaturas naturalmente sexuais. Suas mentes e corações são mais puros que os dos homens, e a sexualidade só é importante porque permite que as mulheres sejam mães. As mulheres devem ser cobertas e protegidas do perigo de predadores sexuais.

3. *Submissão*: as mulheres não foram feitas para liderar. Elas não têm a capacidade mental ou o temperamento emocional para liderar nas esferas política ou econômica. Elas anseiam por seguir a liderança de homens fortes.
4. *Domesticidade*: as mulheres não são projetadas para trabalhar fora de casa. A Revolução Industrial moveu o trabalho remunerado para fora do espaço doméstico. As mulheres deveriam ficar em casa e administrar a casa enquanto os homens saíam de casa e ganhavam o pão de cada dia. Também significa que a educação das mulheres deve se concentrar em melhorar as habilidades domésticas (a origem dos cursos de economia doméstica).[20]

Essas características não soam familiares? Não parece que o culto da domesticidade está escrito no cerne do evangelicalismo moderno? Na realidade, a feminilidade bíblica não parece apenas uma versão atualizada do culto da domesticidade? Em vez da feminilidade bíblica decorrer da Bíblia, decorre de uma hierarquia de gênero desenvolvida na esteira da Revolução Industrial para lidar com as mudanças sociais e econômicas causadas pelo trabalho fora de casa. Como French e Poska afirmam de maneira evidente, "a industrialização criou o culto da domesticidade".[21]

Quando ouvi falar pela primeira vez sobre o culto da domesticidade, tudo em que conseguia pensar era em James Dobson. Seu livro *Um amor para toda a vida* deixou uma impressão duradoura em mim. Lembro claramente de ler como as mulheres foram projetadas para serem mais passivas do que os homens, como as mulheres eram fisicamente mais fracas e mais propensas à instabilidade emocional, como as mulheres preferiam a segurança do lar e um marido trabalhador em vez do duro mundo do trabalho dos Estados Unidos corporativo. De repente, sua atitude fez sentido. O que Dobson estava ensinando sobre a natureza das mulheres não era bíblico. Estava enraizado no culto da domesticidade e nas ideias antigas sobre a inferioridade biológica das mulheres. Dobson estava simplesmente pregando o culto da domesticidade do século XIX, com a única diferença de que ele agora o havia santificado.

Quando se trata da resistência evangélica do culto da domesticidade — a ideia de que as mulheres são criadas para o lar enquanto os homens são criados para o trabalho público e a liderança — parece que devo modificar a observação de Judith Bennett. Ela escreve: "O patriarcado pode estar em todos os lugares, mas não é o mesmo em todos os lugares".[22] Isso geralmente é verdade, mas o culto da domesticidade parece ser uma exceção. O patriarcado está em toda parte, e às vezes — como no caso do culto da domesticidade do século XIX ressuscitado como feminilidade bíblica moderna — o patriarcado é o mesmo.

Como as mulheres se adaptaram

Tive o privilégio de ouvir a historiadora Kate Bowler falar duas vezes antes de se tornar um nome familiar. A primeira vez foi em 2015, em uma reunião da American Historical Association. Eu era a próxima presidente do programa da Conference on Faith and History de 2016 e ouvi Bowler apresentar seu então novo livro *Blessed: A History of the American Prosperity Gospel* [Abençoado: Uma história do evangelho americano da prosperidade].

Imediatamente perguntei se ela gostaria de ser uma palestrante do nosso programa de 2016.

Por causa de uma bizarra reviravolta nos acontecimentos durante a conferência — um comício de Donald Trump reunido de repente no campus da faculdade cristã que estava hospedando nosso evento — a segunda vez que ouvi Bowler falar foi ainda mais memorável do que a primeira. Fomos expulsos dos prédios originalmente designados para a conferência, pois estavam muito próximos do comício de Trump, e transferidos para a capela do campus. Isso significa que Bowler fez sua apresentação em pé atrás do púlpito de Pat Robertson na Regent University, em Virginia Beach. Fico feliz em informar que eu também pude falar do mesmo púlpito quando a apresentei para o público. Eu não fui corajosa o suficiente para levantar meus braços no ar, assim como o vitral de Jesus atrás do púlpito, mas Kate Bowler foi.

A segunda razão pela qual a apresentação de Bowler foi memorável foi por causa de seu tópico: como as mulheres evangélicas conservadoras conquistaram autoridade religiosa em tradições que proíbem a liderança feminina. Sua pesquisa foi posteriormente publicada como *The Preacher's Wife: The Precarious Power of Evangelical Women Celebrities* [A esposa do pregador: o poder precário das celebridades evangélicas]. Em uma seção bastante divertida de sua palestra, ela descreveu sua lista de perfis do Twitter de mulheres evangélicas. Palavras como *café, calças de ioga* e *enorme confusão*, escrevi em minhas anotações, eram as favoritas, mas *esposa* e *mãe* eram identidades comuns expressas. Em seu livro, Bowler apresenta os exemplos de Ann Voskamp, "esposa de agricultor: mãe de 7" e Lauren Chandler, "esposa do Matt. mãe de Audrey, Reid + Norah". Ambas enfatizam seu papel como esposa em primeiro lugar e mãe em segundo.[23] Ser esposa e mãe dá credibilidade às mulheres evangélicas. Como Bowler escreve na introdução de *The Preacher's Wife*: "Uma famosa mulher de um mega-ministério [...] conseguiu fama com o papel familiar que ocupou como mãe, irmã, filha ou, na maioria das vezes, esposa de um importante homem devoto [...]. A maioria das mulheres se construiu sobre a base do casamento e da família".[24]

Por causa do trabalho de Bowler, muitas vezes penso em quais seriam os perfis do Twitter para as mulheres medievais que estudo, que pregam e ensinam. Elas seriam bem diferentes das mulheres evangélicas de Bowler, eu acho. O de Margery Kempe definitivamente incluiria a palavra *criatura*. Talvez: "Criatura de Deus, pregoeira profissional, peregrina, virgem secundária, casta". Duvido que Kempe inclua qualquer referência à sua família ou ao seu marido. Juliana de Norwich seria mais fácil de adivinhar: "Freira em clausura, serva de Deus, visionária, conselheira espiritual, vive sozinha". Porém, provavelmente Margarida de Antioquia seria a minha favorita: "Virgem desafiadora, inabalável à tortura, matadora de dragões, evangelista, milagreira, amiga de Deus". Nem o casamento nem a maternidade figurariam de maneira significativa nos perfis do Twitter dessas mulheres medievais, e também não se dariam o trabalho de destacar suas habilidades domésticas.

Nos séculos XVIII e XIX, os perfis de Twitter de mulheres pregadoras seriam muito mais parecidos com os exemplos que Bowler traz. O status como esposa e mãe provavelmente seria expandido para "esposa virtuosa" e "mãe amorosa". Elas provavelmente destacariam suas proezas domésticas como "administradora da casa" ou "leitora da Bíblia da família", e definitivamente fariam referência à sua distinção feminina, descrevendo-se como uma "irmã gentil", "mãe sofredora", "filha profética", "espírito manso", e talvez até como "sexo fraco".

As mulheres se adaptam às regras em constante mudança do patriarcado. O equilíbrio patriarcal perdura, mas é definido pela cultura ao nosso redor. As regras do patriarcado mudam à medida que a história muda (embora a resistência do culto da domesticidade possa ser uma exceção!). Rejeitar a distinção feminina autorizou as vozes das mulheres na Europa medieval, mas não funcionou mais no mundo pós-Reforma. Abraçar a distinção feminina agora se tornou o melhor caminho a seguir para as mulheres chamadas para pregar. "Em vez de justificar o direito das mulheres de pregar com base no fato de que elas transcenderam seu gênero — que elas não eram nem homem nem mulher", escreve a historiadora Catherine Brekus, "emergiu uma nova ideologia da virtude feminina", fundamentando a autoridade das mulheres em sua distinção feminina.[25]

Podemos nos animar.

Apesar das metas sempre em movimento do patriarcado, as mulheres sempre encontraram uma maneira de pregar e ensinar a Palavra de Deus. Em um dos apêndices mais encorajadores de um texto acadêmico que já li, Brekus registra cada mulher que pôde encontrar nos registros que pregaram e exortaram nas igrejas estadunidenses entre 1740 e 1845. Cento e vinte e três nomes. Cento e vinte e três mulheres que sentiram o chamado de Deus em suas vidas e responderam. Cento e vinte e três mulheres de aproximadamente vinte denominações protestantes: Almira Prescott Bullock, que fundou uma nova seita batista com seu marido, Jeremiah, em

1821; Zilpah Elaw, que pregou em uma igreja metodista africana em 1827; Ellen Harmon White, que fundou os Adventistas do Sétimo Dia em 1844. Mulheres brancas e mulheres negras pregaram em todo o cenário do cristianismo americano. Brekus conclui com vigor: "Ao preservar sua fé em um mundo que parecia desprezá-las, confiando na bondade de Deus, elas esperavam inspirar futuras gerações de mulheres evangélicas a reivindicar o púlpito como seu".[26] Como uma mulher batista, eu amo que cerca de trinta das mulheres que pregam no apêndice de Brekus são batistas.

No entanto, também podemos ficar desanimadas com essa informação.

Para que essas mulheres pregassem, elas tinham que se conformar às expectativas. Virando o culto da domesticidade a seu favor, as mulheres alegaram que sua devoção superior e os papéis de educação dados por Deus as capacitavam a pregar: "O trabalho pastoral é adaptado às mulheres, pois é um trabalho maternal", explicou a pregadora metodista Anna Oliver. "Assim como uma mãe prepara sua mesa com alimentos adequados às necessidades individuais de sua família, o pastor alimenta o rebanho".[27] Isso certamente fala da persistência dessas mulheres em cumprir o chamado de Deus. Mas também mostra como as regras mudaram novamente para as mulheres. O chamado de Deus para a vida das mulheres nunca parece justificativa suficiente para as mulheres pregarem; elas têm que justificar seu direito com base em seu contexto histórico do patriarcado. Para as mulheres do século XIX, isso significava usar sua distinção feminina para autorizar sua voz.

O culto da domesticidade se infiltrou nos Estados Unidos a partir de suas raízes britânicas e penetrou no que se tornou a cultura evangélica moderna. Da popularidade de revistas como *Godey's Lady's Book* na década de 1850 (que instruía as mulheres sobre como transformar uma casa em lar) ao livro *A mulher total*, de Marabel Morgan, de 1973 (que argumentava que a chave para um casamento perfeito era uma mulher submeter-se ao marido), à moderna conferência True Woman liderada por Nancy DeMoss Wolgemuth, a mulher evangélica ideal era aquela que protegesse sua pureza sexual, ficasse em casa, nutrisse a espiritualidade de sua família e se submetesse ao marido. O que os evangélicos não conseguiram perceber, explica o historiador Randall Balmer, é que o "conceito tradicional de feminilidade" que acreditamos ser da Bíblia nada mais é do que "uma construção do século XIX".[28]

Tudo o que temos a fazer é ler uma seleção de *Happily Ever After* [Felizes para sempre], um livro de devocionais de casamento de John Piper, Francis Chan e Nancy DeMoss Wolgemuth, entre outros. "Ele se sacrifica, ela se submete. Ele lidera, ela segue. Ele inicia, ela afirma. Ele reflete Jesus, ela reflete Jesus."[29] Para os meus ouvidos treinados em história das mulheres, essas palavras podem ter vindo diretamente dos escritos iluministas de Rousseau: "O homem deve ser forte e ativo; a mulher deve ser fraca e passiva, o primeiro deve ter tanto o poder quanto a vontade, basta que a outro ofereça pouca resistência".[30] As mulheres são as parceiras passivas, submetendo-se, seguindo, afirmando e cedendo à força de seus maridos. A única diferença entre Rousseau e o devocional de casamento *Happily Ever After* é que agora Jesus santifica essas diferenças.

Basta ler qualquer postagem no blog The Transformed Wife para ver que, em alguns lugares, o culto à domesticidade está em alta. Veja, por exemplo, o fluxograma feito por Lori Alexander — a mulher por trás de The Transformed Wife — que compara mães que ficam em casa com mães que trabalham. O gráfico intitulado "As mães deveriam ter carreiras?" viralizou em 2018. É que claro que sua resposta foi não. Na opinião de Alexander, uma mãe que fica em casa tem uma "vida plena" e "seu marido e filhos a chamam de abençoada", enquanto uma mãe que trabalha tem uma vida que está "desmoronando". Quando Alexander trabalhou como professora, ela diz que não "se sentia como [...] uma boa esposa ou mãe"[31] e extrapola sua experiência para afirmar que todas as mulheres se sentem assim — ou deveriam se sentir assim.

Tudo o que temos a fazer é olhar para o estudo de Barna discutido nos Capítulos 1 e 2. Os números da pesquisa mostram como os evangélicos ainda são resistentes à liderança feminina. Como o Barna Group diz sobre os resultados da pesquisa de 2017: "Dentro da Igreja — entre os evangélicos, em especial — o apoio às mulheres na liderança e o reconhecimento dos desafios que as mulheres podem enfrentar estão atrasados de maneira significativa".[32]

A história importa e, para as mulheres evangélicas modernas, a história do século XIX importa muito mais do que deveria.

7. a construção da feminilidade bíblica na verdade do Evangelho

O FILME *Os suspeitos*, de 1995, roteirizado por Christopher McQuarrie, dirigido por Bryan Singer e estrelado por Kevin Spacey (muito antes de o movimento #MeToo revelar acusações de agressão sexual contra ele), é uma história brilhante sobre cinco criminosos que se encontram em uma delegacia de polícia e planejam um assalto juntos. O suspense aumenta à medida que as evidências apontam para um lendário mentor do crime, Keyser Söze. A reviravolta final e surpreendente é digna de um roteiro de M. Night Shyamalan. O personagem de Spacey entrega uma frase que nunca esqueci: "O maior truque já realizado pelo diabo foi convencer o mundo de que ele não existe".

Não esqueci essa fala porque discordo dela. O maior truque já realizado pelo diabo foi convencer os cristãos de que a opressão é divina. Que Deus ordenou que algumas pessoas, somente por causa de seu sexo ou cor da pele (ou ambos), pertencessem a outras pessoas. Que a subordinação das mulheres é central para o Evangelho de Cristo.

Ainda estou surpresa com um artigo que Russell Moore escreveu em 2006 intitulado "After Patriarchy, What?" (O que vem depois do patriarcado?). Espero que ele não acredite mais no que escreveu, pois no artigo ele argumenta que a subordinação das mulheres pertence ao Evangelho: "Devemos [...] relacionar a liderança masculina ao

Evangelho como um todo", escreve ele.¹ Resumindo o conhecimento de vários sociólogos, Moore lamenta que os lares evangélicos sejam ativamente feministas, com decisões tomadas "por meio de um processo de negociação, submissão mútua e consenso".² Moore argumenta que, embora os evangélicos defendem da boca para fora a liderança masculina, a maioria não a pratica. Pelo fato de o feminismo permear a cultura moderna, aparecendo através das experiências cotidianas da vida, ele se infiltrou na família evangélica. Ver Beth Moore pregar com tanta frequência tornou os evangélicos mais receptivos à pregação das mulheres e, portanto (ele parece sugerir), mais receptivos ao igualitarismo. Conclui que é hora de lançar uma nova visão do cristianismo que "ofereça uma alternativa bíblica e teologicamente convincente" ao igualitarismo — uma "que resuma o fardo da liderança masculina sob o peso do Evangelho de Cristo e a restauração de todas as coisas nele".³ É hora, em outras palavras, de inserir a submissão feminina no coração do cristianismo.

Quando Russell Moore escreveu este artigo em 2006, os fundamentos para sua visão já haviam sido lançadas. O diabo já havia pregado sua peça nos cristãos evangélicos. Vou contar como aconteceu, assim como o agente especial David Kujan finalmente fez no final de *Os suspeitos*. Vou contar por que os evangélicos acreditam que a feminilidade bíblica é a verdade do Evangelho. Talvez você, como Kujan, também derrube seu café.

O esquecimento do nosso passado

Em junho de 1934, os diáconos se reuniram na Primeira Igreja Batista de Elm Mott, uma antiga congregação batista do sul perto de Waco, Texas. Eles votaram unanimemente para convidar a Sra. Lewis Ball de Houston para vir como sua pregadora de Avivamento. Os diáconos recomendaram a "Sra. Lewis Ball de Houston para vir e nos ajudar uma semana durante nosso Avivamento. Ela é uma grande inspiração para os jovens. A Sra. Ball tem sido excepcionalmente bem-sucedida como ganhadora de almas".[4]

Em 3 de julho de 1934, a Sra. Ball pregou no culto da manhã. Registros manuscritos da igreja afirmam que Jack Wiley e B. H. Varner "professaram Cristo como seu salvador pessoal". Quando a Sra. Ball pregou no culto noturno para a reunião de oração dos jovens, a Srta. Mary Brustrum fez uma profissão de fé. A Sra. Lewis Ball pregou ao longo da semana, incluindo uma mensagem intitulada "Está tudo bem com a sua alma?" em 5 de julho, durante o qual seis pessoas fizeram profissões de fé. O avivamento de 1934 testemunhou a maior multidão no santuário já registrada na Primeira Igreja Batista de Elm Mott (139 pessoas) e a frequência da escola dominical naquela semana quebrou todos os seus recordes (176 presentes). Ao todo, dezesseis batismos resultaram disso. Ball se provou tão popular que foi convidada a retornar em 1935 e 1938.

Em 1934, ninguém nessa igreja batista do Sul tinha problemas com a pregação da Sra. Lewis Ball. A recomendação dos diáconos não tinha nada a ver com gênero e tudo a ver com habilidade de pregação. Ball era uma "grande inspiração" e "excepcionalmente bem-sucedida como ganhadora de almas", então eles a convidaram.[5] A atitude em relação a Ball representa atitudes gerais da SBC neste momento. Em 1963, a denominação batista do Sul ordenou Addie Davis e, em 1974, patrocinou uma conferência afirmando o papel das mulheres no ministério. Isso resultou em uma coleção editada publicada pela Broadman Press: *Christian Freedom for Women and*

Other Human Beings (Liberdade cristã para as mulheres e outros seres humanos).[6] O historiador batista Charles Deweese observa como a SBC uma vez usou passagens do Novo Testamento para apoiar as mulheres no ministério público (em vez de usar essas passagens para empurrar as mulheres para fora do ministério, como fazem hoje em dia).[7] Por exemplo, *The Broadman Bible Commentary*, um comentário que começou em 1969, lia Febe como uma diaconisa em Romanos 16.[8] O estudioso de religião Timothy Larsen escreveu um ensaio de 2017 mostrando a longa história da liderança feminina na tradição evangélica, incluindo a tradição batista. Ele chegou ao ponto de chamar o envolvimento das mulheres no ministério público de "distinção histórica do evangelicalismo".[9]

Eu tenho que fazer uma pausa aqui para contar sobre a primeira vez que li o artigo de Larsen.

Eu me esforcei muito no primeiro ano após a demissão do meu marido. Às vezes eu achava difícil respirar dentro das paredes do porão do gabinete do meu corpo docente. Então saía, atravessava a rua e me sentava nos bancos de pedra esculpida em frente à Carroll Library, no campus da Baylor. Todos os dias as superfícies claras desses bancos absorvem o sol quente do Texas. Descobri que podia respirar ali, sentada no espaço aberto com a pedra quente nas costas. Muitas vezes eu carregava trabalhos ou um livro para me fazer parecer ocupada, como se estivesse preparando uma aula ou avaliando algum trabalho. Dessa forma eu poderia apenas me sentar sozinha e respirar.

Um dia esqueci minha camuflagem de leitura. Foi uma manhã difícil, no início do outono de 2017. Muito do nosso futuro ainda era incerto. As feridas deixadas por nossa saída abrupta de nossa família da igreja de quinze anos pareciam ainda mais frescas com o início de um novo ano letivo. O padrão rotineiro de atividades do ministério da juventude de volta às aulas acabou, a esperança de iniciar os programas infantis que nossos filhos esperavam com seus amigos na igreja acabou, a amizade ainda não substituída com um casal com quem passamos tanto tempo acabou, a resposta de nosso filho quando amigos na escola perguntavam o que o pai dele fazia acabou. Eu estava tão envolvida no vazio de nossas vidas que só quando uma amiga bem-intencionada se sentou ao meu lado naquele banco de pedra quente e começou uma conversa que percebi o meu erro.

Assim que ela saiu, peguei meu telefone e cliquei no link de um artigo que um colega enviou. Era apenas uma leitura de camuflagem, me fazendo parecer ocupada. E então meus olhos focaram no título: "Evangelicalism's Strong History of Women in Ministry" [A forte história das mulheres no ministério do evangelicalismo]. Que presente naquele dia difícil! A questão que provocou o trauma em nossa família foi se nossa igreja evangélica permitiria que uma mulher ensinasse na escola dominical para jovens, e aqui estava um respeitado estudioso evangélico descrevendo como as mulheres ao longo da história evangélica foram professoras, líderes e até mesmo pregadoras.

Veja o que Larsen argumenta: "As mulheres no ministério cristão público são uma característica histórica do evangelicalismo. É histórica porque as mulheres evangélicas têm cumprido seus chamados no ministério público desde a geração fundadora do evangelicalismo até os dias atuais e em todos os períodos intermediários". Ele define ministério público como "serviço aos crentes adultos" e inclui pregação, ensino, pastoreio e outras formas de cuidado espiritual. John Wesley, o fundador do metodismo, deixou de proibir as mulheres como pregadoras e passou a aceitá-las. Larsen observa como Wesley validou a pregadora Sarah Crosby (entre outras), escrevendo que ela teve um "chamado extraordinário". Isso persuadiu Wesley a aceitá-la como pregadora, assim como ele aceitou pregadores leigos do sexo masculino. "É fascinante", escreve Larsen, "que [Wesley] tenha afirmado os ministérios dessas mulheres em linguagem explicitamente igualitária como exatamente da mesma ordem dos homens que não receberam a ordenação anglicana cujos ministérios públicos ele também estava afirmando".[10]

Apesar da postura complementarista linha-dura de John Piper, mesmo os evangélicos calvinistas do passado afirmaram o chamado das mulheres por Deus como ministras públicas. Larsen explica como a primeira denominação calvinista americana a emergir do avivamento evangélico do século XVIII foi fundada por uma mulher, Selina, Condessa de Huntingdon. A denominação ainda existe como membro da Aliança Evangélica e ainda leva seu nome: "Condessa de Huntingdon's Connexion".[11]

Muitos evangélicos acreditam que apoiar as mulheres no ministério é um caminho perigoso que leva ao liberalismo e ao agnosticismo. Wayne Grudem argumenta que as líderes femininas na igreja (especialmente pastoras) desobedecem à Palavra de Deus, abrindo-se para "a retirada da mão de proteção e bênção de Deus".[12] De acordo com Grudem, a liderança feminina corrói a ortodoxia nas igrejas, levando à má interpretação da Sagrada Escritura e à falta de confiança na Bíblia. A liderança feminina também corrói os papéis familiares adequados, minando a autoridade masculina e criando confusão de identidade de gênero entre as crianças. Grudem ainda apresentou um exemplo específico de uma pregadora que sofreu a perda da proteção de Deus em sua vida — uma pastora chamada Judy Brown. Grudem é rápido em apontar que Brown contribuiu com um capítulo para um livro editado por Gordon Fee: *Discovering Biblical Equality: Complementarity without Hierarchy* [Descobrindo a igualdade bíblica: Complementarismo sem hierarquia] (o livro foi publicado em 2004 e outra edição saiu em 2012 com o artigo de Brown removido). No entanto, Brown acabou na prisão por tentar assassinar o marido de sua amante. Quando o entrevistador perguntou se Grudem achava que o destino trágico de Judy Brown estava "relacionado com suas opiniões sobre as mulheres pregando", a resposta dele foi clara: "Neste caso, parece que há uma desobediência ao mandamento da Sagrada Escritura em relação à liderança masculina e ao ensino na igreja".[13] Permitir a liderança feminina é sintomático do compromisso cultural, sugere Grudem, já que o impulso para as mulheres como pregadoras e presbíteras vem de fora do cristianismo. A liderança feminina não faz parte do evangelicalismo que acredita na Bíblia. É pecado e — como a trajetória da vida de Judy Brown — leva à destruição.

O ensaio de Timothy Larsen prova que Wayne Grudem está errado.

Historicamente, as mulheres floresceram como líderes, professoras e pregadoras — mesmo no mundo evangélico. Em vez de se opor às mulheres como pregadoras e professoras, muitos evangélicos dos séculos XVIII e XIX fizeram o oposto — apoiaram as mulheres no ministério público. Minha parte favorita do ensaio de Larsen é como ele muda nossa compreensão de por que os evangélicos apoiam as mulheres no ministério. Para Grudem e Piper, as mulheres no ministério público são uma evidência de como os evangélicos cederam à cultura contemporânea, sucumbindo à pressão do feminismo moderno em vez de permanecerem fiéis ao padrão atemporal da Palavra de Deus. De fato, o livro deles *Rediscovering Biblical Manhood and Womanhood* [Redescobrindo a masculinidade e a feminilidade bíblicas] tem o subtítulo "Uma resposta ao feminismo evangélico". Larsen inverte o argumento: "Quando os evangélicos se preocupam mais com a Bíblia e o Evangelho do que em serem vistos como respeitáveis pela sociedade em geral, esses compromissos geralmente os levam a afirmar as mulheres no ministério público".[14] Quando os evangélicos apoiam as mulheres no ministério público, eles estão mais alinhados com o Evangelho de Jesus. É quando os evangélicos sucumbem à pressão dos pares da cultura contemporânea que se voltam contra as mulheres no ministério público.

Que mudança de perspectiva!

Larsen não está sozinho em argumentar que os evangélicos têm uma forte história de mulheres no ministério público. A historiadora Bettye Collier-Thomas encontrou mulheres pregando e liderando ativamente em denominações como a Igreja Metodista Episcopal Africana (AME), Igreja AME Sião, Igreja Batista, Igreja Metodista Episcopal Colorida e em movimentos de santidade. Ela publicou uma coleção de 38 sermões de quatorze pregadoras negras que pregaram nos EUA entre 1850 e 1979 — mostrando, novamente, uma linha contínua de mulheres como líderes, professoras e pregadoras muito antes da ascensão do feminismo evangélico.[15]

O título do livro de Collier-Thomas é brilhante: *Daughters of Thunder: Black Women Preachers and Their Sermons, 1850–1979* [Filhas do Trovão: pregadoras negras e seus sermões, 1850–1979]. Ela discute mulheres que abriram o caminho, como Mary J. Small (ordenada presbítera em 1898 na Igreja AME Sião), bem como pregadoras do século XX como a batista texana Ella Eugene Whitfield, que se tornou missionária da Woman's Convention Auxiliary National Baptist Convention e, em 1911, pregou quase quinhentos sermões e visitou mais de mil casas e igrejas (para mim, a natureza pública e a ampla visibilidade do ministério de Whitfield no início do século XX soam como um precursor do ministério público de sua irmã batista do Texas, Beth Moore). As vozes das mulheres negras estrondavam dos púlpitos, assim como as vozes de seus irmãos em Cristo fizeram.[16] O ministro batista Samuel W. Bacote elogiou a presença pública de Whitfield como "uma mulher de zelo incansável e aparência dominante". "Ela pode manter uma audiência indefinidamente", escreveu ele, "pela intensidade de sua seriedade e pela clareza e adequação de suas palavras bem escolhidas. A utilidade de seus assuntos e a excelência de sua entrega a tornaram extremamente popular como oradora pública".[17]

Quando a Sra. Lewis Ball pregou na Primeira Igreja Batista de Elm Mott na década de 1930, ela não pregou porque a igreja estava sucumbindo às pressões feministas. Pregou porque a igreja a considerava uma grande pregadora ganhadora de almas e porque — como Ella Eugene Whitfield e tantas outras mulheres de seu tempo — seu chamado foi confirmado pela comunidade cristã ao seu redor.

O problema é que os evangélicos simplesmente não conhecem essa história.

Em vez de ler o poderoso sermão de 1941 "If I Were White" [Se eu fosse branca] da ministra ordenada Florence Spearing Randolph ou aprender sobre as dezesseis pessoas batizadas após o culto de avivamento liderado pela Sra. Lewis Ball em 1934, os evangélicos correm para o site Desiring God de John Piper (ele teve seis milhões de visitantes apenas nos últimos seis meses), onde eles ouvem entrevistas no podcast *Ask Pastor John* como "Can a Woman Preach if Elders Affirm It?" [Mulheres podem pregar se os presbíteros permitirem?] ou leem artigos como "Women Teaching Men — How Far Is Too Far?" [Mulheres ensinando homens — Quão longe é longe demais?)], de Mary A. Kassian. Em vez de lerem o artigo de Larsen "Evangelicalism's Strong History of Women in Public Ministry" e *Daughters of Thunder* de Collier-Thomas, estamos ouvindo John Piper afirmar de maneira categórica que não é bom e nunca foi bom que as mulheres ensinassem aos homens.[18] Como nos falta um contexto histórico para avaliar as afirmações de Piper, os evangélicos aceitam seus ensinamentos.

Ao esquecer nosso passado, especialmente mulheres que não se encaixam na narrativa que alguns evangélicos contam, tornamos mais fácil aceitar a "verdade" da feminilidade bíblica. Não nos lembramos de nada diferente.

Redefinindo a santidade

As mulheres evangélicas pregavam para multidões públicas assim como as mulheres pregavam na Europa medieval. No entanto, as pregadoras evangélicas parecem bastante diferentes da grande multidão de testemunhas femininas de Margery Kempe. Vamos olhar mais de perto a Sra. Lewis Ball. Na verdade, não sabemos o nome dela — os registros simplesmente a identificam pelo nome do marido. Ela não foi paga por seus serviços. Os registros informam que não seria paga — embora as mulheres de Elm Mott se reunissem e oferecessem a ela algo parecido com uma cesta básica nos dias de hoje (mais conhecido como "*pouding*" naquela época) para demonstrar seu apreço.

É notável que a Primeira Igreja Batista de Elm Mott tenha convidado uma mulher para pregar do púlpito em várias ocasiões durante a década de 1930. Também é notável que essa pregadora tenha conseguido fazer isso sem desafiar a autoridade masculina. Ela se identificou pelo nome de seu marido, Lewis Ball, enfatizando que pregava com a permissão dele. Em vez de aceitar dinheiro (como se fosse seu trabalho), devolveu o dinheiro para a igreja, doando US$ 25 para o Fundo Missionário Lottie Moon. A Sra. Lewis Ball ganhou reputação como uma grande evangelista ganhadora de almas, mantendo sua reputação como uma esposa convencional. Ela até conseguiu transmitir a mensagem de que a pregação era apenas seu trabalho paralelo. Como uma mulher casada, é claro, seu trabalho principal seria cuidar de sua família.

Se retrocedermos quase três séculos, até os primeiros anos da história batista, podemos ver uma ênfase semelhante colocada em outra pregadora batista. Em 1655, Katherine Sutton pediu a Deus que "derramasse seu bendito Espírito" sobre ela e começou a pregar e profetizar cantando.[19] O pastor batista de Sutton, Hanserd Knollys, escreveu o prefácio da autobiografia espiritual dela. O propósito dele era defender o ministério público dela, mas ele o fez fundamentando seu chamado espiritual em sua distinção feminina. Assim como a Sra. Lewis Ball não desafiou diretamente a autoridade masculina, Knollys garantiu que Sutton também não o fizesse. Usando João 6:12 como estrutura, Knollys descreve como Deus derramou seu Espírito primeiro sobre seus servos fiéis (homens) e então as mulheres (criadas) vieram atrás e recolheram as "migalhas daquele pão espiritual".[20] Enquanto os homens recebiam o Espírito de Cristo diretamente, as mulheres seguiam e apanhavam as sobras. Knollys justifica o direito de Sutton de profetizar ao mesmo tempo em que enfatiza seu status secundário. Ela não era uma ameaça à autoridade masculina. Sutton era uma profetisa que pregava (bem, na verdade, cantava), mas também era uma mulher devota dedicada à família. Knollys justifica a singularidade de seu dom espiritual enfatizando sua normalidade como mulher — era amorosa, gentil, sábia, virtuosa, maternal e dedicada à família.

O que notei sobre a liderança da Sra. Lewis Ball na década de 1930 é semelhante à caracterização de Knollys da liderança de Sutton cerca de trezentos anos antes. Ambas as mulheres tinham o direito de pregar e profetizar, desde que mantivessem seus papéis femininos tradicionais e não usurpassem a autoridade masculina.

Como historiadora medieval, fiquei realmente impressionada com essa semelhança. Lembra da grande multidão de testemunhas femininas de Margery Kempe? A liderança das mulheres medievais também era qualificada, mas, em vez de manter sua distinção feminina, elas precisavam se elevar acima de seu sexo. "Mulheres e homens santos que se aproximavam, também se afastavam dos extremos do temperamento sexuado e se tornavam mais semelhantes em corpo e alma", explica Jacqueline Murray.[21] As mulheres medievais ganharam autoridade espiritual abandonando seus papéis femininos e agindo mais como homens.

Dessa forma, o mundo medieval contava histórias sobre mulheres como Santa Cecília. Compare o estilo de liderança de Cecília com os da Sra. Lewis Ball e Katherine Sutton. Uma versão da história de Santa Cecília é encontrada em uma coleção de sermões do século XIV intitulada *The Mirror* [O espelho]. O sermão termina com uma história sobre um homem chamado Estêvão. Estêvão é um romano rico que viveu uma vida bastante comum — nem completamente santo, nem completamente pecador.

Por exemplo, quando ele decide aumentar sua luxuosa vila, rouba terras de seu vizinho — uma igreja dedicada à virgem mártir Santa Cecília. Ele se recusa a devolver a terra ou a se desculpar por suas ações. Estevão morre antes que seu padre possa convencê-lo a se arrepender e vai para o julgamento eterno carregando esse pecado.

Porém, algo interessante acontece no caminho de Estevão para o julgamento: "Então veio Santa Cecília por Estevão e, ao passar por ele, pegou-o pelo braço e o beliscou. E doeu tanto que, se ele estivesse vivo, teria o matado. Então ele foi chamado perante o juiz e condenado por seu pecado contra Cecília".[22] Estevão acaba tendo uma segunda chance. O juiz cede — Estevão é ressuscitado e imediatamente restaura a igreja de Cecília. A dor causada pelo beliscão dela, no entanto, nunca é curada. Para o resto de sua vida, serve como um lembrete constante de seu pecado anterior. Kathleen Blumreich, editora da edição de 2004 de *The Mirror*, observa que Cecília é retratada como uma algoz que prefere "vingança à misericórdia" e se comporta "mais como uma mulher desprezada estereotipada do que como uma das abençoadas".[23]

No entanto, o comportamento de Cecília não é condenado. Na verdade, a moral da história é pensar duas vezes antes de ofender os santos. A personalidade agressiva de Cecília combina com sua personalidade medieval como rebelde e insubordinada (basta ler a versão de Chaucer do século XIV da história dela).[24] Sua punição severa a Estevão pode não corresponder às noções modernas de feminilidade bíblica, mas — como Karen Winstead nos lembra — não teria incomodado os ouvintes medievais.[25] O sermão "The Mirror" conclui elogiando Cecília por seu comportamento: "Deus nos conceda estes santos para servir e manter a Santa Igreja para que possamos chegar à bem-aventurança do céu e habitar com os santos sem fim".[26]

A história de Cecília mostra vividamente que o padrão para a santidade feminina mudou após a Reforma. Para as mulheres do mundo antigo e medieval, elevar-se acima de seu sexo e se comportar de maneiras que consideraríamos impróprias para as mulheres de hoje reforçava a autoridade religiosa das mulheres. Chaucer, por exemplo, elogiou Cecília por seu "comportamento bom e prudente", mesmo a descrevendo gritando insultos rudes a seus juízes romanos e pregando por três dias com sangue borbulhando de sua garganta, deitada em seu sangue após uma decapitação mal feita.[27] Não posso deixar de me perguntar o que Marabel Morgan, que aconselhou as mulheres a serem "femininas, delicadas e agradáveis ao toque" em seu livro *A mulher total*, pensaria de Cecília.[28] Na época da Reforma, o tipo de feminilidade bíblica de Cecília já estava desaparecendo e sendo substituído por uma ênfase na distinção feminina que incluía uma submissão mais passiva.

Em uma fascinante conclusão de seu livro *Women and Religion in Early America, 1600–1850* [Mulheres e religião no início dos Estados Unidos, 1600–1850], Marilyn J. Westerkamp argumenta que, de 1600 a 1850, até as palavras que as mulheres usavam para descrever seus chamados espirituais se tornaram mais passivas, enquanto as palavras que os homens usavam se tornaram mais ativas. Ela escreve que "enquanto homens e mulheres usavam muitas das mesmas descrições, rótulos e fórmulas em seus testemunhos, suas autobiografias espirituais não estavam contando a mesma história".[29] As mulheres eram controladas por Deus e falavam apenas quando Deus falava através delas, os homens fizeram escolhas ousadas como líderes para Deus e falaram com suas próprias vozes, capacitadas por Deus. As mulheres eram passivas, os homens eram ativos. Enquanto os homens eram os pés velozes de Jesus levando as boas novas, as mulheres eram vasos estacionários transbordando com o que Deus derramou neles. O padrão de santidade havia mudado tanto para as mulheres que — em contraste com Cecília gritando ameaças vulgares aos oficiais romanos — os chamados espirituais das mulheres agora incluíam ficar quietas e passivas.

As mulheres, de Katherine Sutton à Sra. Lewis Ball, ainda podiam pregar, ensinar e profetizar. Porém, elas tiveram que fundamentar seu ministério na distinção feminina. Na realidade, à medida que a santidade das mulheres se tornou cada vez mais enraizada na submissão, na passividade e em seus papéis como esposas e mães, as mulheres precisavam cada vez mais demonstrar que seus chamados não desafiavam a autoridade dos homens.

A feminilidade bíblica ensina que as mulheres são designadas por Deus para serem diferentes dos homens e submissas à autoridade masculina (pelo menos do marido). Ao esquecer nossa longa história de mulheres no ministério público e ao redefinir a santidade para as mulheres como enraizada tanto na distinção quanto na submissão feminina (o núcleo da feminilidade bíblica), os evangélicos se aproximaram de tornar a feminilidade bíblica a verdade do Evangelho.

Redefinindo a ortodoxia

Como argumentei ao longo deste livro, é impossível escrever a liderança das mulheres fora da história cristã. Podemos esquecê-la e podemos ignorá-la, mas não podemos nos livrar da realidade histórica. Também é impossível manter argumentos consistentes para a subordinação das mulheres porque, em vez de se originarem dos mandamentos de Deus, esses argumentos derivam das circunstâncias mutáveis da história. Novas razões precisam ser encontradas para justificar manter as mulheres fora da liderança. Jemar Tisby escreve com precisão: "O racismo nunca desaparece, apenas se adapta".[30] O mesmo vale para o patriarcado. Assim como o racismo, o patriarcado é um metamorfo — adequando-se a cada nova era, parecendo que sempre esteve ali. Os séculos XVIII e XIX enfatizaram a distinção das mulheres em relação aos homens e usaram essa distinção para justificar a subordinação delas. A retórica religiosa descreveu uma mulher como o "anjo da casa" e sentimentalizou seu papel como uma deusa doméstica.[31] Ao designar as mulheres principalmente ao lar, seu trabalho fora dele tinha menos valor. Dessa forma, os empregadores poderiam justificar o pagamento de salários mais baixos às mulheres do que aos homens e, portanto, as mulheres teriam menos probabilidade de competir com os homens no mercado de trabalho. As mulheres também poderiam ser mantidas fora da esfera política, permitindo que os homens governassem sem a interferência das mulheres. Mais uma vez, o patriarcado cristão se espalhou pelo mundo, limitando ainda mais as oportunidades das mulheres.

No início do século XX, os defensores das mulheres argumentavam que as mulheres não deveriam ser categorizadas por suas diferenças biológicas em relação aos homens, mas deveriam ser compreendidas por sua mesmice como seres humanos. Dorothy L. Sayers escreve isso em seu ensaio de 1938 "Are Women Human?" (As mulheres são humanas?): "Uma mulher é um ser humano comum tanto quanto um homem, com as mesmas preferências individuais e com tanto direito aos gostos e preferências de um indivíduo. O que repugna a todo ser humano é ser considerado sempre como membro de uma classe e não como pessoa individual". Quando diferenciamos as mulheres por causa de seu sexo, nós as objetificamos e negamos sua humanidade.³²

Apesar da força conquistada por ideias como as de Sayers, o patriarcado dentro do cristianismo se reafirmou com força durante o século XX. Duas mudanças significativas (mas relacionadas) aconteceram na teologia evangélica que ajudaram a selar a feminilidade bíblica como verdade do Evangelho: a defesa da inerrância e o renascimento do arianismo.

Defendendo a inerrância bíblica

Ainda posso vê-la de pé em frente à lousa, gesticulando com a Bíblia. Ela estava ensinando minha classe da escola dominical para jovens naquela manhã. Foi uma das líderes de estudos bíblicos para mulheres em nossa igreja e foi mentora de muitas mulheres mais jovens. Não me lembro exatamente quantos anos eu tinha — se era caloura ou estava no segundo ano do ensino médio. Ainda me lembro de sua afirmação, ficou na minha cabeça: "Se você não aceita Gênesis literalmente, a criação e o dilúvio, você pode jogar fora o resto da Bíblia".

Eu só soube anos depois que as palavras dela, em vez de se originarem da Bíblia, derivavam de um dos lados de uma batalha teológica que engoliu o mundo protestante nos Estados Unidos do início do século XX: a controvérsia fundamentalista-modernista. Certa vez, encontrei minha colega de Baylor, Andrea Turpin, depois de uma sessão de conferência e a fiz explicar a controvérsia para mim. Minha vida evangélica fez mais sentido depois disso.³³

A controvérsia fundamentalista-modernista do início do século XX dividiu os protestantes em campos liberais e conservadores, lançando as bases para as guerras culturais modernas. Os liberais queriam uma abordagem mais ecumênica das missões e a liberdade de modernizar as crenças tradicionais, os conservadores queriam proteger as crenças tradicionais contra as pressões culturais invasoras. Margaret Bendroth vai direto ao ponto: "O drama central da controvérsia fundamentalista-modernista foi um conflito sobre a natureza da verdade bíblica. Para os fundamentalistas, todos os outros debates sobre evolução, a condução de missões estrangeiras ou o próximo milênio se resumiam a um único princípio: sua insistência na absoluta confiabilidade da palavra de Deus".[34] A controvérsia fundamentalista-modernista ajudou os evangélicos a afirmar a importância da inerrância bíblica — a crença de que a Bíblia é completamente sem erros, inclusive nas áreas da ciência e da história.

Para muitos, a inerrância significava não apenas que a Bíblia não tinha erros, mas que *precisava ser* sem erros para ser verdadeira.[35] Assim como minha jovem professora da escola dominical, os líderes evangélicos conservadores empregaram uma mentalidade perigosa para a inerrância. Se não podemos confiar no relato bíblico da criação, eles argumentaram, então como podemos confiar na história bíblica de Jesus? Ou acreditamos na Bíblia, literalmente e em sua totalidade, ou não. Quando apresentados a essas opções e "forçados a escolher", como escreve Hankins, não é de se surpreender que tantos evangélicos do século XX tenham escolhido a inerrância.[36]

Crescendo como batista do Sul durante os anos 1980 e 1990, eu honestamente pensei que a inerrância era uma ideia batista. Como fiquei surpresa ao saber que teólogos calvinistas do Seminário Teológico de Princeton realmente lideraram a acusação de inerrância! Essa conexão entre calvinismo e inerrância me ajudou a entender melhor a conexão entre calvinismo e complementarismo. Por causa de sua crença "de que a subordinação das mulheres era inerente à ordem criada", explica Bendroth, "os calvinistas eram apenas cautelosamente otimistas sobre as possibilidades de melhoria social no status das mulheres". Deus elegeu as mulheres para serem subordinadas e domésticas e elegeu os homens para serem intelectuais e públicos. As mulheres que pregavam eram simplesmente "constrangimentos".[37]

Na realidade, a ênfase do início do século XX na inerrância andou de mãos dadas com uma ampla tentativa de construir a autoridade dos pregadores masculinos às custas das mulheres. Como vimos, as mulheres pregadoras apimentaram a paisagem dos Estados Unidos do final do século XIX e início do século XX: inundaram o campo missionário como evangelistas e líderes, e alcançaram aclamação popular como pregadoras entre denominações pentecostais e até fundamentalistas. À medida que essas mulheres se destacavam, também cresciam os ensinamentos de inerrância. E esses ensinamentos reforçavam a autoridade masculina diminuindo a autoridade feminina — transformando uma leitura literal dos versículos de Paulo sobre as mulheres em verdade imutável.[38]

"Podemos gostar ou não gostar do que Paulo diz", proclamou o professor do Seminário de Princeton B. B. Warfield em 1920, "mas não há espaço para dúvidas no que é dito".[39] O patriarcado divinamente sancionado enraizado nas palavras dele soaria a sentença de morte para mulheres batistas que pregavam como a Sra. Lewis Ball. O conceito de inerrância tornava cada vez mais difícil argumentar contra uma interpretação "clara e literal" de "mulheres estejam caladas" e "não permito, porém, que a mulher ensine". A linha entre acreditar na bíblia e acreditar em uma interpretação "clara e literal" da Bíblia ficou tênue. Se Efésios 5 disse às esposas para se submeterem a seus maridos, a interpretação clara e literal exige que as esposas se submetam a seus maridos. Aqueles que discordam não foram fiéis à Sagrada Escritura.

E dessa forma, os evangélicos batizaram o patriarcado. As mulheres não podiam pregar e tinham que se submeter — não porque seus corpos fossem muito falhos ou suas mentes muito fracas, mas porque Deus havia decretado por meio dos escritos inerrantes de Paulo. Aqueles que duvidam dessas verdades bíblicas duvidam da verdade da própria Bíblia. A inerrância introduziu a justificativa final para o patriarcado — abandonar uma interpretação clara e literal dos textos paulinos sobre as mulheres lançaria os cristãos do penhasco da ortodoxia bíblica.

Da minha experiência como alguém que cresceu como batista do Sul e permaneceu em igrejas evangélicas conservadoras durante a maior parte da vida adulta, a inerrância cria uma atmosfera de medo. Qualquer questão levantada sobre a exatidão bíblica deve ser completamente respondida ou completamente rejeitada para evitar que o frágil tecido da fé se desfaça. Depois que meu marido foi demitido, por exemplo, pedimos aos presbíteros que uma audiência para compartilhar nossas opiniões pessoalmente. Nunca nos permitiram. Tivemos que expor nossas preocupações por meio de um e-mail para um presbítero (que foi então encaminhado sem nossa permissão para os outros) e fomos instruídos a responder por escrito dentro de um determinado período de tempo. A única parte feita pessoalmente foi a demissão propriamente dita. Por fim, meu marido recebeu uma resposta de um dos presbíteros. Não pudemos apresentar nossos pontos de vista pessoalmente porque eles simplesmente não seriam considerados. Se os presbíteros considerassem permitir que as mulheres ensinem ou exerçam autoridade sobre os homens (ou seja, adolescentes na escola dominical), isso levaria ao "caminho perigoso" (esta foi a frase usada) do compromisso cultural.

A luta evangélica pela inerrância estava ligada de maneira inseparável ao gênero desde o início. Kristin Kobes Du Mez explica como, especificamente na SBC, o desafio direto à liderança masculina causado pelo número crescente de mulheres pregadoras batistas colocou os líderes batistas conservadores na defensiva.[40] A inerrância não era importante por si só no final do século XX; tornou-se importante porque ofereceu uma maneira de empurrar as mulheres para fora do púlpito. Funcionou muito bem.

Você está pronta para a peça final na construção da feminilidade bíblica na verdade do Evangelho?

Segure bem sua xícara de café.

Revivendo o arianismo

Se eu estivesse segurando uma xícara de café, teria deixado ela cair naquela manhã de domingo. Do jeito que estava, quase caí da cadeira — o que não teria sido bom, já que estava sentada no campo de visão do pastor. Mas, falando sério, eu tinha acabado de ouvi-lo pregar heresia. Não estou usando a palavra *heresia* de maneira leviana. Ao longo da história da igreja, o que eu tinha acabado de ouvir da boca do nosso pastor foi declarado herético repetidas vezes. No entanto, aqui estava um pastor evangélico do século XXI afirmando com ousadia que Jesus é eternamente subordinado ao Deus Pai. Esta foi uma heresia tão séria que o pai da igreja do século IV, Atanásio, recusou-se a reconhecer como cristãos aqueles que a apoiavam.[41]

Heresia.

Olhei em volta, esperando ver os outros reagindo. Ninguém parecia preocupado. Meu marido ainda não havia chegado (muitas vezes ele ajudava nos bastidores durante os cultos). Não tinha mais nada para fazer a não ser continuar ouvindo. Talvez eu tenha ouvido errado? Realmente esperava que fosse o caso.

Eu não tinha. Esse sermão foi um alerta para o quão longe havia ido o argumento pela subordinação das mulheres — a ponto de reescrever a doutrina trinitária.

Entretanto, antes de falarmos sobre a heresia, vamos falar sobre o contexto histórico. Uma multidão de mulheres foi trabalhar fora de casa durante a Primeira e a Segunda Guerra Mundial, enquanto os homens (e algumas mulheres) lutavam. No entanto, quando as guerras terminaram, as regras mudaram. As mulheres foram expulsas dos empregos para acomodar os soldados que retornavam e a retórica mais uma vez começou a enfatizar os papéis das mulheres como guardiãs do lar. Katherine French e Allyson Poska relatam bem como as antigas leis que subordinavam as mulheres foram revividas após essas guerras. Essas leis colocam as mulheres sob a autoridade doméstica de seus maridos, recompensam as mulheres por se casar e ter filhos (assim como na Roma antiga!), e até mesmo restringiam as mulheres de trabalhar fora de casa e pedir o divórcio. Como French e Poska escrevem: "Apesar da importância das mulheres para o local de trabalho em tempo de guerra, as políticas governamentais rapidamente reverteram para o casamento pré-guerra e as políticas pró-natalistas".[42]

Entretanto, as mulheres não estavam interessadas em voltar ao modo como as coisas eram. Assim como o movimento sufragista nasceu durante os anos mais sufocantes do culto à domesticidade, o feminismo moderno nasceu após a Segunda Guerra Mundial. As mulheres lutavam para trabalhar fora de casa, para receber educação equivalente à dos homens, para ter os mesmos direitos legais que os homens tinham e até para pregar o Evangelho quando chamadas por Deus.

Foi quando a heresia que eu tinha acabado de ouvir começou a ressurgir na história cristã. Até C. S. Lewis brincou com uma versão dela.[43] Ela é a subordinação eterna do Filho ao Pai. No final do século XX, houve uma nova reviravolta: porque Jesus é eternamente subordinado a Deus Pai, as esposas são eternamente subordinadas a seus maridos.[44]

Veja como Bruce Ware descreve o relacionamento entre o Pai e o Filho em seu livro de teologia infantil *Big Truths for Young Hearts* [Grandes verdades para corações jovens]: "Como Filho do Pai, Jesus vive sempre sob a autoridade de seu Pai — em todos os tempos passados e agora em todos os tempos futuros [...], o Filho sempre está sob seu Pai e faz a vontade do Pai. Jesus tem grande alegria em fazer exatamente o que o Pai quer que ele faça. O Filho não está chateado com isso, ele não quer ser o responsável".[45] A Trindade, de acordo com Ware, é hierárquica. Enquanto o Filho é igual ao Pai em glória e poder, o Filho é desigual em seu papel.

Esse ensinamento, chamado de "a subordinação eterna do Filho", se infiltrou no mundo evangélico. Aimee Byrd descreve um documento do Council on Biblical Manhood and Womanhood de 2001 que ensina que "o Filho, a segunda pessoa da Trindade, está subordinado ao Pai, não apenas na economia da salvação, mas em sua essência".[46] Ela também conta como Owen Strachan lhe enviou uma cópia de seu livro recentemente publicado, que fundamenta a "compreensão do conselho da complementaridade de homens e mulheres em uma relação de autoridade e submissão na natureza da Trindade".[47]

Meu medo é que muitos evangélicos já tenham se convertido sem perceber que a subordinação eterna do Filho é um ensinamento fora dos limites da ortodoxia cristã. Os complementaristas podem alegar que a pregação das mulheres viola a ortodoxia cristã, mas a subordinação eterna do Filho realmente a viola. Como escreve o professor de filosofia Phillip Cary, o "desacordo com a tradição ortodoxa oriental e católica romana" dos igualitaristas de gênero "sobre questões como a ordenação de mulheres são menores [...] comparado ao abandono da Grande Tradição da Trindade pelos evangélicos conservadores".[48] Os ensinamentos trinitários são centrais para o cristianismo ortodoxo. Os complementaristas — em sua busca cega para manter o controle sobre as mulheres – trocaram a verdade de Deus por uma hierarquia de gênero de origem humana.

Como historiadora da igreja, imediatamente reconheci a subordinação eterna do Filho como arianismo. No século IV, um sacerdote em Alexandria, Egito, começou a pregar que o Filho era de uma substância diferente de Deus Pai, o que significava que o Filho tinha um papel subordinado a Deus Pai. Deus Pai deu as instruções, Deus Filho as obedeceu. Quando todos no mundo cristão souberam do que Ário estava ensinando, reagiram com horror. Se Jesus não é da mesma substância que Deus Pai, então sua morte na cruz não poderia cobrir o pecado. Somente Deus poderia salvar, e se Jesus não era totalmente Deus, o que isso significava para sua morte e ressurreição? Como Kevin Giles escreve: "Ao argumentar que o Filho é *diferente em ser* do Pai, [os arianos] impugnaram a plena divindade do Filho de Deus, a veracidade da revelação de Deus em Cristo e a possibilidade de salvação para homens e mulheres".[49] A própria salvação estava em jogo.

Dessa maneira, os primeiros cristãos convocaram o Concílio de Niceia em 325 para confrontar os ensinamentos de Ário. Eles rejeitaram unilateralmente o arianismo como heresia. Eles declararam, como o Credo Niceno proclamaria, que Jesus é da mesma substância que Deus Pai — "luz de luz". A Trindade é Três em Um, não Um seguido por Dois e Três. Na verdade, as implicações do arianismo foram tão horríveis que o Concílio de Niceia "excluiu de maneira intencional todas as expressões de subordinacionismo". Esta afirmação da ausência de hierarquia dentro do Deus Triuno foi reafirmada pelo Concílio de Constantinopla em 381 e reiterada pelo Credo Atanasiano em 500: "Adoramos um Deus em Trindade e Trindade em Unidade; nem confundindo as Pessoas, nem dividindo a Substância", o que significa que "nenhuma é maior ou menor que outra. Mas todas as três Pessoas são coeternas e co-iguais".[50]

Os primeiros cristãos eram tão inflexíveis quanto ao ensino de que não existia hierarquia dentro do Deus Triuno, os evangélicos modernos parecem inflexíveis quanto ao esquecimento. Giles escreve que os cristãos estavam muito mais sintonizados com a Trindade e o significado da doutrina da Trindade antes do mundo moderno. Até mesmo Calvino se opôs à subordinação do Filho. A Reforma aceitou e promoveu os ensinamentos trinitários de Atanásio. Infelizmente, após a Reforma, tanto os protestantes quanto os católicos tornaram-se negligentes em ensinar a importância da Trindade e muitas vezes a ensinaram de maneira incorreta. Giles escreve: "Nos séculos XIX e XX, os evangélicos conservadores estavam entre aqueles com uma compreensão muito fraca e às vezes errônea da doutrina historicamente desenvolvida da Trindade".[51] Não deveria nos surpreender que esses evangélicos conservadores (com uma compreensão "fraca" e "errônea" da Trindade) ressuscitassem o arianismo mais uma vez. Em vez de se esforçar para se tornar mais parecido com Deus, esses evangélicos lutaram para que Deus se parecesse mais conosco.[52]

Também não deve nos surpreender que os evangélicos tenham ressuscitado o arianismo pela mesma razão que os evangélicos se voltaram para a inerrância: se Jesus é eternamente subordinado a Deus Pai, a subordinação das mulheres se torna muito mais fácil de justificar. O arianismo, como a inerrância, provou ser a arma perfeita contra a igualdade das mulheres, o suporte perfeito para o patriarcado cristão.

Exceto que *ainda* é heresia. Arianismo reembalado.

É verdade que os ensinamentos sobre o status subordinado de Cristo persistiram — às vezes até floresceram — dos séculos IV ao IX. O arianismo se espalhou rápido demais para ser contido rapidamente. Em 325, o Concílio de Niceia "anatematizou" aqueles que rejeitaram a coeternidade de Jesus e o ensino de que Jesus era da mesma substância que o Pai. Mas como o rei visigodo Recaredo (que governou um reino medieval na Península Ibérica) não se converteu do arianismo até 587, o caminho para a ampla aceitação do cristianismo niceno foi claramente lento.[53]

No entanto, também é verdade que o arianismo sempre foi considerado herético. Como R.P.C. Hanson escreve em *The Search for the Christian Doctrine of God: The Arian Controversy, 318–381* [A busca pela doutrina cristã de Deus: A controvérsia ariana, 318-381], o arianismo ensinou "dois deuses desiguais, um Deus Supremo incapaz de experiências humanas e um Deus menor que, por assim dizer, fez sua sujeira trabalhar para ele".[54] Foi condenado pelos primeiros cristãos, assim como continua sendo condenado por muitos evangélicos modernos hoje em dia. Byrd conta a história de como ela ajudou a chamar a atenção para o renascimento herético do arianismo entre os líderes complementaristas. O resultado foi uma conferência em 2016 que defendeu o cristianismo niceno e condenou a subordinação eterna do Filho.[55]

Temo, porém, que o dano já tenha sido feito. Líderes evangélicos conservadores, ansiando por manter os valores familiares tradicionais e afastar o feminismo, se voltaram para uma velha heresia. Eles derramaram suas ideias sobre submissão e autoridade, incorporadas na própria natureza de Deus, nos ensinamentos absorvidos por suas congregações — os mesmos evangélicos que já acreditam que a inerrância está ligada à submissão feminina. Os evangélicos acreditam que a feminilidade bíblica é a única opção porque fomos ensinados que ela está ligada à nossa confiança na confiabilidade da Palavra de Deus, bem como embutida na própria Divindade: as mulheres são subordinadas porque Jesus é subordinado. Verdade evangélica de fato.

O problema da feminilidade bíblica

A luz suave azul e verde mudou nas paredes quase nuas. Ainda me lembro dela refletindo no rosto da oradora, emoldurando seu corpo nas cores dos vitrais. Ela era tão pequena no centro daquele grande palco. A voz dela também era baixa, hesitante enquanto lia seu livro, *Nice Girls Don't Change the World* [Boas garotas não mudam o mundo]. Ela era Lynne Hybels e, em 2007, todos amavam seu marido, o pastor fundador da Willow Creek Community Church.

No entanto, naquele dia de novembro, a maioria das pessoas não a estava ouvindo. Era quase hora do almoço na National Youth Worker's Convention, reunida naquele ano em St. Louis. Todo mundo estava com fome. Toda a fileira à minha frente se levantou, de maneira não muito silenciosa, e foi embora. Assim como quase todos na seção ao meu lado. Logo a maioria das pessoas estava saindo, abraçando a grosseria no anúncio do intervalo para almoço.

Eu não me movi.

Lynne Hybels me deixou absolutamente paralisada. Ela estava falando palavras que lembravam de forma chocante, pelo menos para minha mente de historiadora, Betty Friedan. Mas, em vez de descrever um problema para donas de casa americanas que não tinham nome, como Friedan fez em seu livro *The Feminine Mystique* ([A mística feminina], de 1963, Hybels estava descrevendo um problema para mulheres cristãs que tinham nome: o problema da feminilidade bíblica.

Lendo trechos de seu livro, Lynne Hybels — esposa de um dos pastores mais poderosos e admirados do cristianismo estadunidense — confessou ser uma fraude. Como uma mulher que cresceu no evangelicalismo americano, ela fez tudo certo. Professava as crenças corretas, fez as escolhas certas, até se casou com um pastor e se tornou uma boa esposa e mãe cristã. No entanto, aos 39 anos, ela se viu seriamente deprimida. Como disse ao seu conselheiro: "Tenho trabalhado tanto para manter todo mundo feliz, mas estou tão infeliz que quero morrer".[56]

Com quase 40 anos, Hybels percebeu que estava vivendo um roteiro do que havia aprendido que as meninas cristãs deveriam ser, em vez de se tornar a mulher que Deus a chamou para ser. O roteiro ensinava que o maior chamado de uma mulher era melhorar a vida de seu marido e filhos. O roteiro ensinava que as mulheres deveriam praticar o altruísmo e a obediência. O roteiro ensinava que as mulheres deveriam reprimir desejos e sonhos pessoais pelo bem de suas famílias. Ao seguir esse roteiro, Hybels se tornou um feed vivo do Facebook — sua perfeição externa escondendo a bagunça interior.

Enquanto eu ouvia, presa à minha cadeira, pedaços da minha vida se encaixavam. Como historiadora, eu sabia que a feminilidade bíblica se parecia muito com o resto da história humana: mulheres definidas como inferiores aos homens, oprimidas, abusadas. Mas eu também ainda acreditava que mulheres e homens eram chamados para papéis de gênero divinamente ordenados. Então percebi que o problema tinha que ser comigo — minha própria orgulhosa falta de vontade de me submeter. Pelo menos foi o que pensei antes de ouvir Lynne Hybels.

Veja bem, Lynne Hybels teve o mesmo problema que eu. Como mulheres que cresceram no final do século XX — mulheres que sabiam pouco sobre a longa história das mulheres cristãs como líderes, professoras e pregadoras, que acreditavam que tornar-se esposa e mãe fazia parte de nosso chamado cristão, que viveram após o surgimento da inerrância e do ensino renovado sobre a subordinação eterna do Filho — acreditávamos que a feminilidade bíblica era bíblica. Mesmo uma mulher como Lynne Hybels, que frequentava uma igreja que apoiava mulheres no ministério, ainda parecia presa nos ensinamentos evangélicos sobre a feminilidade bíblica. Enquanto a ouvia, percebi que a feminilidade bíblica havia se tornado mais do que uma cláusula na "Fé e Mensagem Batista de 2000".[57] Tornou-se mais do que um retorno aos valores familiares tradicionais. Tornou-se uma questão do Evangelho — entrelaçada com a própria natureza de Deus. Tornou-se a verdade atemporal de Deus, defendida por aqueles que permanecem os mais fiéis.

Vejamos, por exemplo, a Coalizão pelo Evangelho. Você sabia que ela inclui a feminilidade bíblica em sua declaração de fé? "Deus ordena que [mulheres e homens] assumam papéis distintos que refletem o relacionamento amoroso entre Cristo e a igreja, o marido exercendo a liderança de uma maneira que demonstra o amor cuidadoso e sacrificial de Cristo e a esposa se submetendo ao marido de uma maneira que modela o amor da igreja por seu Senhor".[58] Embora John Piper e Tim Keller concordem que o complementarismo não é necessário para a salvação, eles argumentam que é um aspecto muito importante do Evangelho e é necessário para proteger uma compreensão adequada dele. Como Keller diz: "Isso afeta indiretamente a maneira como entendemos a Sagrada Escritura, o que afeta a maneira como entendemos o Evangelho. Muitas pessoas, para abrir espaço para uma posição igualitária, precisam fazer algo com a maneira como lemos a Sagrada Escritura. Isso diminui nossa compreensão dela".[59] Somente aqueles que concordam com a feminilidade bíblica, sugere Keller, têm uma compreensão correta do Evangelho.

A feminilidade bíblica como a conhecemos hoje tornou-se assim completamente formada: não apenas a história mostra que as mulheres sempre foram subordinadas aos homens (patriarcado), não apenas o Novo Testamento confirma que as mulheres devem ser subordinadas aos homens (Paulo), não apenas a Reforma restaurou a importância e a dignidade do papel de esposa e mãe, mas agora podemos afirmar com certeza que a subordinação feminina é a verdade do Evangelho. As mulheres são criadas como distintas dos homens e, pelo desenho de nossos corpos femininos, destinadas à domesticidade e à subordinação. A subordinação das mulheres reflete até mesmo o projeto da própria Divindade. Assim como Jesus é subordinado a Deus Pai, as esposas devem ser subordinadas aos seus maridos. A Bíblia claramente prega a submissão feminina e, se não acreditarmos na Bíblia por causa disso, então colocamos em questão toda a veracidade dela.

A definição de heresia havia mudado.

Os hereges eram agora aqueles que resistiam à verdade evangélica da subordinação das mulheres aos homens. Os hereges éramos eu e meu marido, pois ousamos pedir permissão para uma mulher ensinar em uma classe de escola dominical do ensino médio. Tínhamos nos tornado o caminho perigoso. Não é à toa que fomos demitidos. Nós éramos perigosos para o Evangelho de Cristo.

8. não está na hora de libertar as mulheres?

ERA 15 DE OUTUBRO DE 2017. Eu estava na minha cozinha segurando a porta dos fundos aberta para a minha cachorra. Ela estava vagando pelo nosso quintal, então peguei meu telefone e comecei a percorrer o feed do Twitter. Imediatamente vi o tuíte. Era de Alyssa Milano, retuitado por uma amiga minha. Isto é o que ele dizia: "Se você foi assediada ou agredida sexualmente, escreva '*me too*'* como resposta a este tuíte".[1]

Encarei esse tuíte por um longo minuto. Queria responder *"me too"*, e o fiz, quatro dias depois. Mas eu o camuflei em um tuíte sobre o post do Anxious Bench da Kristin Kobes Du Mez, *"Me Too. And Why This Is a Christian Problem"* (*Me Too*. E porque isso é um problema cristão). "#MeToo", escrevi. "Obrigada @kkdumez. Isso É um problema cristão."[2] A maioria das pessoas provavelmente não percebeu que meu #MeToo literalmente significava *eu também*. Eu ainda não tinha coragem.

Contei a vocês minha segunda história mais sombria sobre minhas experiências dentro do complementarismo. Já contei como meu marido foi demitido depois de

---

*Em inglês, *me too* significa "eu também". O número enorme de mulheres que responderam desencadeou um movimento global contra a violência às mulheres que ficou conhecido como #MeToo. Por isso, optou-se por manter a expressão no original. [N.E]

questionar o papel das mulheres em nossa igreja. Deixei vocês vislumbrarem a dor e o trauma que essa experiência causou à minha família. Contei como isso me levou a parar de ficar em silêncio, a falar a verdade histórica sobre o complementarismo.

No entanto, não contei minha história mais sombria.

Não contei como certa vez fui convidada para uma série de seminários noturnos liderados por um popular orador conservador chamado Bill Gothard. Eu fui. Não sabia que o Instituto de Princípios Básicos de Vida de Gothard já havia sido incomodado por escândalos e acusações de abuso. Não considerei que os ensinamentos de Gothard — que o desígnio perfeito de Deus era melhor expresso "no governo autoritário dos homens" — poderiam se tornar perigosos.[3] Não considerei como o jovem que me convidou poderia internalizar os ensinamentos de Gothard sobre como uma esposa devia submissão total ao marido ou como ele poderia aplicá-los ao nosso relacionamento. De acordo com Gothard, não estávamos namorando. Estávamos fazendo a corte, o que significava que o casamento era o nosso futuro. Não considerei que, ao ouvir os ensinamentos de Gothard sobre a "cadeia de comando" ordenada por Deus, esse jovem pudesse se tornar um abusador.

Como uma jovem mulher que cresceu na Igreja Batista do Sul, internalizei muitos ensinamentos sobre a feminilidade bíblica. "Na minha experiência", escreve Kate Bowler, "garotas evangélicas aprendem sobre os limites de sua própria autoridade espiritual como um relato de pequenos detalhes, pequenos momentos de encorajamento ou desencorajamento que as levam a uma sensação de serem aceitáveis".[4] Esta foi a minha experiência também. Como a jovem impressionável que eu era, acreditava na perspectiva de James Dobson em *Um amor para toda a vida* — que as mulheres são fracas enquanto os homens são fortes. Então fiquei com meu namorado, esperando que o que experimentei como raiva amadurecesse em força e que tudo ficasse bem.

Não ficou. Fiquei destruída, exausta e cansada de Deus. Não me importava mais com a igreja. As palavras do pregador na igreja conservadora que eu frequentava soavam com o que pensava ser a autoridade da Palavra. Essas palavras estavam escrevendo para mim um futuro que eu não queria mais, mas do qual me sentia incapaz de escapar. Eu deveria ser como Sara, uma mulher elogiada no Velho Testamento por se submeter ao marido como senhor e abraçar seu papel de esposa e mãe. Mas me senti mais como Agar, rejeitada e com medo. Anos depois, quando Rachael Denhollander falou na Convenção Batista do Sul de 2019, suas palavras apreenderam a minha experiência: "Acho muito revelador ter ouvido centenas, literalmente centenas, de sermões direcionados à esfera mansa e submissa que uma mulher deve ter", ela disse. "Não ouvi nenhum sobre como valorizar a voz de uma mulher. Não ouvi nenhum sobre agressão sexual".[5] Nenhuma vez durante esses anos ouvi um pregador falar contra relacionamentos abusivos, nenhuma vez um pastor falou sobre os perigos inerentes às hierarquias de poder patriarcais. O que ouvi foi o que Rachael Denhollander ouviu — as mulheres são chamadas para serem esposas e mães, submissas e silenciosas.

Toda a minha energia mental estava focada em manter a minha vida em ordem. Ainda me lembro de tentar assistir *Dormindo com o inimigo* uma noite com uma amiga. O filme de 1991 apresenta Julia Roberts como uma esposa abusada fisicamente. Tive que sair da sala.

Era muito familiar. Eu tinha me tornado tão boa em me desligar mentalmente, fingindo que o que estava acontecendo comigo não estava acontecendo de fato. Mas ver a personagem fictícia de Julia Roberts arrumar a comida enlatada em seu armário de cozinha, tentando afastar o temperamento violento de seu marido, me fez ver a dura realidade do meu próprio relacionamento.

Uma noite, depois de um encontro particularmente assustador, fugi para a segurança da minha casa. Quando minhas mãos começaram a tremer muito para abrir a porta do meu quarto, simplesmente afundei no chão do corredor. Sabia que o relacionamento estava errado. Horrivelmente errado. Já o conhecia há muito tempo. Sabia disso por causa do exemplo radicalmente diferente dado pela minha própria família. Sabia disso por causa do exemplo radicalmente diferente que vi na Bíblia. Sabia como Jesus tratava as mulheres. Sabia como Deus sempre lutou pelos oprimidos, por aqueles que não podiam lutar por si mesmos. Sabia que o que Deus dizia sobre as mulheres era bem diferente do que homens como Bill Gothard pregavam. Por fim, minhas mãos pararam de tremer e eu me levantei. Abri minha porta, parando por um minuto no espaço liminar do batente da porta, sombreado pela luz do corredor. "Me ajude", orei. "Me ajude a sair disso."

No dia seguinte, um milagre aconteceu. Ele não ligou. Não veio. Por mais de duas semanas, ficou fora. Até hoje não sei por quê. Tudo o que sei é que o tempo e a distância me deram força. Sem a voz dele, pude ouvir Deus novamente. Repetidamente, leio 1 Coríntios, me maravilhando com o modo como ele diz muito mais do que "mulheres estejam caladas" (1 Coríntios 14:34–35). Muito mais, na verdade, que esses dois versos — uma vez avassaladores para mim — foram ofuscados. Percebi a natureza dialógica da carta e o apelo abrangente de Paulo para que os congregados o seguissem como ele seguiu a Cristo (10:31–11:1). O capítulo 13 tornou-se meu consolo quando Paulo mostrou aos coríntios um caminho melhor do que divisão e contenda — o amor sem fim de Cristo. Ao final daquelas duas semanas, percebi o quão vagamente eu estava vendo o chamado de Deus em minha vida. Encorajada pela Palavra de Deus e pelo cuidado de meus amigos e familiares, saí dessa situação. Nunca olhei para trás. Esta é a minha história #MeToo. Minha história #ChurchToo.

Essa experiência, juntamente com a demissão do meu marido, molda o que penso sobre o complementarismo hoje em dia.

Por causa dessas duas experiências traumáticas, uma muito mais recente e outra cada vez mais distante no passado, estou com cicatrizes. Sempre as carregarei. Eu experimentei o pior do que o complementarismo tem a oferecer. Mas foi só quando comecei a puxar os fios históricos que tecem o complementarismo que realmente comecei a duvidar. Veja, eu caí na maior mentira de todas: que aderir ao complementarismo é a única opção para aqueles que acreditam que a Bíblia é a Palavra de Deus autoritária.

Afinal, Paulo diz claramente que o homem é o cabeça e a esposa deve se submeter. Exceto que agora eu sei que quando as palavras de Paulo são contextualizadas teológica e historicamente, elas são lidas de maneira bem diferente. Assim, enquanto a experiência molda minha perspectiva de ensinamentos complementares, evidências de minha pesquisa como estudiosa, meu ensino como professora universitária e meu estudo profissional e pessoal da Bíblia me levaram a abandonar esses ensinamentos. Evidências me mostram como o patriarcado cristão foi construído, pedra por pedra, ao longo dos séculos. Evidências me mostram como, século após século, os argumentos para a subordinação das mulheres refletem mais as circunstâncias históricas do que a face de Deus. As evidências me mostram que só porque o complementarismo usa textos bíblicos não significa que reflete a verdade bíblica. A evidência me mostra o rastro de pecado e destruição deixado na esteira dos ensinamentos que colocam as mulheres sob o poder dos homens. Evidências me mostram, ao longo da história, as mulheres que sempre souberam a verdade sobre o patriarcado e que sempre acreditaram que Jesus liberta as mulheres. Então vou dar minha palavra final. Não é hora de todas nós sermos livres?

Porque é hora de parar

Uma de minhas amigas, logo após ver um rascunho do meu índice para este livro, perguntou se o capítulo final iria conter uma nova visão para uma abordagem teológica das mulheres na igreja. As palavras dela me deixaram em pânico. Sou uma historiadora, não uma teóloga — e uma historiadora muito prática. Na verdade, meu primeiro pensamento ao ler as palavras dela revela muito sobre mim. Meu pensamento foi sobre uma esquete de comédia da Mad TV em que Bob Newhart interpreta o psiquiatra Dr. Switzer. O novo conselho do Dr. Switzer para os clientes, independentemente do problema, são três palavras: "Pare com isso!" "Aí está", diz o Dr. Switzer. "Você não quer passar a vida com medo de ser enterrado vivo em uma caixa, quer? Isso parece assustador [...]. Pare com isso!"[6]

Para aqueles que ainda acreditam que a feminilidade bíblica é ordenada por Deus, meu conselho é o do Dr. Switzer: pare com isso! Ficamos tão envolvidos em discussões sobre gramática grega e qual tradução da Bíblia é melhor que nos esquecemos do que Jesus nos disse que era mais importante: "Amarás o Senhor, teu Deus, de todo o teu coração, e de toda a tua alma, e de todo o teu pensamento. [...] [E] amarás o teu próximo como a ti mesmo" (Mateus 22:37–39). Esquecemos que as palavras mais duras que Jesus pronuncia na Bíblia não são para as pessoas comuns e pecadores ao seu redor — os cobradores de impostos, prostitutas, gentios e mulheres, a quem os discípulos tentavam afastar. As palavras mais duras que Jesus pronuncia na Bíblia são para os rígidos líderes religiosos masculinos que funcionam como guardas de fronteira da ortodoxia autonomeados. "Ai de vós, escribas e fariseus, hipócritas! Pois que sois semelhantes aos sepulcros caiados, que por fora realmente parecem formosos, mas interiormente estão cheios de ossos de mortos e de toda imundícia" (Mateus 23:27). Não parece que Jesus disse aos fariseus "pare com isso!", por que o que eles estavam fazendo levou à morte em vez da vida?

Tive apenas um vislumbre do movimento de Bill Gothard, mas posso dizer por experiência própria que era um sepulcro caiado. Quase enterrou meu eu jovem. Lembro de uma vez, anos depois, quando estava sentada no meu primeiro gabinete do corpo docente, uma doutora recém-formada, um amigo apareceu. Ele fazia parte do meu mundo acadêmico e evangélico, e estávamos conversando sobre o (mais recente) escândalo sexual evangélico que explodiu nas notícias. "Acho que há uma ligação entre complementarismo e abuso", disse a ele. Ele balançou a cabeça, franzindo um pouco a testa. "Não há provas disso", respondeu.

Entretanto, existe. Não podemos mais negar uma ligação entre complementarismo e abuso. Existem tantas evidências agora de que John Piper, Al Mohler e Russell Moore ficaram na defensiva, tentando proclamar como seu "patriarcado cristão" é diferente (veja meu primeiro capítulo).[7] Du Mez destrincha a afirmação deles, apresentando a prova que meu amigo não conseguiu ver — que o modelo conservador de liderança autoritária da igreja combinada com rígidos papéis de gênero promove uma cultura de abuso (década após década, igreja após igreja, líder após líder). Esse modelo fere todo mundo? Claro que não. Isso só feriu as trinta ou mais mulheres que fizeram acusações contra Bill Gothard.[8] Apenas feriu as vítimas que entraram com uma ação coletiva contra os Ministérios Sovereign Grace por criar um ambiente no qual, alegaram, o abuso sexual de crianças cresceu.[9] Isso apenas prejudicou as setecentas vítimas de abuso sexual ligadas às igrejas batistas do Sul por um período de vinte anos.[10]

Isso só fere mulheres como eu.

Os evangélicos conservadores pregam "uma visão mutuamente reforçada da masculinidade cristã — de patriarcado e submissão, sexo e poder", escreve Du Mez. "Era uma visão que prometia proteção para as mulheres, mas deixava as mulheres sem defesa, que adorava o poder e fechava os olhos para a justiça, e que transformou o Jesus dos Evangelhos em uma imagem de sua própria criação".[11] Não apenas casos legais, reportagens de jornais e alegações de vítimas nos dizem que Du Mez está certa, mas minha própria vida é testemunha. A hierarquia dá origem ao patriarcado e o patriarcado dá origem ao abuso do sexo e do poder. Nunca esquecerei as palavras de Gwen Casados, que perdeu sua filha Heather de 14 anos para uma overdose de drogas e uma tentativa de suicídio depois de ter sido molestada sexualmente quando adolescente na sala do coral da igreja. "Eu nunca a recuperei", a mãe dela disse.[12]

A realidade histórica é que os sistemas sociais que investem alguns com poder sobre as vidas de outros resultam na destruição de pessoas. Ed Stetzer observou recentemente que "o diagrama de Venn das palavras reformado, complementarista e misógino tem uma sobreposição bastante significativa".[13] Isso soa como o que Gerda Lerner descreveu em 1986 — apenas seu diagrama de Venn era a sobreposição significativa do patriarcado com o militarismo, a hierarquia e o racismo.[14]

Não é hora de seguir o conselho do Dr. Switzer? Não é hora de parar um "apelo à Bíblia que tem consequências terríveis para milhões de mulheres"?[15] Não é hora de os cristãos brancos perceberem que as raízes da feminilidade bíblica vêm da supremacia branca? Para que os primeiros europeus modernos justificassem biblicamente sua superioridade branca, eles tiveram que defender a subserviência tanto das mulheres quanto dos negros. Como Katie Cannon explica: "Ideias e práticas que favoreciam direitos iguais de todas as pessoas foram classificadas como inválidas e pecaminosas porque conflitavam com a estrutura divinamente ordenada que postulava a desigualdade entre brancos e negros [...]. O arcabouço institucional que exigia que homens, mulheres e crianças negros fossem tratados como bens móveis, como propriedades e não como seres humanos, foi entendido como consistente com o espírito, gênio e preceitos da fé cristã".[16] O patriarcado anda de mãos dadas com o racismo e sempre andou. As mesmas passagens bíblicas usadas para declarar os negros desiguais são usadas para declarar as mulheres impróprias para a liderança. Patriarcado e racismo são "estruturas interligadas de opressão".[17] Não está na hora de nos livrarmos dos dois?

Mais uma vez, proponho que paremos de lutar para que o cristianismo se pareça com o mundo ao nosso redor e comecemos a lutar para que pareça o mundo que Deus inspirou Paulo a nos mostrar ser possível: "Nisto não há judeu nem grego; não há servo nem livre; não há macho nem fêmea; porque todos vós sois um em Cristo Jesus" (Gálatas 3:28).

Porque é hora de revidar

Em julho de 1948, uma estudiosa medieval e escritora de ficção policial lutou pela ordenação de mulheres. Você já a conheceu. O nome dela é Dorothy L. Sayers e ela escreveu uma resposta em 1948 para seu amigo C. S. Lewis. Lewis, o amado autor de *As crônicas de Nárnia* e de *Surpreendido pela alegria* (meu favorito), estava preocupado com o movimento da igreja da Inglaterra em relação à ordenação de mulheres. Ele escreveu a Sayers pedindo para usar sua influência como uma intelectual cristã respeitada para ficar ao lado dele contra a ordenação feminina. "A defesa contra a inovação deve, se possível, ser feita por uma mulher", escreveu ele. Lewis tinha certeza de que Sayers concordava com ele. Afinal, Lewis apoiava as mulheres como professoras e pregadoras. Ele apenas traçou a linha do papel sacramental do padre e achou que a voz de uma mulher defendendo essa posição seria especialmente útil.[18]

Sayers não faria isso. "Temo que você me considere uma aliada ansiosa", ela escreveu para ele. "Nunca consegui encontrar nenhuma razão lógica ou estritamente teológica contra [a ordenação de mulheres]. Na medida em que o sacerdote representa Cristo, é obviamente mais dramaticamente apropriado que um homem seja, por assim dizer, escalado para o papel. Mas se eu fosse encurralada e perguntada à queima-roupa se o próprio Cristo é o representante da humanidade masculina ou de toda a humanidade, eu deveria ser obrigada a responder "de toda a humanidade" e citar a autoridade de Santo Agostinho para dizer que a mulher também é feita à imagem de Deus".[19] Não existe nenhuma razão lógica ou teológica para proibir sacerdotes do sexo feminino (muito menos pregadoras e professoras), escreveu Sayers. E então recusou o pedido de Lewis. Ela se recusou a permanecer em silêncio sobre suas opiniões sobre as mulheres e lutou pela ordenação feminina com base na *imago Dei*.

Algumas centenas de anos antes, outra escritora fez algo semelhante. Você também já a conheceu. O nome dela é Christine de Pizan e ela usou sua caneta para lutar contra a misoginia durante o século XV. Através de uma infeliz série de eventos, Christine de Pizan se viu uma jovem viúva com uma família para sustentar e sem dinheiro. Era uma mulher bem-educada, graças ao pai (já que as mulheres eram impedidas de estudar na universidade nessa época) e tinha uma rede de conexões com a corte real francesa. Logo começou a escrever profissionalmente, primeiro como copista de manuscritos e depois como autora. Começou com poesia (baladas de amor) e textos religiosos devocionais. Então, em 1404, ela teve sua grande chance. Filipe de Borgonha a encarregou de escrever uma biografia do irmão dele, Carlos V. O resto, como dizem, é história.

De tudo que escreveu, ela é talvez a mais famosa por sua defesa das mulheres. Um dos "best-sellers" no mundo de Christine foi um texto do século XIII chamado

The Romance of the Rose [O romance da rosa] (sim, pessoas medievais liam romances "de banca de jornal"). Era uma alegoria sobre um jovem em busca de um botão de rosa (o simbolismo deve ser claro). Embora o autor original do texto, Guillaume de Lorris, fosse menos hostil em relação às mulheres, outro autor — Jean de Meun — escreveu de maneira bastante diferente sobre as mulheres na longa conclusão que acrescentou ao texto. Na realidade, Christine de Pizan considerou o poema (especialmente como revisado por Meun) grosseiro, imoral, calunioso e misógino. A popularidade do texto o tornou ainda mais espantoso (mais ou menos como eu me sinto sobre *Cinquenta tons de cinza*). Como Christine escreveu sobre Jean de Meun: "Ele se atreveu a difamar e culpar, sem exceção, um sexo inteiro".[20]

Então Christine de Pizan reagiu. Ela escreveu uma série de cartas atacando a misoginia de *The Romance of the Rose*. Assumiu uma posição explicitamente pró-mulher defendendo e potencializando o sexo feminino. Acusou os homens de difamar e maltratar as mulheres sem uma boa razão. Defendeu que as mulheres exercessem mais autoridade em suas vidas, instruindo as mulheres sobre como ser fortes e capazes e até mesmo trabalhar no mundo dos homens. Também confrontou a misoginia diretamente [como em seu livro posterior *The Book of the City of Ladies* [O livro da cidade das mulheres], usando seus escritos para tentar mudar as ideias negativas predominantes sobre as mulheres. Embora os estudiosos discordem sobre o quão progressista (feminista) Christine realmente era, concordam que ela defendeu a educação como um caminho a seguir para as mulheres. Trabalhou não apenas para uma melhor educação para as próprias mulheres, mas também para uma melhor educação sobre os papéis significativos e muitas vezes esquecidos que as mulheres desempenharam ao longo da história.[21]

Entretanto, por que ela fez isso? *The Romance of the Rose* não a afetou diretamente. Ela havia construído uma carreira produtiva e sua família estava indo bem. Por que ela se incomodou? Christine de Pizan percebeu que a batalha contra a misoginia era maior do que sua própria vida. As atitudes transmitidas em *The Romance of the Rose* afetavam mulheres reais — mulheres que talvez não fossem capazes de lutar por si mesmas. Christine mostrou isso em uma de suas cartas contra *The Romance of the Rose*, que contava a história de uma mulher que sofria diretamente com o texto misógino. Ela escreveu:

> Um homem casado [...] acreditava no *The Romance of the Rose* como no Evangelho. Ele era um homem extremamente ciumento, que, sempre que estava nas garras da paixão, ia buscar o livro e o lia para sua esposa. Então, se tornava violento, batia nela e dizia coisas horríveis como: "Esses são os tipos de truques que você faz comigo. Este bom e sábio mestre Jean de Meun sabia bem do que as mulheres são capazes". E, a cada palavra que ele acha apropriada, lhe dá alguns chutes ou tapas. Dessa maneira, me parece claro que o que quer que as outras pessoas pensem deste livro, esta pobre mulher paga um preço muito alto por ele.[22]

Ideias importam. Ideias que retratam as mulheres como inferiores aos homens levam os homens a tratarem as mulheres como inferiores. Ideias que objetificam as mulheres resultam em mulheres sendo tratadas como objetos (objetos sexuais, principalmente). Portanto, não é nenhuma surpresa que Paige Patterson, que comentou sobre o corpo de uma menina de 16 anos para uma multidão de cristãos (resultando em risos e aplausos de todos), compartilhe o mesmo entendimento sobre os papéis das mulheres que as igrejas batistas envolvidas no abuso sexual de centenas de mulheres.[23] Christine de Pizan entendeu que as ideias importam. Entendeu tão bem que conectou as ideias apresentadas em um livro popular ao abuso de uma mulher sem nome que estava presa em um casamento abusivo. Lutou por essa mulher lutando contra ideias prejudiciais sobre as mulheres.

Como uma mulher cristã que cresceu no mundo batista do Sul, concordo com Christine de Pizan. Ela percebeu que na raiz do comportamento abusivo em relação às mulheres — físico, emocional, psicológico, econômico — estavam ideias misóginas sobre as mulheres. Percebeu que a misoginia fere a todos nós, quer reconheçamos ou não, e fere especialmente aqueles já marginalizados pela economia, educação, raça e até religião. Christine usou o que tinha para lutar contra essa misoginia, amar aqueles a quem Deus ama, ajudar a melhorar a vida das mulheres, até mesmo a vida daquela "pobre mulher [que] paga um preço muito alto". Christine percebeu que, para mudar a vida das mulheres, primeiro precisava mudar as ideias sobre as mulheres.

Como uma esposa de pastor silenciada em igrejas complementaristas por muitos anos, também concordo com Sayers. Embora a resposta dela não tenha sido tão dramática quanto o ataque de Christine ao *The Romance of the Rose*, Sayers foi tão ousada quanto. Ela se recusou a ficar em silêncio. Em sua carta a Lewis, se recusou a relacionar as convicções dela sobre as mulheres como igualmente criadas e dotadas à imagem de Deus. Falou ativamente em nome das mulheres, afirmando de maneira clara que não havia razão lógica ou teológica para proibir sua ordenação. Disse isso mesmo quando significava desafiar e possivelmente alienar seu amigo. Eu gostaria de ter tido a coragem de Sayers mais cedo na minha vida. Tanto Christine quanto Sayers exemplificam uma continuidade que encontrei em meus anos pesquisando e ensinando a história das mulheres: as mulheres nunca param de lutar para fazer o que acreditam que Deus as chamou para fazer.

Porque está na hora de lembrar que não estamos sozinhas

Em 1998, comprei um livro que não podia pagar com minha bolsa de estudos. Porém, meu marido tinha acabado de gastar 50 dólares em um novo CD do U2, então comprei. Editado por Beverly Mayne Kienzle e Pamela J. Walker, é intitulado *Women Preachers and Prophets through Two Millennia of Christianity* [Mulheres pregadoras e profetas através de dois milênios de cristianismo]. Kienzle e Walker argumentam que uma definição limitada de pregação escondeu as mulheres que pregam ao longo da história cristã. No entanto, independentemente de o estabelecimento eclesiástico reconhecer seu trabalho, as mulheres persistiram em pregar o Evangelho e ministrar no serviço de Deus. "A presença recorrente da pregação das mulheres atesta tanto a luta contínua dentro do cristianismo sobre os problemas de autoridade quanto o espírito indomável das vozes das mulheres", escrevem Kienzle e Walker.[24] De Maria Madalena a mulheres valdenses, freiras ursulinas, esposas morávias, irmãs quakers, pregadoras negras e ativistas sufragistas, a história nos mostra que as mulheres não esperam a aprovação dos homens para fazer a obra de Deus. Podemos ouvir as vozes das mulheres em nosso passado cristão e, apesar de todos os obstáculos no caminho delas, "elas estão pregando".[25]

Tenho uma caneca no meu escritório com a frase: "Escrever as mulheres de volta na história". Meu objetivo não é apenas mudar as histórias que ensino em minhas aulas, fazer com que as mulheres saibam que elas fazem parte da história humana tanto quanto os homens. Meu objetivo também é mudar o futuro por meio de uma compreensão mais precisa do nosso passado. E se os evangélicos se lembrassem de mulheres como Christine de Pizan e Dorothy L. Sayers? E se lembrássemos que as mulheres sempre foram líderes, professoras e pregadoras, mesmo na história evangélica? E se nossos seminários usassem livros didáticos que incluíssem mulheres? E se nosso currículo de escola dominical e estudo bíblico refletisse corretamente Júnia como apóstola, Priscila como trabalhadora e mulheres como Hildegarda de Bingen como pregadoras? E se reconhecêssemos a liderança das mulheres da mesma forma que Paulo fez ao longo de suas cartas — até mesmo confiando a Carta aos Romanos à diaconisa Febe? E se ouvíssemos as mulheres em nossas igrejas evangélicas da mesma forma que Jesus ouvia as mulheres?

As mulheres estão com uma grande multidão de testemunhas. Sempre estivemos. Já está hora — passou da hora até — de nos lembrarmos.

Porque está na hora de ficarmos juntas

Era final de julho de 2017. Eu estava, com meu mapa de Londres, bem atrás do Royal Albert Hall. Estava procurando por locais históricos sufragistas até onde eu pudesse caminhar naquele dia quando, de repente, percebi onde estava: Royal Albert Hall é um dos locais sufragistas mais importantes de Londres.

Entre 1908 e 1913, o salão sediou cerca de trinta diferentes eventos de sufrágio, incluindo a reunião da União Social e Política das Mulheres na primavera de 1908, liderada por Emmeline Pankhurst e suas filhas, Christabel, Sylvia e Adela. Como Sylvia descreveu o momento: "Cada assento no grande Albert Hall foi vendido muito antes do dia do evento e centenas de pessoas foram rejeitadas nas portas. A vasta plateia era composta quase inteiramente por mulheres e havia 200 mulheres com vestidos brancos".[26] O Royal Albert Hall ficou conhecido como o "Templo da Liberdade" para as mulheres que lutam pelo sufrágio na Grã-Bretanha. O objetivo delas era o sufrágio universal — para que todas as mulheres tivessem o direito de votar. Por fim, elas alcançaram essa vitória e (apesar do imperialismo britânico e das atitudes imperialistas entre as líderes sufragistas) o voto para as mulheres na Grã-Bretanha incluiria mulheres de cor e mulheres da classe trabalhadora.[27] Porém, o sufrágio veio lentamente, em etapas. Em 1918, apenas um grupo limitado de mulheres recebeu o sufrágio e levaria mais dez anos de luta até que as mulheres recebessem direitos de voto iguais aos dos homens.[28]

Em 1917, um ano antes da primeira vitória (parcial) do sufrágio feminino na Inglaterra, as mulheres do coral do Royal Albert Hall realizaram um concerto para o National Service Mass Meeting for Women. O encontro homenageou as mulheres que trabalharam no apoio à Grande Guerra (motoristas de ambulância, enfermeiras, Land Army etc.) e contou com a presença da Rainha Maria.[29]

O coral cantou uma música que se tornaria emblemática da perseverança das mulheres na luta pelo voto. Na verdade, no ano seguinte foi cantada pela primeira vez (mas não a última) em uma manifestação de sufrágio.

A música era o poema de William Blake "And Did Those Feet in Ancient Time" [E aqueles pés em tempos antigos], musicado por Sir Hubert Parry e renascido como o hino "Jerusalém".[30] Eu estava nos degraus do Royal Albert Hall na luz nebulosa da manhã. Podia imaginar as palavras ecoando por todo o prédio curvo, além de suas paredes e nas ruas de Londres.

> Eu não recuarei na batalha espiritual
> Nem dormirá a espada que à mão se aferra
> Até que enfim Jerusalém se erga
> Na verde e doce pátria da Inglaterra[31]

Olhei para a cúpula arredondada vermelha e dourada, erguendo-se no céu ainda cinza acima. Eu sabia que minha luta não tinha acabado. Ainda não sabíamos o que o futuro reservava e o trauma do passado doía todos os dias. Mas minha família estava livre. A atmosfera opressiva sob a qual vivíamos acabou. Eu poderia escrever e ensinar sem medo de retaliação, meu marido podia ensinar e pregar sem medo de perder o emprego, nossos filhos não estavam mais aprendendo heresias perigosas sobre a subordinação eterna de Jesus ou ideias patriarcais prejudiciais sobre mulheres e homens.

Minha filha estava livre, mas as filhas de outras mulheres não.

Como as sufragistas que ainda lutavam em 1918 pelo sufrágio universal feminino na Inglaterra, eu também não poderia recuar na batalha espiritual. Já tinha decidido parar de ficar em silêncio. Agora era hora de falar alto o suficiente para o mundo evangélico ouvir.

A feminilidade bíblica é o patriarcado cristão. A única razão pela qual continua a crescer é porque mulheres e homens — assim como eu e você — continuam a apoiá-la. E se todos nós parássemos de apoiá-la? E se, em vez de deixarmos que as divisões denominacionais e as crenças teológicas periféricas continuem a nos separar, nos mantivéssemos juntos como pessoas de fé que acreditam que Deus chamou para mudar este mundo? Historicamente, um dos maiores problemas das mulheres é que não lembramos do nosso passado e não trabalhamos juntas para mudar nosso futuro. Nós não estamos juntas. Mas e se ficarmos juntas?

E se dermos ouvidos ao apelo de Beth Moore para lidar com todos os textos de como as mulheres são retratadas na Bíblia — não apenas em alguns textos paulinos selecionados? "Acima de tudo", escreve Moore, "devemos buscar as atitudes e práticas do próprio Cristo Jesus em relação às mulheres. ELE é o nosso Senhor. Ele tinha seguidoras mulheres!".[32] E se realmente fizéssemos isso e nos recusássemos a deixar 1 Coríntios 14 e 1 Timóteo 2 abafar todas as outras vozes da Sagrada Escritura?

E se parássemos de esquecer nosso passado e nos lembrássemos de que mulheres — assim como nós — pregaram seu caminho através da paisagem da história cristã? E se lembrássemos que estamos cercadas por uma multidão de testemunhas femininas e que nunca estaremos sozinhas?

E se dermos ouvidos ao argumento de Dorothy L. Sayers de que ela "Nunca consegui encontrar nenhuma razão lógica ou estritamente teológica contra [a ordenação de mulheres]"?[33] E se percebêssemos que Deus nunca parou de chamar mulheres para fazer seu trabalho — como pregadoras, professoras, missionárias, evangelistas e autoras? E se percebêssemos que, quando olhamos para todo o mundo global, simplesmente não faz sentido definir ocupações por gênero? O que faz sentido é o lembrete de Paulo de que todo o nosso trabalho é importante e que, fazendo o que somos chamados a fazer, edificamos juntos o Corpo de Cristo. E se finalmente ficássemos juntas, unidas por nossa crença em Jesus, em vez de divididas por discussões sobre poder e autoridade?

E se seguíssemos o exemplo de Jesus, que deixou Maria de Betânia sentar-se a seus pés como um discípulo masculino e que rejeitou seus discípulos para ter certeza de que ele ouviu as palavras da mulher de Canaã? E se percebêssemos que, mesmo quando os discípulos homens afastavam as mulheres, Jesus sempre ouvia as mulheres falarem? Complementarismo é patriarcado e patriarcado é sobre poder. Nunca foi sobre Jesus.

Não me lembro quando comecei, mas há muito tempo venho dispensando meus alunos das aulas com essa frase: Vão, sejam livres! Acho que é uma maneira apropriada de terminar este livro também.

Jesus libertou as mulheres há muito tempo.

Não está finalmente na hora de os cristãos evangélicos fazerem o mesmo?

Vão, sejam livres!

notas

Introdução
1. James Dobson, *Love for a Lifetime: Building a Marriage That Will Go the Distance* (1987; reimpr., Colorado Springs: Multnomah, 1998), 63. Veja também Kristin Kobes Du Mez, *Jesus and John Wayne: How White Evangelicals Corrupted a Faith and Fractured a Nation* (Nova York: Liveright, 2020), 83.
2. Elisabeth Elliot, *Let Me Be a Woman: Notes to My Daughter on the Meaning of Womanhood* (1976; reimpr., Carol Stream, IL: Tyndale, 2013), 50.
3. Ben Witherington afirmou isso em uma palestra que deu na Universidade de Baylor durante um simpósio que ajudei a organizar com o Institute for the Study of Religion (ISR) em setembro de 2013. Isso ficou na minha cabeça. O simpósio foi intitulado "As mulheres e a Bíblia" e também contou com Kristin Kobes Du Mez. Witherington fez esta afirmação várias vezes, inclusive em seu blog: Ben Witherington, "The Eternal Subordination of Christ and of Women," *Ben Witherington* (blog), 22 de março de 2006, http://benwitherington.blogspot.com/2006/03/eternal-subordination-of-christ-and-of.html.
4. Sarah Pulliam Bailey, "Southern Baptist Leader Paige Patterson Encouraged a Woman Not to Report Alleged Rape to Police and Told Her to Forgive Assailant, She Says," *Washington Post*, 22 de maio de 2018, https://www.washingtonpost.com/news/acts-of-faith/wp/2018/05/22/southern-baptist-leader-encouraged-a-woman-not-to-report-alleged-rape-to-police-and-told-her-to-forgive-assailant-she-says. Ken Camp, "Southern Baptists Deal with Fallout over Paige Patterson", *Baptist Standard*, 25 de maio de 2018, https://www.baptiststandard.com/news/baptists/southern-baptists-deal-fallout-paige-patterson.
5. "Read Rachael Denhollander's Full Victim Impact Statement about Larry Nassar," CNN.com, 30 de Janeiro de 2018, https://www.cnn.com/2018/01/24/us/rachael-denhollander-full-statement/index.html. Veja também a entrevista de Morgan Lee com Denhollander: "My Larry Nassar Testimony Went Viral. But There's More to the Gospel Than Forgiveness", *Christianity Today*, 31 de janeiro de 2018, https://www.christianitytoday.com/ct/2018/january-web-only/rachael-denhollander-larry-nassar-forgiveness-gospel.html.

6. Ed Stetzer, "Andy Savage's Standing Ovation Was Heard Round the World. Because It Was Wrong", *Christianity Today*, 11 de janeiro de 2018, https://www.christianitytoday.com/edstetzer/2018/january/andy-savages-standing-ovation-was-heard-round-world-because.html.
7. Ruth Graham, "How a Megachurch Melts Down", *The Atlantic*, 7 de novembro de 2014, https://www.theatlantic.com/national/archive/2014/11/houston-mark-driscoll-megachurch-meltdown/382487.
8. Jen Pollock Michel, "God's Message to #MeToo Victims and Perpetrators", *Christianity Today*, 18 de janeiro de 2018, https://www.christianitytoday.com/women/2018/january/gods-message-to-metoo-victims-and-perpetrators.html.
9. *Evangélico* é um termo contestado. Embora eu queira argumentar que *evangélico* se refere principalmente a crenças teológicas compartilhadas — nosso foco na Bíblia e na ressurreição de Jesus, bem como nossa ênfase na conversão e evangelismo — eu não posso. *Evangélico* se tornou uma identidade (e principalmente uma identidade conservadora branca), não apenas um conjunto compartilhado de crenças teológicas. Como escreve Kristin Kobes Du Mez: "Para os evangélicos brancos conservadores, as 'boas novas' do Evangelho cristão se tornaram ligadas de maneira inseparável a um firme compromisso com a autoridade patriarcal, a diferença de gênero e o nacionalismo cristão, e tudo isso está entrelaçado com a identidade racial branca". Du Mez, *Jesus and John Wayne*, 7. Veja também Thomas S. Kidd, *Who Is An Evangelical?* (New Haven: Yale University Press, 2019).

1. O início do patriarcado
1. Owen Strachan, "Divine Order in a Chaotic Age: On Women Preaching", *Thought Life* (blog), 7 de maio de 2019, https://www.patheos.com/blogs/thoughtlife/2019/05/divine-order-in-a-chaotic-age-on-women-preaching. A tradução de Gênesis 1:1 é de Strachan.
2. Russell Moore, "Feminism in Your Church and Home with Russell Moore, Randy Stinson, e C. J. Mahaney", entrevista de Mark Dever, 9Marks Leadership Interviews, 30 de abril de 2007, áudio, 01:05:01, citação em 30:07, https://www.9marks.org/interview/feminism-your-church-and-home-russell-moore-randy-stinson-and-cj-mahaney.
3. Russell Moore, "After Patriarchy, What? Why Egalitarians Are Winning the Gender Debate", *Journal of the Evangelical Theological Society* 49, nº 3 (setembro de 2006): 574, https://www.etsjets.org/files/JETS-PDFs/49/49-3/JETS49-3569-576Moore.pdf.
4. Rachel Held Evans, *A Year of Biblical Womanhood* (Nashville: Nelson, 2012). Sou grata a Evans. Por meio de seus blogs e livros, sua voz foi uma das primeiras que ouvi que compartilhava minhas crescentes preocupações sobre a feminilidade bíblica. Ela faleceu inesperada e tragicamente em 2019, aos 37 anos.
5. Rachel Held Evans, "It's Not Complementarianism; it's Patriarchy", *Rachel Held Evans* (blog), 3 de maio de 2012, https://rachelheldevans.com/blog/complementarians-patriarchy.

6. Owen Strachan, "Of 'Dad Moms' and 'Man Fails': An Essay on Men and Awesomeness", *Journal for Biblical Manhood and Womanhood* 17, nº 1 (Primavera de 2012): 25, https://cbmw.org/wp-content/uploads/2013/03/JBMW-Spring-12-Complete.pdf.
7. Judith Bennett, *History Matters: Patriarchy and the Challenge of Feminism* (Filadélfia: University of Pennsylvania Press, 2006), 55. Veja a discussão completa sobre o patriarcado nas páginas 55-60.
8. "What Americans Think about Women in Power", Barna Group, 8 de março de 2017, https://www.barna.com/research/americans-think-women-power. Os pesquisadores do Barna também descrevem "nove critérios teológicos específicos" que usaram para classificar os entrevistados como evangélicos.
9. Katelyn Beaty aborda como as ideias evangélicas sobre os papéis de gênero impactam o trabalho das mulheres em *A Woman's Place: A Christian Vision for Your Calling in the Office, the Home, and the World* (Nova York: Howard, 2016). Por exemplo, relata como Karen Dabaghian, uma engenheira de software em San Francisco experimenta a desconexão entre seu trabalho e sua igreja: "Em high-tech, ninguém liga [sobre seu gênero] [...]. Então eu entro nesse ambiente cristão mais amplo e, de repente, me sinto com gênero, de uma maneira que não é algo que me entusiasma" (236).
10. "Waco, TX," Data USA, acessado em 18 de fevereiro de 2020, https://datausa.io/profile/geo/waco-tx-metro-area#economy.
11. Moore, "After Patriarchy, What?", 576; Russell Moore, "Women, Stop Submitting to Men", *Journal for Biblical Manhood and Womanhood* 17, nº 1 (primavera de 2012): 9, https://cbmw.org/wp-content/uploads/2013/03/JBMW-Spring-12-Complete.pdf.
12. Russell Moore, "Is Your Marriage Baal Worship?", RussellMoore.com, 26 de setembro de 2018, https://www.russellmoore.com/2018/09/26/is-your-marriage-baal-worship. Veja também Russell Moore, *The Storm-Tossed Family: How the Cross Reshapes the Home* (Nashville: B&H, 2018), 82-90.
13. Moore, "Women, Stop Submitting to Men," 8-9.
14. Moore, *Storm-Tossed Family*, 84-89.
15. Veja o artigo de Sarah Pulliam Bailey sobre a perspectiva de Russell Moore sobre Beth Moore ensinando e pregando: "Russell Moore, o presidente do braço de políticas da SBC (e sem parentesco com Beth Moore), levantou o recente debate sobre a popular professora da Bíblia falando de uma 'poluição de mídia social' não refletida nas igrejas nas manhãs de domingo. Ele e Mohler não defendem que as mulheres preguem na frente dos homens, mas dizem que há espaço para desacordo entre as igrejas". Sarah Pulliam Bailey, "Southern Baptists Are Supposed to Talk about Sexual Abuse. But Right Now They're Discussing Whether One Woman Can Preach", *Washington Post*, 9 de junho de 2019, https://www.washingtonpost.com/religion/2019/06/09/southern-baptists-are-supposed-talk-about-sex-abuse-right-now-theyre-discussing-whether-one-woman-can-preach.

16. Você pode encontrar a adição de 1998 completa aqui: "Report of Committee on Baptist Faith and Message", Utm.edu, https://www.utm.edu/staff/caldwell/bfm/1963-1998/report1 998.html. Veja também "Baptist Faith and Message 2000", Southern Baptist Convention, 14 de junho de 2000, http://www.sbc.net/bfm2000/bfm2000.asp, abaixo do título "XVIII. The Family."
17. Barry Hankins, *Uneasy in Babylon: Southern Baptist Conservatives and American Culture* (Tuscaloosa: University of Alabama Press, 2002), 214-15.
18. Bennett, *History Matters*, 82-107.
19. Danny P. Jackson, introdução ao *The Epic of Gilgamesh*, trad. de Danny P. Jackson, 2ª ed. (Wauconda, IL: Bolchazy-Carducci, 1997), xi–xii.
20. Jackson, introdução ao *Epic of Gilgamesh*, xii–xvi.
21. Jackson, *Epic of Gilgamesh*, 53–54.
22. Jackson, *Epic of Gilgamesh*, 17.
23. Rivkah Harris, "Images of Women in the Gilgamesh Epic", em *Lingering over Words: Studies in Ancient Near Eastern Literature in Honor of William L. Moran*, ed. Tzvi Abusch, John Huehnergard e Piotr Steinkeller (Atlanta: Scholars Press, 1990), 219-30.
24. Harris, "Images of Women in the Gilgamesh Epic", 220.
25. Jackson, *Epic of Gilgamesh*, 68.
26. Albert Mohler, "A Call for Courage on Biblical Manhood and Womanhood", *Albert Mohler* (blog), 19 de junho de 2006, https://albertmohler.com/2006/06/19/a-call-for-courage-on-biblical-manhood-and-womanhood.
27. Denny Burk (@DennyBurk), "I've noticed that in Star Wars", Twitter, 30 de dezembro de 2017, 11:39, https://twitter.com/DennyBurk/status/947145180913729537.
28. Marten Stol, *Women in the Ancient Near East*, trad. de Helen Richardson e Mervyn Richardson (Boston: de Gruyter, 2016), 691.
29. "The National Intimate Partner and Sexual Violence Survey", Centers for Disease Control and Prevention, última alteração em 19 de junho de 2019, https://www.cdc.gov/violenceprevention/datasources/nisvs/index.html.
30. Hankins, *Uneasy in Babylon*, 213-15, 225. Veja também "Baptist Faith and Message 2000", abaixo do título "XVIII. The Family."
31. Hankins, *Uneasy in Babylon*, 215-16.
32. Kate Narveson, *Bible Readers and Lay Writers in Early Modern England: Gender and Self-Definition* (Londres: Routledge, 2016), 51-77.
33. Douay-Rheims 1899 American Edition. A Douay-Rheims é a tradução em língua inglesa da Vulgata Latina, produzida pela primeira vez em 1582.
34. Alice Mathews, *Gender Roles and the People of God: Rethinking What We Were Taught about Men and Women in the Church* (Grand Rapids: Zondervan, 2017), 43-47.
35. Stanley Gundry, "From Bobbed Hair, Bossy Wives, and Women Preachers to Woman Be Free: My Story", em *How I Changed My Mind about Women in Leadership: Compelling Stories from*

Prominent Evangelicals, ed. Alan F. Johnson (Grand Rapids: Zondervan, 2010), 102.
36. Citação em Kristin Kobes Du Mez, *A New Gospel for Women: Katharine Bushnell and the Challenge of Christian Feminism* (Oxford: Oxford University Press, 2015), 120-22.
37. Du Mez, *New Gospel for Women*, 120-22.
38. Hedy Red Dexter e J. M. Lagrander, "Bible Devotionals Justify Traditional Gender Roles: A Political Agenda That Affects Social Policy", *Social Justice* 26, nº 1 (primavera de 1999): 99–114.
39. James Dobson, "A New Look at Masculinity and Femininity" (brochura publicada pela Focus on the Family em 1994), citada em Dexter e Lagrander, "Bible Devotionals Justify Traditional Gender Roles", 107.
40. James Dobson, *Love Must Be Tough* (Waco: Word, 1983), 148. Esta mulher escreveu a Dobson pedindo conselhos. Uma descrição da carta da mulher e da resposta de Dobson também é encontrada nas edições de 1999 e 2007 do livro dele: *Love Must Be Tough* (Dallas: Word, 1999), 160-62; e *Love Must Be Tough* (Carol Stream, IL: Tyndale, 2007), 160-62. Kristin Kobes Du Mez escreve que Dobson "recomendou um ceticismo saudável em relação a certas alegações de violência doméstica". Kristin Kobes Du Mez, *Jesus and John Wayne: How White Evangelicals Corrupted a Faith and Fractured a Nation* (Nova York: Liveright, 2020), 144.
41. Du Mez, *Jesus and John Wayne*, 167.
42. John Piper e Wayne Grudem, eds., *Recovering Biblical Manhood and Womanhood* (1991; reimpr., Wheaton: Crossway, 2006), 409-10. Veja também Du Mez, *Jesus and John Wayne*, 167.
43. Wayne Grudem, *Systematic Theology: An Introduction to Biblical Doctrine* (Grand Rapids: Zondervan, 1994), 464.
44. Mary Stewart Van Leeuwen, professora de psicologia e filosofia, apresenta uma visão perspicaz da "ansiedade da complementaridade" tanto de complementaristas quanto igualitários em *A Sword between the Sexes? C. S. Lewis and the Gender Debates* (Grand Rapids: Brazos, 2010), 168-70.
45. Gerda Lerner, *The Creation of Patriarchy* (Nova York: Oxford University Press, 1986), 228-29.
46. Clarice J. Martin, "Womanist Interpretations of the New Testament: The Quest for Holistic and Inclusive Translation and Interpretation", em *I Found God in Me: A Womanist Biblical Hermeneutics Reader*, ed. Mitzi J. Smith (Eugene, OR: Cascade Books, 2015), 32.
47. Clarice J. Martin, "The *Haustafeln* (Household Codes) em Afro-American Biblical Interpretation: 'Free Slaves' and 'Subordinate Women'", em *Stony the Road We Trod: African American Biblical Interpretation*, ed. Cain Hope Felder (Minneapolis: Fortress, 1991), 226.
48. Martin, "*Haustafeln* (Household Codes)", em Felder, *Stony the Road We Trod*, 228.
49. Merry E. Wiesner-Hanks, *Gender in History: Global Perspectives*, 2ª ed. (Malden, MA: Wiley-Blackwell, 2011), 18.

50. Mathews, *Gender Roles and the People of God*, 33.
51. Febbie C. Dickerson, "Acts 9:36-43: The Many Faces of Tabitha, a Womanist Reading", em Smith, *I Found God in Me*, 302.
52. Beth Moore (@BethMooreLPM), "What I plead for", Twitter, 11 de maio de 2019, 9:44, https://twitter.com/bethmoorelpm/status/1127207937909325824; Beth Moore (@BethMooreLPM), "Is to grapple with the entire text," Twitter, 11 de maio de 2019, 9:51, https://twitter.com/bethmoorelpm/status/1127209694500671489.
53. John Piper, "Headship and Harmony", Desiring God, 1º de maio de 1984, https://www.desiringgod.org/articles/headship-and-harmony.
54. Sarah Bessey, *Jesus Feminist: An Invitation to Revisit the Bible's View of Women* (Nova York: Howard, 2013), 14.

2. E se a feminilidade bíblica não viesse de Paulo?

1. "What Americans Think about Women in Power", Barna Group, 8 de março de 2017, https://www.barna.com/research/americans-think-women-power.
2. Beth Allison Barr, "No Room in Wayne Grudem's World for a Female President", *The Anxious Bench* (blog), 31 de julho de 2016, https://www.patheos.com/blogs/anxiousbench/2016/07/wayne-grudem-donald-trump-and-the-female-elephant-in-the-room.
3. "What Americans Think about Women in Power".
4. Bruce Ware, "Summaries of the Egalitarian and Complementarian Positions", The Council on Biblical Manhood and Womanhood, 26 de junho de 2007, https://cbmw.org/2007/06/26/summaries-of-the-egalitarian-and-complementarian-positions.
5. Beverly Roberts Gaventa, "Gendered Bodies and the Body of Christ", em *Practicing with Paul: Reflections on Paul and the Practices of Ministry in Honor of Susan G. Eastman*, ed. Presian R. Burroughs (Eugene, OR: Cascade Books, 2018), 55.
6. Boykin Sanders, "1 Corinthians", em *True to Our Native Land: African American Biblical Interpretation*, ed. Brian K. Blount (Minneapolis: Fortress, 2007), 296.
7. Adaptei esta frase de uma fala de Dorothy L. Sayers, que escreve que "certamente não é tarefa da igreja adaptar Cristo aos homens, mas adaptar os homens a Cristo". Dorothy L. Sayers, *Letters to a Diminished Church: Passionate Arguments for the Relevance of the Christian Doctrine* (Nashville: Nelson, 2004), 20.
8. Para saber mais sobre *Festial*, veja Beth Allison Barr, *The Pastoral Care of Women in Late Medieval England* (Woodbridge, UK: Boydell, 2008); e Beth Allison Barr and Lynneth J. Miller, "John Mirk", em *Oxford Bibliographies in Medieval Studies*, ed. Paul E. Szarmach (Nova York: Oxford University Press, 2018), https://www.oxfordbibliographies.com/view/document/obo-9780195396584/obo-9780195396584-0259.xml. Também discuti esse sermão em Beth Allison Barr, "Paul, Medieval Women, and Fifty Years of the CFH: New Perspectives", *Fides et Historia* 51, nº 1 (inverno/primavera de 2019): 1–17.
9. Todas as referências foram retiradas do BL MS Cotton Claudius A II. Para edições impressas, veja John Mirk, *John Mirk's "Festial"*, ed. Susan Powell (Oxford: Oxford University Press, 2009), 2:252-56.

10. Mirk, *John Mirk's "Festial"*, 2:253-54.
11. "Baptist Faith and Message 2000", Southern Baptist Convention, 14 de junho de 2000, http://www.sbc.net/bfm2000/bfm2000.asp, abaixo do título "XVIII. The Family."
12. Christine Peters, "Gender, Sacrament and Ritual: The Making and Meaning of Marriage in Late Medieval and Early Modern England", *Past & Present* 169 (novembro de 2000): 78.
13. A cerimônia de casamento dita que o noivo deve dizer: "Em nome do Pai, do Filho e do Espírito Santo, com esta aliança me caso", indicando a ênfase em Deus primeiro. Talvez não seja surpreendente que as mulheres medievais frequentemente deixassem suas alianças de casamento para as igrejas quando morriam. Veja Sue Niebrzydowski, "Bonoure and Buxum: A Study of Wives in Late Medieval English Literature", vol. 2 de *Somerset Medieval Wills, Transcripts of Sussex Wills* (Oxford: Peter Lang, 2006), 87.
14. Barr, "Paul, Medieval Women", 1-17.
15. Daniel Mark Cere, "Marriage, Subordination and the Development of Christian Doctrine", em *Does Christianity Teach Male Headship? The Equal-Regard Marriage and Its Critics*, ed. David Blankenhorn, Don Browning e Mary Stewart Van Leeuwen (Grand Rapids: Eerdmans, 2004), 110.
16. Alcuin Blamires, "Paradox in the Medieval Gender Doctrine of Head and Body", em *Medieval Theology and the Natural Body*, ed. Peter Biller e A. J. Minnis (Woodbridge, Reino Unido: York Medieval Press, 1997), 29.
17. Blamires, "Paradox in the Medieval Gender Doctrine of Head and Body", 22-23.
18. Papa João Paulo II, *Mulieris Dignitatem*, 24, citado em Cere, "Marriage, Subordination and the Development of Christian Doctrine", 110.
19. Phyllis Trible cunhou a frase "textos de terror". Veja Phyllis Trible, *Texts of Terror: Literary-Feminist Readings of Biblical Narratives* (Filadélfia: Fortress, 1984).
20. Para mais informações gerais sobre as mulheres no mundo greco-romano, recomendo os livros de Sarah B. Pomeroy *Goddesses, Whores, Wives, and Slaves: Women in Classical Antiquity* (1975; reimpr., New York: Schocken, 1995) e *The Murder of Regilla: A Case of Domestic Violence in Antiquity* (Cambridge, MA: Harvard University Press, 2007). Além disso, o livro de Mary Beard *SPQR: A History of Ancient Rome* (Nova York: Liveright, 2016) apresenta uma introdução envolvente à história romana.
21. Rachel Held Evans, "Aristotle vs. Jesus: What Makes the New Testament Household Codes Different", *Rachel Held Evans* (blog), 28 de agosto de 2013, https://rachelheldevans.com/blog/aristotle-vs-jesus-what-makes-the-new-testament-household-codes-different.
22. Carolyn Osiek e Margaret MacDonald, *A Woman's Place: House Churches in Earliest Christianity* (Minneapolis: Fortress, 2006), 122–23. Osiek e MacDonald localizam os "papéis de liderança das mulheres nos primeiros grupos da igreja" como parte de um

padrão cultural crescente no qual as mulheres estavam ganhando mais liberdade e visibilidade social (249).
23. Shi-Min Lu, "Woman's Role in New Testament Household Codes: Transforming First-Century Roman Culture", *Priscilla Papers* 30, nº 1 (inverno de 2016): 11, https://www.cbeinternational.org/resource/article/priscilla-papers-academic-journal/womans-role-new-testament-household-codes.
24. Aristotle, *Politics*, 1259a37, em *Women's Life in Greece and Rome*, ed. Mary R. Lefkowitz e Maureen B. Fant, 4ª ed. (Londres: Bloomsbury, 2016), 64.
25. Lucy Peppiatt, *Rediscovering Scripture's Vision for Women: Fresh Perspectives on Disputed Texts* (Downers Grove, IL: IVP Academic, 2019), 92.
26. Scot McKnight, *The Letter to the Colossians* (Grand Rapids: Eerdmans, 2018), 346.
27. Beverly Roberts Gaventa faz a mesma observação em sua discussão sobre o corpo de Cristo em 1 Coríntios 12:17-21. Gaventa, "Gendered Bodies", em Burroughs, *Practicing with Paul*, 53–54.
28. Osiek e MacDonald, *Woman's Place*, 122.
29. Ian Morris, "Remaining Invisible: The Archeology of the Excluded in Classical Athens", em *Women and Slaves in Greco-Roman Culture*, ed. Sandra R. Joshel e Sheila Murnaghan (Londres: Routledge, 1998), 217-20.
30. Aristotle, *Generation of Animals*, 737a, 775a, em *Woman Defamed and Woman Defended: An Anthology of Medieval Texts*, ed. Alcuin Blamires, Karen Pratt e C. W. Marx (Oxford: Clarendon, 1992), 40-41.
31. Galen, *On the Usefulness of the Parts of the Body* II.299, em Blamires, Pratt e Marx, *Woman Defamed and Woman Defended*, 41-42.
32. John Piper, "'The Frank and Manly Mr. Ryle' — The Value of a Masculine Ministry" (palestra, Desiring God 2012 Conference for Pastors). A apresentação completa pode ser acessada em https://www.desiringgod.org/messages/the-frank-and-manly-mr-ryle-the-value-of-a-masculine-ministry.
33. Beverly Roberts Gaventa, *Our Mother Saint Paul* (Louisville: Westminster John Knox, 2007), 7.
34. Gaventa, *Our Mother Saint Paul*, 13-14.
35. Gaventa, *Our Mother Saint Paul*, 14.
36. Caroline Walker Bynum, *Jesus as Mother: Studies in the Spirituality of the High Middle Ages* (Berkeley: University of California Press, 1982), 112-13.
37. Citado em Bynum, *Jesus as Mother*, 113-14.
38. Pliny, "Pliny and Trajan: Correspondence, c. 112 CE", *Ancient History Sourcebook*, última alteração em 21 de janeiro de 2020, https://sourcebooks.fordham.edu/ancient/pliny-trajan1.asp.
39. Osiek e MacDonald, *Woman's Place*, 135.
40. John Piper e Wayne Grudem, eds., *Recovering Biblical Manhood and Womanhood* (1991; reimpr., Wheaton: Crossway, 2006), xv.
41. Peppiatt, *Rediscovering Scripture's Vision for Women*, 93.

42. Gaventa, "Gendered Bodies," em Burroughs, *Practicing with Paul*, 48.
43. Titus Livy, *History of Rome*, livro 34, citado em Charles H. Talbert, "Biblical Criticism's Role: The Pauline View of Women as a Case in Point", em *The Unfettered Word*, ed. Robinson B. James (Waco: Word, 1987), 66.
44. Pomeroy, *Goddesses, Whores, Wives, and Slaves*, 177-80.
45. Livy, *History of Rome*, em Lefkowitz e Fant, *Women's Life in Greece and Rome*, 171.
46. Juvenal, *Satires 6*, citado em Talbert, "*Biblical Criticism's Role*", em James, *Unfettered Word*, 66. Este é apenas um de vários exemplos.
47. Carolyn Osiek e David L. Balch, *Families in the New Testament World* (Louisville: Westminster John Knox, 1997), 103-55. Veja também Margaret Y. MacDonald, "Reading 1 Corinthians 7 through the Eyes of Families", em *Text, Image, and Christians in the Graeco-Roman World: A Festschrift in Honor of David Lee Balch*, ed. Aliou Niang e Carolyn Osiek, Princeton Theological Monograph Series 176 (Eugene, OR: Pickwick, 2012), 38-52.
48. Osiek e Balch, *Families in the New Testament World*, 112.
49. Lucy Peppiatt, *Women and Worship at Corinth: Paul's Rhetorical Arguments in 1 Corinthians* (Eugene, OR: Wipf & Stock, 2015), 4, 67-68.
50. Peppiatt, *Rediscovering Scripture's Vision for Women*, 142.
51. D. W. Odell-Scott, "Let the Women Speak in Church: An Egalitarian Interpretation of 1 Cor 14:33b–36", *Biblical Theology Bulletin* 13 (1º de agosto de 1983): 90-93; Talbert, "Biblical Criticism's Role", em James, *Unfettered Word*, 62–71; veja também Linda Belleville, "Women in Ministry", em *Two Views on Women in Ministry*, ed. James R. Beck e Craig L. Blomberg (Grand Rapids: Zondervan, 2001), 77-154. Uma infinidade de estudiosos tem apoiado essa teoria, principalmente porque as palavras de Paulo são muito semelhantes às fontes romanas e porque não se encaixam em seus outros ensinamentos. Outros estudiosos apontam que não há indicação clara no texto de que esta seja uma citação coríntia.
52. Marg Mowczko apresenta uma visão acadêmica acessível e bem citada sobre 1 Coríntios 14:34–35. Veja a postagem dela no blog e sua bibliografia: Marg Mowczko, "Interpretations and Applications of 1 Corinthians 14:34–35", *Marg Mowczko* (blog), 9 de julho de 2011, https://margmowczko.com/interpretations-applications-1-cor-14_34-35.
53. A maioria esmagadora de acadêmicos fora dos círculos do complementarismo concorda que Paulo não está dizendo às mulheres que fiquem caladas. Ele está somente abordando um problema particular. Ver Craig S. Keener, "Learning in the Assemblies: 1 Corinthians 14:34i35", em Discovering Biblical Equality: Complementarity without Hierarchy, ed. Ronald W. Pierce e Rebecca Merrill Groothius (Downers Grove, IL: InterVarsity, 2005), 161-71; Ben Witherington III, Conflict and Community in Corinth: A Socio-Rhetorical Commentary on 1 and 2 Corinthians (Grand Rapids: Eerdmans, 1995); ver também Cynthia

Long Westfall, *Paul and Gender: Reclaiming the Apostle's Vision for Men and Women in Christ* (Grand Rapids: Baker Academic, 2016).
54. Gaventa, "Gendered Bodies", em Burroughs, *Practicing with Paul*, 54.
55. "A boa notícia é que podemos abandonar Aristóteles e manter Jesus", escreveu Evans em 28 de agosto de 2013 no seu post de blog "Aristotle vs. Jesus".
56. Kevin Madigan e Carolyn Osiek, eds., *Ordained Women in the Early Church: A Documentary History* (Baltimore: Johns Hopkins University Press, 2011), 13-19.
57. *The Ryrie Study Bible* (Chicago: Moody, 1986), 1564.
58. Eldon Jay Epp, *Junia: The First Woman Apostle* (Minneapolis: Fortress, 2005), 60-65.
59. Beverly Roberts Gaventa, prefácio de Epp, *Junia*, xi-xii.
60. Origen, "*Commentary on Romans 10.17 on Romans 16:1-2*", em Madigan e Osiek, *Ordained Women in the Early Church*, 14.
61. John Chrysostom, "*Homily 30 on Romans 16:1-2*", em Madigan e Osiek, *Ordained Women in the Early Church*, 14–15.
62. John Chrysostom, "*Homily 11 on 1 Timothy 3:11*", em Madigan e Osiek, *Ordained Women in the Early Church*, 19.
63. Madigan e Osiek, *Ordained Women in the Early Church*, 19.
64. Madigan e Osiek, *Ordained Women in the Early Church*, 205.

3. Nossa memória seletiva do Período Medieval

1. Margery Kempe, *The Book of Margery Kempe*, ed. B. A. Windeatt (Nova York: Penguin, 1985), 163. Discuto esse incidente de maneira breve em Beth Allison Barr, "'She Hungered Right So after God's Word': Female Piety and the Legacy of the Pastoral Program in the Late Medieval English Sermons of Bodleian Library MS Greaves 54", *Journal of Religious History* 39, nº 1 (março de 2015): 31–50.
2. Kempe, *Book of Margery Kempe*, 163.
3. Kempe, *Book of Margery Kempe*, 164 (itálico adicionado).
4. Kempe, *Book of Margery Kempe*, 164.
5. Kempe, *Book of Margery Kempe*, 164.
6. Kempe, *Book of Margery Kempe*, 167.
7. Para saber mais sobre a dívida conjugal, veja James Brundage, *Law, Sex, and Christian Society in Medieval Europe* (1987; reimpr., Chicago: University of Chicago Press, 2009), 198.
8. Kempe, *Book of Margery Kempe*, 58.
9. Isabel Davis, "Men and Margery: Negotiating Medieval Patriarchy", em *A Companion to "The Book of Margery Kempe"*, ed. John Arnold e Katherine Lewis (Cambridge: Brewer, 2004), 52.
10. Kempe, *Book of Margery Kempe*, 86-87.
11. Christine de Pizan, *The Book of the City of Ladies*, trad. de Earl Jeffrey Richards (Nova York: Persea, 1982), 27.
12. Em sua introdução ao *The Oxford Handbook of Women and Gender in Medieval Europe* (Nova York: Oxford University Press, 2013), Judith Bennett e Ruth Mazos Karras escrevem que havia "muito mais flexibilidade e espaço para as mulheres dentro do

cristianismo medieval do que os historiadores imaginavam. Nesta área de pesquisa, talvez mais do que em qualquer outra, as histórias feministas hoje falam mais de oportunidade e menos de constrangimento" (13). Recomendo este livro na íntegra para os interessados na história das mulheres medievais.

13. Jacobus de Voragine, "The Life of Saint Paula", citado em Larissa Tracy, *Women of the Gilte Legende: A Selection of Middle English Saints Lives* (Woodbridge, Reino Unido: Boydell & Brewer, 2014), 47.
14. John Mirk, *John Mirk's "Festial"*, ed. Susan Powell (Oxford: Oxford University Press, 2009), 2:181-83. A história de Margarida também é contada em Tracy, *Women of the Gilte Legende*, 40-44.
15. Mirk, *John Mirk's "Festial"*, 2:181-83.
16. Mirk, *John Mirk's "Festial"*, 2:182. Modernizei a linguagem do texto em inglês médio.
17. Mirk, *John Mirk's "Festial"*, 2:181-83.
18. Katie M. Reid, *Made Like Martha: Good News for the Woman Who Gets Things Done* (Nova York: WaterBrook, 2018), 5.
19. Sarah Mae, *Having a Martha Home the Mary Way: 31 Days to a Clean House and a Satisfied Soul* (Carol Stream, IL: Tyndale Momentum, 2016), 12.
20. O papa Gregório, o Grande, pregou um sermão em 21 de setembro de 591, confundindo Maria Madalena como a mulher em Lucas 7:36-50, João 11:1-45 e Marcos 16:9. Katherine Ludwig Jansen, "Maria Magdalena: *Apostolorum Apostola*", em *Women Preachers and Prophets through Two Millennia of Christianity*, ed. Beverly Mayne Kienzle e Pamela J. Walker (Berkeley: University of California Press, 1998), 60.
21. Jansen, "Maria Magdalena", em Kienzle e Walker, *Women Preachers and Prophets*, 66.
22. Jacobus de Voragine, *The Golden Legend: Readings on the Saints*, trad. de William Granger Ryan (Princeton: Princeton University Press, 2012), 409-11.
23. Tracy, *Women of the* Gilte Legende, 102.
24. Carolyn A. Muessig, "Prophecy and Song: Teaching and Preaching by Medieval Women", em Kienzle e Walker, *Women Preachers and Prophets*, 146-47.
25. Muessig, "Prophecy and Song", em Kienzle e Walker, *Women Preachers and Prophets*, 146.
26. Ben Witherington III, "Why Arguments against Women in Ministry Aren't Biblical", *The Bible & Culture* (blog), 2 de junho de 2015, https://www.patheos.com/blogs/bibleandculture/2015/06/02/why-arguments-against-women-in-ministry-arent-biblical.
27. Jane Tibbetts Schulenburg, *Forgetful of Their Sex: Female Sanctity and Society, ca. 500-1100* (Chicago: University of Chicago Press, 2018), 186.
28. Lisa M. Bitel, *Landscape with Two Saints: How Genovefa of Paris and Brigit of Kildare Built Christianity in Barbarian Europe* (Oxford: Oxford University Press, 2009), 71.
29. Bitel, *Landscape with Two Saints*, 184.

30. Bitel, *Landscape with Two Saints*, 184.
31. Barbara Newman, *Voice of the Living Light: Hildegard of Bingen and Her World* (Berkeley: University of California Press, 1998), 20-21. O clero medieval invocou as proibições de Paulo, mas não o faz nos sermões ingleses da Baixa Idade Média que estudo. Em especial, as proibições paulinas aparecem nas discussões do direito canônico e entre os teólogos. Veja Jansen, "Maria Magdalena", em Kienzle e Walker, *Women Preachers and Prophets*, 67-69.
32. Elaine J. Lawless, "Introduction: The Issue of Blood — Reinstating Women into the Tradition", em Kienzle e Walker, *Women Preachers and Prophets*, 2.
33. Jacqueline Murray, "One Flesh, Two Sexes, Three Genders?", em *Gender and Christianity in Medieval Europe: New Perspectives*, ed. Lisa M. Bitel e Felice Lifshitz (Filadélfia: University of Pennsylvania Press, 2013), 40.
34. Jerome, *"Commentarius in Epistolam ad Ephesios 3.5"*, citado em Dyan Elliott, "Gender and the Christian Traditions", em Bennett e Karras, *Oxford Handbook of Women and Gender*, 24.
35. O melhor livro sobre esse assunto é Jennifer Thibodeaux, *The Manly Priest: Clerical Celibacy, Masculinity, and Reform in England and Normandy, 1066-1300* (Filadélfia: University of Pennsylvania Press, 2015).
36. Thibodeaux, *Manly Priest*, 39.
37. Citado em Gary Macy, *The Hidden History of Women's Ordination: Female Clergy in the Medieval West* (Oxford: Oxford University Press, 2012), 93-95. Veja também Alcuin Blamires, Karen Pratt e C. W. Marx, eds., *Woman Defamed and Woman Defended: An Anthology of Medieval Texts* (Oxford: Clarendon, 1992), 232-35.
38. Ian Forrest, "Continuity and Change in the Institutional Church", em *The Oxford Handbook of Medieval Christianity*, ed. John H. Arnold (Oxford: Oxford University Press, 2014), 192.
39. As mulheres não eram autorizadas a entrar na catedral ou no cemitério de Durham. Dominic Marner, *St. Cuthbert: His Life and Cult in Medieval Durham* (Toronto: University of Toronto Press, 2000), 33.
40. Simeon of Durham, "A History of the Church of Durham", citado em *Women's Lives in Medieval Europe: A Sourcebook*, ed. Emilie Amt, 2ª ed. (Nova York: Routledge, 2010), 191.
41. Jane Tibbetts Schulenburg, "Gender, Celibacy, and Proscriptions of Sacred Space: Symbol and Practice", em *Women's Space: Patronage, Place, and Gender in the Medieval Church*, ed. Virginia Chieffo Raguin e Sarah Stanbury (Nova York: SUNY Press, 2005), 189.
42. Simeon of Durham, "History of the Church of Durham", citado em Amt, *Women's Lives in Medieval Europe*, 191.
43. De Pizan, *Book of the City of Ladies*, 219.
44. De Pizan, *Book of the City of Ladies*, 252.
45. Timothy Paul Jones, *Christian History Made Easy* (Torrance, CA: Rose, 2009), 61, 85.

46. Justo L. González, *The Story of Christianity*, vol. 1, *The Early Church to the Dawn of the Reformation* (San Francisco: HarperOne, 2010), 4.
47. González, *Story of Christianity*, 1:328.
48. Carolyn Muessig, introdução a *A Companion to Catherine of Siena*, ed. George Ferzoco, Beverly Kienzle e Carolyn Muessig (Leiden: Brill, 2011), 18.
49. González, *Story of Christianity*, 1:399.
50. Bruce Shelley, *Church History in Plain Language*, 4ª ed. (Grand Rapids: Zondervan Academic, 2013), 535-38.

4. O preço da Reforma para as mulheres evangélicas

1. Elizabeth H. Flowers, *Into the Pulpit: Southern Baptist Women and Power since World War II* (Chapel Hill: University of North Carolina Press, 2014), 130.
2. Flowers, *Into the Pulpit*, 131.
3. Citado em Flowers, *Into the Pulpit*, 132.
4. Flowers, *Into the Pulpit*, 132-33.
5. Flowers, *Into the Pulpit*, 133.
6. Marilyn J. Westerkamp, *Women and Religion in Early America, 1600–1850: The Puritan and Evangelical Traditions* (Londres: Routledge, 1999), 5.
7. Recomendo Jane Tibbetts Schulenburg, *Forgetful of Their Sex: Female Sanctity and Society*, ca. 500-1100 (Chicago: University of Chicago Press, 2018).
8. Lyndal Roper, *The Holy Household: Women and Morals in Reformation Augsburg* (Oxford: Oxford University Press, 1991), 1-2.
9. Merry E. Wiesner-Hanks, *Gender in History: Global Perspectives*, 2ª ed. (Malden, MA: Wiley-Blackwell, 2011), 123-24.
10. Katherine L. French e Allyson M. Poska, *Women and Gender in the Western Past* (Boston: Houghton Mifflin, 2007), 1:219.
11. Susan C. Karant-Nunn e Merry E. Wiesner-Hanks, *Luther on Women: A Sourcebook* (Cambridge: Cambridge University Press, 2003), 177.
12. Kirsi Stjerna, *Women and the Reformation* (Malden, MA: Blackwell, 2009), 51-70.
13. Judith M. Bennett, *Ale, Beer, and Brewsters in England: Women's Work in a Changing World, 1300-1600* (Nova York: Oxford University Press, 1996), 146.
14. Bennett, *Ale, Beer, and Brewsters in England*, 149.
15. Wayne Watson, "*Somewhere in the World*", Spotify, faixa 6 de *Giants in the Land*, World Entertainment, 1985.
16. Yusufu Turaki, "Marriage and Sexual Morality", ESV.org, https://www.esv.org/resources/esv-global-study-bible/marriage-and-sexual-morality.
17. Katelyn Beaty, *A Woman's Place: A Christian Vision for Your Calling in the Office, the Home, and the World* (Nova York: Howard, 2016), 109.
18. Andrea L. Turpin, "All the Single Ladies in the Church", *The Anxious Bench* (blog), 8 de janeiro de 2020, https://

www.patheos.com/blogs/anxiousbench/2020/01/all-the-single-ladies-in-the-church.
19. Virginia Woolf, *A Room of One's Own* (Nova York: Harcourt, Brace, 1929).
20. Margaret Bendroth, *Fundamentalism and Gender, 1875 to the Present* (New Haven: Yale University Press, 1993), 88-89.
21. Merry E. Wiesner-Hanks, *Women and Gender in Early Modern Europe*, 3ª ed. (Cambridge: Cambridge University Press, 2008), 216.
22. Argula von Grumbach, *A Woman's Voice in the Reformation*, ed. Peter Matheson (Edinburgh: T&T Clark, 1995), 90.
23. Wiesner-Hanks, *Women and Gender in Early Modern Europe*, 216.
24. *Writings of Edward the Sixth: William Hugh, Queen Catherine Parr, Anne Askew, Lady Zane Grey, Hamilton, and Balnaves* (Londres: Religions Tract Society, 1836), 12.
25. Wiesner-Hanks, *Women and Gender in Early Modern Europe*, 217.
26. Citado em Wiesner-Hanks, *Women and Gender in Early Modern Europe*, 281.
27. Nicole Beriou, "The Right of Women to Give Religious Instruction in the Thirteenth Century", em *Women Preachers and Prophets through Two Millennia of Christianity*, ed. Beverly Mayne Kienzle e Pamela J. Walker (Berkeley: University of California Press, 1998), 138-39.
28. R. N. Swanson, *Religion and Devotion in Europe* (Cambridge: Cambridge University Press, 1995), 304.
29. Desenvolvo este argumento aqui: Beth Allison Barr, "Paul, Medieval Women, and Fifty Years of the CFH: New Perspectives", *Fides et Historia* 51, nº 1 (Inverno/Primavera de 2019): 1-17.
30. Lancelot Andrewes, *Apospasmatia Sacra; or, A Collection of Posthumous and Orphan Lectures Delivered at St. Paul's and St. Giles His Church by the Right Honourable Reverend Father in God, Lancelot Andrewes* (Londres: R. Hodgkinsonne, 1657), 235 (itálico adicionado).
31. Isaac Marlow, *A Brief Discourse concerning Singing in the Public Worship of God in the Gospel-Church* (Londres: n.p., 1690), 21, citado em Beth Allison Barr, "Women in Early Baptist Sermons: A Late Medieval Perspective", *Perspectives in Religious Studies* 41, nº 1 (2014), 13-29. Desenvolvo meu argumento paulino neste artigo também.
32. Benjamin Keach, *An Answer to Mr. Marlow's Appendix* (Londres: n.p., 1691), 34-35. O colega ministro Hanserd Knollys também rejeitou a interpretação de Marlow. Como Knollys respondeu: "As mulheres têm a essência do canto (*assim como os homens*) tanto em suas almas como em suas vozes e estão autorizadas a falar por todas as Igrejas dos Santos". Hanserd Knollys, *An Answer to a Brief Discourse concerning Singing in the Publick Worship of God in the Gospel-Church by I. M. 1690* (Londres: n.p., 1691), 11-12.
33. Citado em Wiesner-Hanks, *Women and Gender in Early Modern Europe*, 281.
34. Beth Allison Barr, "'She Hungered Right So after God's Word': Female Piety and the Legacy of the Pastoral Program in the Late

Medieval English Sermons of Bodleian Library MS Greaves 54", *Journal of Religious History* 39, nº 1 (março de 2015): 31-50.
35. Roper, *Holy Household*, 2.
36. Ann Eljenholm Nichols, *Seeable Signs: The Iconography of the Seven Sacraments, 1350-1544* (Woodbridge, Reino Unido: Boydell & Brewer, 1997).
37. Grupos existiam para todas as mulheres, não apenas esposas, embora as esposas sejam o assunto desta observação de French. Katherine L. French, *The Good Women of the Parish: Gender and Religion after the Black Death* (Filadélfia: University of Pennsylvania Press, 2008), 156.
38. French, *Good Women of the Parish*, 221.
39. Beth Allison Barr, "'He Is Bothyn Modyr, Broþyr, & Syster vn-to Me': Women and the Bible in Late Medieval and Early Modern English Sermons", *Church History and Religious Culture* 94, nº 3 (verão de 2014): 297-315.
40. French, *Good Women of the Parish*, 226-27, 230.
41. French, *Good Women of the Parish*, 230.

5. Reescrevendo as mulheres na Bíblia em inglês
1. Aimee Byrd tem um excelente capítulo discutindo o impacto do gênero nas traduções da Bíblia em seu livro *Recovering from Biblical Manhood and Womanhood: How the Church Needs to Rediscover Her Purpose* (Grand Rapids: Zondervan Reflective, 2020), 31-48.
2. Susan Olasky, "Femme Fatale: The Feminist Seduction of the Evangelical Church", *World* 12, nº 2 (29 de março de 1997): 12-15, https://world.wng.org/1997/03/femme_fatale.
3. Susan Olasky, "The Battle for the Bible", *World* 12, nº 5 (19 de abril de 1997): 14–18, https://world.wng.org/1997/04/the_battle_for_the_bible.
4. Wayne Grudem, "What's Wrong with 'Gender-Neutral' Bible Translations?" (panfleto, The Council on Biblical Manhood and Womanhood, Libertyville, IL, 1997), 27, http://www.waynegrudem.com/wp-content/uploads/2012/03/What-s-Wrong-with-Gender-Neutral-Bible-Translations.pdf.
5. "Colorado Springs Guidelines for Translation of Gender-Related Language in Scripture", Bible Research, 9 de setembro de 1997, http://www.bible-researcher.com/csguidelines.html.
6. "Resolution on Bible Translation", Southern Baptist Convention, Dallas, TX, 1997, http://www.sbc.net/resolutions/284/resolution-on-bible-translation.
7. Wayne Grudem, "The 'Gender-Neutral' NIV: What Is the Controversy About?", *Journal of Biblical Manhood and Womanhood* 7, nº 1 (primavera de 2002): 37.
8. Art Toalston, "James Dobson Joins Critics of Gender-Neutral NIV Revision", *Baptist Press*, 6 de fevereiro de 2002, http://www.bpnews.net/12684/james-dobson-joins-critics-of-genderneutral-niv-revision.
9. David Bayly, "Decline of the NIV?", *World* 14, nº 22 (5 de junho de 1999), https://world.wng.org/1999/06/decline_of_the_niv.

10. O site da ESV apresenta uma amostra desses endossos, inclusive de John Piper, R. C. Sproul, Joni Eareckson Tada e Steve Green. Veja "Endorsements," ESV.org, https://www.esv.org/translation/endorsements.
11. Extraído diretamente da inscrição dentro da igreja de *St. Magnus the Martyr*.
12. Beryl Smalley, *The Study of the Bible in the Middle Ages* (1964; reimpr., Notre Dame, IN: University of Notre Dame Press, 1978), xxvii.
13. Frans van Liere, *An Introduction to the Medieval Bible* (Cambridge: Cambridge University Press, 2014), 189.
14. Henry Ansgar Kelly, *The Middle English Bible: A Reassessment* (Filadélfia: University of Pennsylvania Press, 2016), 67.
15. Kelly, *Middle English Bible*, 130.
16. Stephen Morrison, ed., *A Late Fifteenth-Century Dominical Sermon Cycle*, 2 vols. (Oxford: Oxford University Press, 2012), 1:xxi–liii.
17. Kelly, *Middle English Bible*, 63.
18. James H. Morey, *Book and Verse: A Guide to Middle English Biblical Literature* (Champaign: University of Illinois Press), 2000.
19. "Class 5: The High Middle Ages", Capitol Hill Baptist Church, 24 de junho de 2016, https://www.capitolhillbaptist.org/sermon/class-5-the-high-middle-ages.
20. Veja Class 6 e Class 7, que se concentram em Martinho Lutero, João Calvino e Ulrico Zuínglio, https://www.capitolhillbaptist.org/resources/core-seminars/series/church-history.
21. Van Liere, *Introduction to the Medieval Bible*, 178.
22. Larissa Taylor, *Soldiers of Christ: Preaching in Late Medieval and Reformation France* (Nova York: Oxford University Press, 1992), 4; Beverly Kienzle, *The Sermon* (Turnhout, Bélgica: Brepols, 2000), 143.
23. Beth Allison Barr, "Medieval Sermons and Audience Appeal after the Black Death", *History Compass* 16, nº 9 (2018): 2-3, https://doi.org/10.1111/hic3.12478.
24. Grudem, "'Gender-Neutral' NIV," 37.
25. Vern S. Poythress, "Small Changes in Meaning Can Matter: The Unacceptability of the TNIV", *Journal of Biblical Manhood and Womanhood* 10, nº 2 (Outubro de 2005): 28-34.
26. Poythress, "Small Changes in Meaning Can Matter", 28.
27. Richard S. Hess, "Splitting the Adam: The Usage of '*adam* in Genesis i-v", em *Studies in the Pentateuch*, ed. J. A. Emerton (Leiden: Brill, 1991), 1-15. Beth Allison Barr, "Words That Matter: The Significance of 'Good Men and Women'", em *The Pastoral Care of Women in Late Medieval England* (Woodbridge, Reino Unido: Boydell, 2008), 36-42.
28. Catedral de Salisbury MS 3, folio 54v.
29. Bodleian Library MS Greaves 54, folio 35v. Veja outras discussões e exemplos em Beth Allison Barr, "'He Is Bothyn Modyr, Broþyr, & Syster vn-to Me': Women and the Bible in Late Medieval and Early Modern English Sermons", *Church History and Religious Culture* 94, nº 3 (Summer 2014): 306.

30. Morrison, *Late Fifteenth-Century Dominical Sermon Cycle*, 1:348-54. Barr, "'He Is Bothyn Modyr, Broþyr, & Syster vn-to Me'", 306-7.
31. Bart Ehrman, *Whose Word Is It? The Story behind Who Changed the New Testament and Why* (Nova York: Continuum), 55.
32. Linda Woodbridge cita esse comentário em *English Revenge Drama: Money, Resistance, Equality* (Cambridge: Cambridge University Press, 2010), 149.
33. Maurice S. Betteridge, "The Bitter Notes: The Geneva Bible and Its Annotations", *The Sixteenth Century Journal* 14, nº 1 (primavera 1983): 41-62.
34. Femke Molekamp, "Genevan Legacies: The Making of the English Geneva Bible", em *The Oxford Handbook of the Bible in Early Modern England, 1350-1700*, ed. Kevin Killeen, Helen Smith e Rachel Willie (Oxford: Oxford University Press, 2015), 52.
35. Para saber mais sobre este assunto, veja minha bibliografia comentada sobre a erudição da KJV: Beth Allison Barr, "The Word That Endureth Forever: A Century of Scholarship on the King James Version", em *The King James Bible and the World It Made*, ed. David Lyle Jeffrey (Waco: Baylor University Press, 2011), 149-76.
36. David Crystal, *Begat: The King James Bible and the English Language* (Oxford: Oxford University Press, 2010), 110-11, 237, 32, 86, 258 (os números de página referem-se a cada citação respectivamente).
37. Dorothy L. Sayers, *Are Women Human? Penetrating, Sensible, and Witty Essays on the Role of Women in Society* (1971; reimpr., Grand Rapids: Eerdmans, 2005), 53-54.
38. Hilda L. Smith, *All Men and Both Sexes: Gender, Politics, and the False Universal in England, 1640-1832* (University Park: Pennsylvania State University Press, 2002), 198-200.
39. William Gouge, "VIII. Duties of Masters", em *Of Domesticall Duties: Eight Treatises* (1622; reimpr., Ann Arbor: Text Creation Partnership, 2011), A2r-A5r, http://name.umdl.umich.edu/A68107.0001.001. Ele explica a escolha dele no final da introdução. Discuto Gouge em meu artigo "'He Is Bothyn Modyr, Broþyr, & Syster vn-to Me'", 307-8.
40. Gouge, *Of Domesticall Duties*, A2r-A5r.
41. Lucy Peppiatt, *Rediscovering Scripture's Vision for Women: Fresh Perspectives on Disputed Texts* (Downers Grove, IL: IVP Academic, 2019), 132-34.
42. Peppiatt, *Rediscovering Scripture's Vision for Women*, 139.
43. Rodney Stark, "Reconstructing the Rise of Christianity: The Role of Women", *Sociology of Religion* 56, nº 3 (1995): 238, citado em Peppiatt, *Rediscovering Scripture's Vision for Women*, 134.
44. Naomi Tadmor, *The Social Universe of the English Bible: Scripture, Society, and Culture in Early Modern England* (Cambridge: Cambridge University Press, 2010), 58–67. Também discuto isso no meu artigo de 2014 "'He Is Bothyn Modyr, Broþyr, & Syster vn-to Me'", 304, 313.
45. Tadmor, *Social Universe of the English Bible*, 67.

46. Tadmor, *Social Universe of the English Bible*, 67-68.
47. Tadmor, *Social Universe of the English Bible*, 58-59.

6. Santificação da subordinação
1. *Speculum Sacerdotale: Edited from British Museum MS. Additional 36791*, ed. E. H. Weatherly (Londres: Oxford University Press, 1936), 128.
2. James Brundage, *Law, Sex, and Christian Society in Medieval Europe* (1987; reimpr., Chicago: University of Chicago Press, 2009), 198, 241-42.
3. Marilyn J. Westerkamp, *Women and Religion in Early America, 1600-1850: The Puritan and Evangelical Traditions* (Nova York: Routledge, 1999), 131-33.
4. Westerkamp, *Women and Religion in Early America*, 4-5.
5. Merry E. Wiesner-Hanks, *Gender in History: Global Perspectives*, 2ª ed. (Malden, MA: Wiley-Blackwell, 2011), 123.
6. Lynn Abrams, *The Making of Modern Woman: Europe, 1789–1918* (Nova York: Longman, 2002), 43.
7. Margaret Bendroth, *Fundamentalism and Gender, 1875 to the Present* (New Haven: Yale University Press, 1993), 69.
8. Abrams, *Making of Modern Woman*, 157.
9. Catherine A. Brekus, *Strangers and Pilgrims: Female Preaching in America, 1740–1845* (Chapel Hill: University of North Carolina Press, 2000), 153.
10. Abrams, *Making of Modern Woman*, 48.
11. Abrams, *Making of Modern Woman*, 48.
12. John MacArthur disse isso a Beth Moore ao falar em na Truth Matters Conference em 2019. O podcast destacando isso pode ser encontrado aqui: "John MacArthur's Truth Matters Conference: SBC Meltdown", 20 de outubro de 2019, em podcast *The Reformed Rant*, Stitcher, 51:08, https://www.stitcher.com/podcast/the-reformed-rant/e/64717094?autoplay=true.
13. Katherine L. French e Allyson M. Poska, *Women and Gender in the Western Past* (Boston: Houghton Mifflin, 2007), 2:262.
14. French e Poska, *Women and Gender in the Western Past*, 2:263.
15. Jean-Jacques Rousseau, *Emile* (Londres: Dent, 1948), 349. Veja também Abrams, *Making of Modern Woman*, 45-46.
16. Citado em French e Poska, *Women and Gender in the Western Past*, 2:314. Veja também 262-63.
17. French e Poska, *Women and Gender in the Western Past*, 2:297.
18. Citado em Joyce Burnette, *Gender, Work and Wages in Industrial Revolution Britain* (Cambridge: Cambridge University Press, 2008), 134.
19. Citado em French e Poska, *Women and Gender in the Western Past*, 2:309-10.
20. Citado em Barbara Welter, "The Cult of True Womanhood", *American Quarterly* 18, nº 2 (1966): 151-74.
21. French e Poska, *Women and Gender in the Western Past*, 2:313-14.
22. Judith Bennett, *History Matters: Patriarchy and the Challenge of Feminism* (Filadélfia: University of Pennsylvania Press, 2006), 54.

23. Kate Bowler, T*he Preacher's Wife: The Precarious Power of Evangelical Women Celebrities* (Princeton: Princeton University Press, 2019), 172-73.
24. Bowler, *Preacher's Wife*, 14.
25. Brekus, *Strangers and Pilgrims*, 152.
26. Brekus, *Strangers and Pilgrims*, 341.
27. Brekus, *Strangers and Pilgrims*, 340.
28. Randall Balmer, "American Fundamentalism: The Ideal of Femininity", em *Fundamentalism and Gender*, ed. John Stratton Hawley (Nova York: Oxford University Press, 1994), 55.
29. P. J. Tibayan, "Seeing Jesus on the Stage of Marriage", em *Happily Ever After: Finding Grace in the Messes of Marriage* (Minneapolis: Cruciform, 2016), 5.
30. Citado em Abrams, *Making of Modern Woman*, 29.
31. Shari Puterman, "Meet the Transformed Wife, Whose 'Working Mom' Chart Rocked the World", *Daily Advertiser*, 23 de dezembro de 2018, https://www.theadvertiser.com/story/life/allthemoms/2018/12/17/story-behind-transformed-wifes-working-moms-chart/2317019002. See also The Transformed Wife blog at https://thetransformedwife.com.
32. "What Americans Think about Women in Power", Barna Group, 8 de março de 2017, https://www.barna.com/research/americans-think-women-power.

7. A construção da feminilidade bíblica na verdade do Evangelho

1. Russell D. Moore, "After Patriarchy, What? Why Egalitarians Are Winning the Gender Debate", *Journal of the Evangelical Theological Society* 49, nº 3 (setembro de 2006): 572, https://www.etsjets.org/files/JETS-PDFs/49/49-3/JETS49-3569-576Moore.pdf.
2. Moore, *"After Patriarchy, What?"*, 571.
3. Moore, *"After Patriarchy, What?"*, 569, 576.
4. A coleção da Primeira Igreja Batista de Elm Mott ainda não foi processada, mas os documentos podem ser encontrados no Texas Collection Archives na Universidade Baylor. Algumas das notas históricas da igreja foram preservadas no livro de Hay Battaile "A History of First Baptist Church of Elm Mott, Elm Mott, Texas, 1879–1979", 1979, Registros da Primeira Igreja Batista de Elm Mott, The Texas Collection, Universidade de Baylor. Os registros referentes à Sra. Lewis Ball podem ser encontrados nas páginas 10-11, embora as notas manuscritas da secretária contenham muito mais detalhes. As seguintes citações são desses registros.
5. Primeira Igreja Batista de Elm Mott, The Texas Collection, Universidade de Baylor.
6. Carol Ann Vaughn, "Baptist Women: Ordination within the Historical SBC", God, Faith, Media, 12 de setembro de 2000, https://goodfaithmedia.org/baptist-women-ordination-within-the-historical-sbc-cms-414; Harry N. Hollis Jr., *Christian Freedom for Women and Other Human Beings* (Nashville: Broadman, 1974).
7. Charles Deweese, *Women Deacons and Deaconesses: 400 Years of Baptist Service* (Macon, GA: Mercer University Press, 2005), 11.

8. *The Broadman Bible Commentary*, vol. 10, *Acts-1 Corinthians* (Londres: Marshall, Morgan & Scott, 1971). Veja a discussão sobre Romanos 16.
9. Timothy Larsen, "Evangelicalism's Strong History of Women in Ministry", *Reformed Journal* 5, nº 32 (setembro/outubro de 2017), https://reformedjournal.com/evangelicalisms-strong-history-women-ministry.
10. Larsen, "Evangelicalism's Strong History".
11. Larsen, "Evangelicalism's Strong History".
12. Wayne Grudem, "Women Pastors: Not the 'Path to Blessing'", entrevistado por Laura Sheahen, Beliefnet, outubro de 2006, https://www.beliefnet.com/faiths/christianity/2006/10/women-pastors-not-the-path-to-blessing.aspx.
13. Grudem, "Women Pastors".
14. Larsen, "Evangelicalism's Strong History".
15. Bettye Collier-Thomas, *Daughters of Thunder: Black Women Preachers and Their Sermons, 1850-1979* (São Francisco: Jossey-Bass, 1998).
16. Collier-Thomas, *Daughters of Thunder*, 91.
17. Collier-Thomas, *Daughters of Thunder*, 153-54.
18. Florence Spearing Randolph, "If I Were White", em Collier-Thomas, *Daughters of Thunder*, 128-29; John Piper, "Can a Woman Preach if Elders Affirm It?", 6 de fevereiro de 2015, em podcast *Ask Pastor John*, Desiring God, https://www.desiringgod.org/interviews/can-a-woman-preach-if-elders-affirm-it; Mary A. Kassian, "Women Teaching Men—How Far Is Too Far?", Desiring God, 21 de maio de 2016, https://www.desiringgod.org/articles/women-teaching-men-how-far-is-too-far.
19. Citado em Curtis Freeman, *A Company of Women Preachers: Baptist Prophetesses in Seventeenth-Century England* (Waco: Baylor University Press, 2011), 608, 610.
20. Hanserd Knollys, introdução a *A Christian Woman's Experiences of the Glorious Working of God's Free Grace*, de Katherine Sutton (Roterdã: Henry Goddæus, 1663; Rochester, NY: American Baptist Historical Society, 1981), citado em Freeman, *Company of Women Preachers*, 592. Também discuti Sutton no meu artigo "Women in Early Baptist Sermons: A Late Medieval Perspective", *Perspectives in Religious Studies* 41, nº 1 (2014): 13-29.
21. Jacqueline Murray, "One Flesh, Two Sexes, Three Genders?", em *Gender and Christianity in Medieval Europe: New Perspectives*, ed. Lisa M. Bitel e Felice Lifshitz (Filadélfia: University of Pennsylvania Press, 2013), 49.
22. Kathleen Blumreich, ed., *The Middle English "Mirror": An Edition Based on Bodleian Library MS Holkham Misc. 40* (Tempe, AZ: Arizona Center for Medieval and Renaissance Studies, 2002), 86 (veja também 82-87). Modernizei o inglês médio nesta e nas citações seguintes.
23. Kathleen Blumreich, "'I Ne Sey Noght Is in Despyt of Women'": Antifeminism in Robert de Gretham's Mirror", *Medieval Feminist Forum: A Journal of Gender and Sexuality* 38, nº 1 (2004): 42.

24. Geoffrey Chaucer, *The Riverside Chaucer*, ed. Larry D. Benson, 3ª ed. (Boston: Houghton Mifflin, 1987), 262-69.
25. Karen Winstead, *Chaste Passions: Medieval English Virgin Martyr Legends* (Ithaca, NY: Cornell University Press, 2000). Como ela escreve, "Alguns leitores podem ficar ofendidos com o tom superficial e a linguagem grosseira que caracterizam tantos dos textos. Poucos esperam que os santos — especialmente as santas femininas — praguejem como marinheiros. Uma das principais lições que aqueles que consideram o sagrado e o profano dicotômico podem aprender com essas histórias é o quanto o profano era parte integrante da cultura sagrada medieval" (5).
26. Blumreich, *Middle English "Mirror"*, 87.
27. Winstead, *Chaste Passions*, 53-54.
28. Winstead, *Chaste Passions*, 49-60.
29. Marilyn J. Westerkamp, *Women and Religion in Early America, 1600-1850: The Puritan and Evangelical Traditions* (Nova York: Routledge, 1999), 180.
30. Jemar Tisby, *The Color of Compromise: The Truth about the American Church's Complicity in Racism* (Grand Rapids: Zondervan Reflective, 2019), 19.
31. Coventry Patmore, *The Angel in the House* (Londres: Cassell & Company, 1887). A frase "anjo da casa" descreve a mulher vitoriana ideal: uma esposa e mãe amorosa (e submissa) que se dedicava ao lar.
32. Dorothy L. Sayers, "Are Women Human?", em *Are Women Human? Penetrating, Sensible, and Witty Essays on the Role of Women in Society* (1971; reimpr., Grand Rapids: Eerdmans, 2005), 49.
33. Veja Margaret Bendroth, *Fundamentalism and Gender, 1875 to the Present* (New Haven: Yale University Press, 1993) e George Marsden, *Fundamentalism and American Culture*, 2ª ed. (Nova York: Oxford University Press, 2006).
34. Bendroth, *Fundamentalism and Gender*, 33.
35. A inerrância não é tão simples assim. Há diferentes tipos de inerrantistas, como explica Barry Hankins em *Uneasy in Babylon: Southern Baptist Conservatives and American Culture* (Tuscaloosa: University of Alabama Press, 2002), 4-5. Mas, no meu mundo batista do Sul, a inerrância era um jogo de soma zero. Hankins escreve: "Usado de maneira populista, como foi durante a controvérsia da SBC, significa simplesmente que a Bíblia não tem erros em todos os assuntos em que toca, incluindo ciência e história" (4).
36. Hankins, *Uneasy in Babylon*, 5.
37. Bendroth, *Fundamentalism and Gender*, 36.
38. Veja, por exemplo, John R. Rice, *Bobbed Hair, Bossy Wives, and Women Preachers: Significant Questions for Honest Christian Women Settled by the Word of God* (Murfreesboro, TN: Sword of the Lord, 1941), 14-15. Para mais informações sobre a conexão entre inerrância e gênero, veja Bendroth, *Fundamentalism and Gender*, 34-36, e Kristin Kobes Du Mez, *Jesus and John Wayne:*

How White Evangelicals Corrupted a Faith and Fractured a Nation (Nova York: Liveright, 2020), 108-9.
39. Citado em Bendroth, *Fundamentalism and Gender*, 36.
40. Du Mez, *Jesus and John Wayne*, 108-9.
41. As Kevin Giles writes, "This is the center of Athanasius's argument in the opening chapter in Four Orations Against the Arians". Kevin Giles, The Trinity and Subordinationism: The Doctrine of God and the Contemporary Gender Debate (Downers Grove, IL: InterVarsity, 2002), 41n37.
42. Katherine L. French e Allyson M. Poska, *Women and Gender in the Western Past* (Boston: Houghton Mifflin, 2007), 2:519.
43. Mary Stewart Van Leeuwen, *A Sword between the Sexes? C. S. Lewis and the Gender Debates* (Grand Rapids: Brazos, 2010), 70-87.
44. Giles, *Trinity and Subordinationism*, 21-28.
45. Bruce Ware, *Big Truths for Young Hearts: Teaching and Learning the Greatness of God* (Wheaton, IL: Crossway, 2009), 55-56.
46. Aimee Byrd, *Recovering from Biblical Manhood and Womanhood: How the Church Needs to Rediscover Her Purpose* (Grand Rapids: Zondervan Reflective, 2020), 100.
47. Byrd, *Recovering from Biblical Manhood and Womanhood*, 101.
48. Phillip Cary, "The New Evangelical Subordinationism: Reading Inequality into the Trinity", em *The New Evangelical Subordinationism? Perspectives on the Equality of God the Father and God the Son*, ed. Dennis W. Jowers and H. Wayne House (Eugene, OR: Pickwick, 2012), 1, citado em Van Leeuwen, *Sword between the Sexes?*, 80.
49. Giles, *Trinity and Subordinationism*, 41.
50. Giles, *Trinity and Subordinationism*, 43-52.
51. Giles, *Trinity and Subordinationism*, 15.
52. Giles, *Trinity and Subordinationism*, 109-12. Giles afirma que os evangélicos fizeram exatamente o que Karl Barth argumentou ser a causa mais comum de erro teológico — movido analogicamente de "relações humanas decaídas para relações divinas" em vez do contrário (110).
53. Judith M. Bennett e Sandy Bardsley, *Medieval Europe: A Short History*, 12ª ed. (Nova York: Oxford University Press, 2020), 47.
54. R. P. C. Hanson, *The Search for the Christian Doctrine of God: The Arian Controversy, 318–381* (Londres: T&T Clark, 2005), 122.
55. Byrd, *Recovering from Biblical Manhood and Womanhood*, 101.
56. Lynne Hybels, *Nice Girls Don't Change the World* (Grand Rapids: Zondervan, 2005), 24.
57. "Baptist Faith and Message 2000", Southern Baptist Convention, 14 de junho de 2000, http://www.sbc.net/bfm2000/bfm2000.asp, abaixo do título "XVIII. The Family".
58. "Foundational Documents: Confessional Statement", The Gospel Coalition, https://www.thegospelcoalition.org/about/foundation-documents/#confessional-statement.
59. Denny Burk, "How Complementarianism Is a Gospel Issue", *Denny Burk* (blog), 16 de agosto de 2012, https://www.dennyburk.com/why-complementarianism-is-a-gospel-issue.

8. Não está na hora de libertar as mulheres?

1. Alyssa Milano (@Alyssa_Milano), "If you've been sexually harassed or assaulted," Twitter, 15 de outubro de 2017, 16:21, https://twitter.com/AlyssaMilano/status/919659438700670976.
2. Beth Allison Barr (@bethallisonbarr), "#Me Too: Thanks @kkdumez,"Twitter, 19 de outubro de 2017, 10:04, https://twitter.com/bethallisonbarr/status/921014090197291008.
3. Kristin Kobes Du Mez, *Jesus and John Wayne: How White Evangelicals Corrupted a Faith and Fractured a Nation* (Nova York: Liveright, 2020), 76. Du Mez explica a ascensão de Bill Gothard, incluindo os primeiros escândalos em seu ministério, nas páginas 74-78.
4. Kate Bowler, *The Preacher's Wife: The Precarious Power of Evangelical Women Celebrities* (Princeton: Princeton University Press, 2019), ix.
5. Matt Mencarini, "The Sacrifice", *Courier Journal*, 4 de setembro de 2019, https://www.courier-journal.com/in-depth/news/2019/09/04/rachael-denhollander-sacrifice-continues-after-accusing-usa-gymnastics-larry-nassar/1919190001.
6. Bob Newhart, "Stop It!", Mad TV, temporada 6, episódio 24, foi ao ar em 12 de maio de 2001, vídeo do YouTube, 6:04 em 3:07, https://www.youtube.com/watch?v=4BjKS1-vjPs.
7. Du Mez, *Jesus and John Wayne*, 292-94.
8. Du Mez, *Jesus and John Wayne*, 282-83.
9. Du Mez, *Jesus and John Wayne*, 279-80.
10. Robert Downen, Lise Olsen e John Tedesco, "Abuse of Faith", *Houston Chronicle*, 10 de fevereiro de 2019, https://www.houstonchronicle.com/news/investigations/article/Southern-Baptist-sexual-abuse-spreads-as-leaders-13588038.php.
11. Du Mez, *Jesus and John Wayne*, 294.
12. Downen, Olsen e Tedesco, *"Abuse of Faith"*.
13. Ed Stetzer, "Complementarians in Closed Rooms", The Exchange, *Christianity Today*, 19 de junho de 2020, https://www.christianitytoday.com/edstetzer/2020/june/complementarians-closed-rooms-aimee-byrd-beth-moore.html.
14. Gerda Lerner, *The Creation of Patriarchy* (Nova York: Oxford University Press, 1986), 229.
15. Kevin Giles, "Complementarian Theology in Crisis", em *Eyes to See and Ears to Hear Women: Sexual Assault as a Crisis of Evangelical Theology*, ed. Tim Krueger (Minneapolis: CBE International, 2018), 60, https://www.cbeinternational.org/resource/article/complementarian-theology-crisis.
16. Katie Geneva Cannon, "Slave Ideology and Biblical Interpretation", em *Katie's Canon: Womanism and the Soul of the Black Community* (Nova York: Continuum, 1995), 41.
17. Mitzi J. Smith, "'This Little Light of Mine': The Womanist Biblical Scholar as Prophetess, Iconoclast, and Activist", em *I Found God in Me: A Womanist Biblical Hermeneutics Reader*, ed. Mitzi J. Smith (Eugene, OR: Cascade Books, 2015), 111.
18. Mary Stewart Van Leeuwen, *A Sword between the Sexes? C. S. Lewis and the Gender Debates* (Grand Rapids: Brazos, 2010), 80-81.

19. Van Leeuwen, *Sword between the Sexes?*, 80-81.
20. Christine de Pizan, *The Book of the City of Ladies*, trad. de Earl Jeffrey Richards (Nova York: Persea, 1982), 3-5. Veja também Roberta Krueger, "Towards Feminism: Christine de Pizan, Female Advocacy, and Women's Textual Communities in the Late Middle Ages and Beyond", em Judith Bennett e Ruth Mazos Karras, *The Oxford Handbook of Women and Gender in Medieval Europe* (Nova York: Oxford University Press, 2013), 590-606.
21. Krueger, "Towards Feminism", em Bennett e Karras, *Oxford Handbook of Women and Gender*, 598-601.
22. Citado em Carolyn Dinshaw, *Chaucer's Sexual Poetics* (Madison: University of Wisconsin Press, 1989), 130.
23. Du Mez, *Jesus and John Wayne*, 289-90. Veja também Jesse Carey, "Paige Patterson Made Some Really Creepy Comments about a 16-Year-Old Girl When He Was President of the SBC", *Relevant Magazine*, 2 de maio de 2018, https://relevantmagazine.com/god/church/paige-patterson-made-really-creepy-comments-16-year-old-girl-president-sbc.
24. Beverly Mayne Kienzle e Pamela J. Walker, eds., *Women Preachers and Prophets through Two Millennia of Christianity* (Berkeley: University of California Press, 1998), xiv.
25. Darleen Pryds, "Proclaiming Sanctity through Proscribed Acts: The Case of Rose of Viterbo", em Kienzle e Walker, *Women Preachers and Prophets*, 166.
26. E. Sylvia Pankhurst, *The Suffragette: The History of the Women's Militant Suffrage Movement, 1905-1910* (Nova York: Sturgis & Walton, 1911), 209. Veja também Laura E. Nym Mayhall, *The Militant Suffrage Movement: Citizenship and Resistance in Britain, 1860-1930* (Nova York: Oxford University Press, 2003). Veja também o site do Royal Albert Hall: https://www w.royalalberthall.com.
27. Para mais informações sobre sufrágio e raça na Grã-Bretanha, veja Ian Christopher Fletcher, Laura E. Nym Mayhall e Philippa Levine, eds., *Women's Suffrage in the British Empire: Citizenship, Nation and Race* (Nova York: Routledge, 2000).
28. Timothy Larsen nos lembra que "as disposições do projeto de maneira intencional tornaram as qualificações para as mulheres mais restritivas do que as dos homens para garantir que as mulheres não se tornassem a maioria dos eleitores". Timothy Larsen, *Christabel Pankhurst: Fundamentalism and Feminism in Coalition* (Woodbridge, Reino Unido: Boydell, 2002), 9n20.
29. "Her Majesty and the Women's National Service Movement", *The Illustrated London News*, 24 de março de 1917, https://babel.hathitrust.org/cgi/pt?id=njp.32101059281764&view=1up&seq=359.
30. Martin Clayton e Bennett Zon, eds., *Music and Orientalism in the British Empire, 1780s–1940s: Portrayal of the East* (Nova York: Routledge, 2016), 99-100. "Jerusalém" ainda é cantada na última noite dos *Proms*, no Royal Albert Hall.
31. William Blake, "And Did Those Feet in Ancient Time", em *English Romantic Poetry: An Anthology*, ed. Stanley Appelbaum (Mineola, NY: Dover, 1996), 22.

32. Beth Moore (@BethMooreLPM), "Is to grapple with the entire text," Twitter, 11 de maio de 2019, 9:51, https://twitter.com/bethmoorelpm/status/1127209694500671489; Beth Moore (@bethmoorelpm), "Above all else," Twitter, 11 de maio de 2019, 9:57, https://twitter.com/bethmoorelpm/status/1127211070811197440.
33. Van Leeuwen, *Sword between the Sexes?*, 80.

Este livro foi impresso pela Lisgráfica
para a Thomas Nelson Brasil.
A fonte usada no miolo NotoSerif
e o papel do miolo é pólen soft 70g/m².